德国刑法典

Deutsches
Strafgesetzbuch

徐久生 / 译

北京大学出版社
PEKING UNIVERSITY PRESS

图书在版编目(CIP)数据

德国刑法典/徐久生译. —北京：北京大学出版社，2019.10
ISBN 978-7-301-30754-0

Ⅰ.①德… Ⅱ.①徐… Ⅲ.①刑法—法典—德国 Ⅳ.①D951.64

中国版本图书馆 CIP 数据核字(2019)第 204902 号

书　　　名	德国刑法典 DEGUO XINGFADIAN
著作责任者	徐久生　译
责 任 编 辑	李　铎
标 准 书 号	ISBN 978-7-301-30754-0
出 版 发 行	北京大学出版社
地　　　址	北京市海淀区成府路 205 号　100871
网　　　址	http://www.pup.cn
电 子 信 箱	law@pup.pku.edu.cn
新 浪 微 博	@北京大学出版社　@北大出版社法律图书
电　　　话	邮购部 010-62752015　发行部 010-62750672 编辑部 010-62752027
印 刷 者	涿州市星河印刷有限公司
经 销 者	新华书店 880 毫米×1230 毫米　A5　11.375 印张　327 千字 2019 年 10 月第 1 版　2021 年 1 月第 2 次印刷
定　　　价	46.00 元

未经许可，不得以任何方式复制或抄袭本书之部分或全部内容。
版权所有，侵权必究
举报电话：010-62752024　电子信箱：fd@pup.pku.edu.cn
图书如有印装质量问题，请与出版部联系，电话：010-62756370

《德国刑法典》的重大变化及其解读

徐久生

在将《德国刑法典》（以下简称《刑法典》）（2002年修订版本）翻译成中文在国内出版后，本人在相当长一段时间内对德国刑法的变化发展情况因故而未加关注。2018年本人在浏览德国政府网站时顺便查看了一下最新的《刑法典》[①]（以2017年10月30日的法律做最近一次修订），发现《刑法典》在过去十几年里修订之处众多。考虑到国内刑法学教学和科研的需要，笔者认真对比了其间多次修订后的《刑法典》，发现用"重大"来形容其变化丝毫不为过。比如说，为了应对恐怖主义、有组织犯罪以及其他严重犯罪的新情况，《刑法典》的相应条款作了重大修订，同时增加了新的条款；在针对性权利的犯罪方面（即所谓的"性刑法"），《刑法典》的相应条款有了重大修订，同时增加了新的条款。此外，《刑法典》新增加了第201条a以拍照方式侵害私人生活领域、第265条c体育欺诈、第265条d操纵职业体育竞赛和第335条a外国和国际公职人员等条款，另外还修订了第261条洗钱罪、第266条a截留、侵占劳动报酬罪等众多条款。据笔者不完全统计，修订和增加的内容涉及《刑法典》总则和分则120个以上的条文。

一、有组织犯罪与恐怖主义犯罪

在德国刑法学界，关于有组织犯罪与恐怖主义犯罪，迄今为止似乎

[①] Strafgesetzbuch von der Bundesrepublik Deutschland, in der Fassung der Bekanntmachung vom 13.11.1998 (BGBl. I S. 3322), zuletzt geändert durch Gesetz vom 30.10.2017 (BGBl. I S. 3618).

尚未出现一个为学界与实务界所共同承认的定义。但对有组织犯罪与恐怖主义犯罪的重要基本特征，无论是学界还是刑事实务部门，其观点具有广泛的一致性，而且两者对于上述犯罪之基本特征的观点，存在相当多的交叉。

(一) 有组织犯罪

在德国，由于有组织犯罪的概念缺乏法律上普遍接受的定义，学者们往往使用司法—警察工作组于1990年5月发布的有关有组织犯罪的工作定义。根据该工作定义，有组织犯罪是指由两个以上成员组成的旨在有计划地实施特定犯罪，意图获取金钱或者权力的组织。其具有以下特征：(1) 使用职业的或者商业的组织；(2) 使用暴力或者其他使人感到恐惧的手段；(3) 对政策、媒体、公共管理、司法或者经济施加影响。

根据这一定义，恐怖主义犯罪明显不属于上述范畴。根据联合国2000年11月15日颁布的《联合国打击跨国有组织犯罪公约》的规定，具备下列特征的犯罪属于具有跨国特征的有组织犯罪：(1) 在一个以上国家实施犯罪的；(2) 虽在一个国家实施犯罪，但犯罪的准备、计划、领导或者控制的决定性部分是在另一个国家进行的；(3) 虽在一个国家实施犯罪，但有一个在多个国家实施犯罪的有组织犯罪集团参与其中的；(4) 虽在一个国家实施犯罪，但其重要影响发生在另一国家的。

(二) 恐怖主义犯罪

与有组织犯罪一样，为恐怖主义犯罪确定一个全体学者都能接受的概念几乎是不可能的。同样，德国刑法中也没有关于恐怖主义犯罪之概念的规定。为了打击恐怖主义犯罪，德国立法机关于2009年7月30日在《刑法典》分则第一章第三节"危害民主法治国家的犯罪"中新增加了三个刑法条款（第89条a、第89条b和第91条），但是，这三个新增加的刑法条款并不涉及"恐怖主义犯罪"的概念，而只涉及"严重危及国家安全的暴力犯罪"的定义。因此，从语义上说，受到刑罚威慑的并不是"恐怖主义犯罪"本身，而是作为恐怖主义犯罪表现形式的具体犯罪行为，诸如具有恐怖主义性质的杀人（第211条及以下几条）、身体伤害（第 223 条及以下几条）、损坏财物（第 303 条及以下几条）、建立恐怖组织（第 129 条 a），或者严重危害国家的暴力犯罪的预备行为（第 89 条 a）。具体来说，在这些方面，《刑法典》的修正包括以下两个方面的内容：

（1）新增加了针对具有恐怖主义性质之犯罪的刑法条文，涉及第 89 条 a（严重危害国家的暴力犯罪的预备行为）。

（2）对原有的条文（如第 129 条 a）作了重大修订。第 129 条 a 是关于建立恐怖组织的刑罚法规。与 2002 年的《刑法典》相比，经过修订的第 129 条 a 第 1~5 款发生了重大变化。具体情况见修订后的刑法条文。

另外，与恐怖主义犯罪有关的第 129 条 b，因为还能适应打击恐怖主义犯罪和有组织犯罪的需要而未被修订。

二、洗钱犯罪

在有组织犯罪中，洗钱犯罪是一个重要的表现形式。在打击洗钱犯罪方面，《刑法典》第 261 条的规定，实际上是一种压制性的预防性的方案。

洗钱罪的构成要件因 1992 年 7 月 15 日的《打击非法麻醉品交易和有组织犯罪的其他表现形式的法律》（OrgKG）而被首次规定于《刑法典》之中，其后，其适用范围被不断地扩大。所谓的处罚漏洞，尤其是危险的犯罪领域如有组织犯罪的处罚漏洞，被认为因此得到了比较有效的堵塞。

（一）对第 261 条的解读

根据《刑法典》第 261 条第 1 款的规定，隐藏、掩蔽本款第 2 句所述之非法所得的来源，对调查其来源、探寻、追缴、没收或者查封此等物品加以阻挠或者危害的，处 3 个月以上 5 年以下的自由刑。作为洗钱罪可能的上游犯罪，除了第 261 条第 1 款第 2 句第 1 项所述之犯罪行为外，还有参加恐怖组织犯罪（第 129 条 a 第 1 款和第 2 款，以及与之相关的第 129 条 b 第 1 款）。第 261 条第 1 款第 2 句第 5 项还明确规定了一些轻罪,如新增加的第 89 条 a 规定的严重危害国家的暴力犯罪的预备行为,以及由犯罪集团或者恐怖集团成员实施的轻罪。根据第 261 条第 2 款的规定,为自己或者他人获取(第 1 项)、保管、为自己或他人使用,如果行为人在得到该物品时已经知道其来源的(第 2 项),处与第 1 款相同之刑罚。第 261 条所保护的法益,在于消除犯罪的影响是国家司法的任务。除保护国家司法外,在该条第 2 款中,上游犯罪所侵害的法益同样受到保护。

第 261 条的行为客体涉及该条第 1 款第 2 句第 1 项所述之犯罪目录(重罪)和第 2~5 项所列举的上游犯罪(轻罪)。根据第 261 条第 8 款的规定,上游犯罪包括在国外实施的犯罪。洗钱罪的对象可以包括所有具有财产价值的动产和不动产以及权利。特别具有实践意义的是,其对象除了货币外,还有有价证券、不动产、贵金属和艺术品。违法所得之财物是指,其源自于犯罪(作为毛利)或为了此等犯罪(作为报酬)而获得之物,或因违法行为(productum sceleris)所直接获得之物。

第 261 条主要是因为《反洗钱法》而得到补充和修订。《反洗钱法》的目标在于,使刑事追诉机关能够更好地打击有组织犯罪,尤其是打击金融交易中的洗钱行为。由于 2008 年 8 月 1 日《反洗钱补充法》的颁布,德国《反洗钱法》又作了修订,出了新的版本,主要的变化是,明确规定了为了打击洗钱犯罪而发展起来的技术可以用于打击资助恐怖主义。"资助恐怖主义"的官方定义是:(1)明知被全部或部分用于或者应当用于下列行为:a. 第 129 条 a 规定的行为,与第 129 条 b 相关的行为,或 b. 为实施 2002 年 6 月 13 日《关于打击恐怖主义的框架决定》第 1 条至第 3 条规定的其他犯罪行为,而准备或者收集资金,或者教唆为上述行为,或者为上述行为提供帮助,以及(2)实施第 89 条 a 第 1 款、第 2 款第 4 项所列犯罪行为或者此等行为的共犯。

如此看来,除了反洗钱目的之外,打击资助恐怖主义是该法的第二个目的。由于《反洗钱法》的规定,特定的机构、企业和个人等负有特定义务者,被赋予了揭发洗钱行为的义务。这样,刑事追诉机关在依据《刑法典》第 261 条进行反洗钱调查时,负有特定义务者必须向刑事追诉机关提交贷款和金融机构的证明材料，追踪所谓的"纸面痕迹"。《反洗钱法》第2条第1款将这里所说的"特定义务者"规定为：信贷机构、税务机构、财经企业、保险经纪人、投资股份公司、律师、公证人、会计师、税务顾问、财产受托管理人、地产经纪人、经营赌场和财产财物交易之人。

（二）洗钱罪的几个具体问题

尽管《税法》第370条a规定的偷税不属于洗钱罪的构成要件，但是由于其具有犯罪特征，因此其适合作为洗钱罪的上游犯罪对待（第261条第1款第1句第1项）。这就产生了一系列的问题，比如说顾问酬金问题。

1. 行为人财产因偷税而被污染

故意或者轻率地通过偷税而节省费用或者非法获取退税款和退税补偿的，以洗钱罪定罪处罚。接受《税法》第370条a规定的偷税所得钱财，即使用于合法的法律行为（例如购买一份报纸），都属于洗钱行为。其前提条件是，偷税之人的全部财产被污染，有洗钱的嫌疑。属于这种情况的既有退税款和退税补偿款，也有当事人节约的费用。

2. 税务顾问接受酬金

德国刑法学界认为，如果税务顾问不想成为洗钱罪的行为人，还是不接受《税法》第370条a规定的应当受刑罚处罚的纳税义务人的酬金为好。联邦法院曾经判处两名刑事辩护人成立洗钱罪，根据在于，他们明知金钱源自职业的和团伙的投资欺诈行为，依然各自接受对方20万德国马克的预付款。

3. 电话监听和大范围窃听

如果刑事实务部门怀疑某人涉嫌洗钱，可以对其进行监视和记录电信往来（《刑事诉讼法》第100条a），税务顾问也不能排除在外。此外，在涉嫌洗钱的情况下，嫌疑人在住宅内不公开的谈话内容，不管是正犯还是共犯（教唆犯、帮助犯），允许借助技术手段监听和记录，也即所谓的"大范围窃听"（grosser Lauschangriff，《刑事诉讼法》第100条c第1款第3项a）。

4. 洗钱的自首和处罚

立法者通过立法规定，洗钱嫌疑人可以自首（第261条第9款），只要是嫌疑人自愿在主管机关自首，或者自愿促成自首，后果是免除处罚（刑罚阻却事由），但前提是犯罪行为此时尚未被发现，且行为人知道这一点，在第261条第1款或第2款第1项所述情况下，行为人还必须协助保全与犯罪有关之物品。

三、对儿童、被保护人的性权利保护得以全面加强

《刑法典》第174条（对被保护人的性滥用）、第174条a（对犯人、官方拘禁之人和医院中病人的性滥用）、第174条b（利用职位所为的性滥用）、第174条c（利用咨询、治疗或照料关系所为的性滥用）、第176条（对儿童的性滥用）等性犯罪条款均得到了全面修订，尤其是第176条对儿童的性滥用，从构成要件到法定刑都有很大的变化。

在此次修订针对儿童的性犯罪条款前，德国成立了独立的针对儿童性滥用的评估委员会，委员会由7人组成。该独立委员会致力于调查德国存在的各种形式的对儿童的性滥用行为，尤其是发生在家庭、学校中的对儿童的性滥用，也包括有组织的对儿童的性剥削情况。为了弄清楚针对儿童和少年的性暴力的范围、形式、原因和后果，该独立委员会的工作重点在于倾听受害当事人的陈述，此外，还要搜集其他见证人诸如父母、亲戚以及教师的证词。

通过颁布《第49部刑法改革法》（于2015年1月27日起生效）修改刑法，进一步完善被害人保护的举措。修订的内容涉及性刑法中的多个罪名的构成要件、延长追诉时效。具体包括：

（一）延长追诉时效

将性犯罪的追诉时效的届满期限延长至被害人年满30周岁，修订前是被害人年满18岁就不再追诉（《刑法典》第78条b，涉及的罪名包括《刑法典》第176条规定的针对儿童的性滥用等）。

（二）处罚制作、展示他人处于无助状态的照片的行为

未经被害人同意，制作、传递、传播展示他人处于无助状态的照片，

或者拍摄不满 18 岁之人的裸体照，均应当受刑罚处罚。具体做法是在《刑法典》第 201 条后增加第 201 条 a，对涉及他人隐私、严重影响他人声誉的照片，未成年人裸照以及制作、传播的共犯问题作出了具体的规定，详见《刑法典》条文。

（三）修订对有从属关系之人性滥用的构成要件

《刑法典》扩大了针对被保护人和儿童、少年以及其他具有从属关系之人的性滥用犯罪的构成要件。具体包括：首先，扩大第 174 条第 1 款第 3 项规定的行为对象范围，将原来的"自己的未满 18 岁的亲生子女或养子女"修改为"与自己、配偶、伴侣或者与婚姻或生活共同体相似之人的未满 18 岁的亲生子女或养子女"；其次，将原来第 2 款规定的"受保护人"明确为"因教育、培训或照料进入此类机构的不满 18 岁之人"，将原来第 2 款所规定的模糊的行为主体明确为"教育、培训或照料机构的工作人员"，使得相关规定更具可操作性，有利于司法实务操作。

（四）提高对有从属关系之人性滥用的法定刑

提高了第 174 条 a、第 174 条 b、第 174 条 c 的法定刑。前者提高了自由刑的下限，后两者则废除了被视为未来刑罚发展方向、越来越受德国司法重视的罚金刑。

（五）对第 176 条作重大修订

首先，删除了第 1 款中"情节较轻的，处 5 年以下自由刑或罚金刑"的规定，也即从立法的角度否定对儿童的性滥用存在所谓的"情节较轻"的情况；其次，增加了"情节特别严重的，处 1 年以上自由刑"（第 3 款）；最后，增加了第 5 款"为实施第 1 款至第 4 款之罪而提供、承诺介绍或与他人约定实施此等行为的，处 3 个月以上 5 年以下自由刑"。详见《刑法典》条文。

（六）对第 176 条 a 作了极其重大的修订

首先，增加了一个全新的第 1 款，即"行为人在过去的 5 年里曾因对儿童的性滥用行为被作有罪判决，又实施第 176 条第 1 款和第 2 款规定的对儿童的性滥用行为的,处1年以上自由刑",原来的第1款变成了修订后的第2款,同时提高了法定刑的下限,将该款的法定刑由原来的1年以上自由刑修订为2年以上自由刑。其次,修订了原来第4款(修订后第5款)的构成要件,将原来在对儿童实施性行为时有"身体虐待行为"修订为现在的"行为时对儿童造成严重的身体伤害"。详见《刑法典》条文。

(七)修订第179条对无反抗能力之人的性滥用

该条因2016年11月4日颁布的《第50部刑法修改法》而废除,该法的基本内容是完善对性自决权的保护,主要原因在于"有无反抗能力实践中不好把握"。

(八)修订第182条对少年的性滥用

该条的修订内容包括:首先,修订该条第1款的构成要件,主要涉及行为主体和行为客体的年龄规定;其次,增加第2款,"18岁以上者有偿地与不满18岁之人实施性行为,或让后者与行为人实施性行为的,处与第1款相同之刑罚",原来的第2款变为第3款;最后,增加第4款,"犯本罪而未遂的,也应处罚。"详见《刑法典》条文。

(九)对色情文书作了全新的规定

首先,增加第184条a散布暴力或动物色情文书,规定散发、制作或以其他方式使人获得以人与动物为性行为内容的色情文书,处3年以下自由刑或罚金刑。其次,增加第184条b散发、获取和持有儿童色情文书,该罪的构成要件是散发儿童色情文书或者使公众获得此等儿童色情文书,同时在法条中明确规定了"儿童色情"的具体内涵。该条还有许多崭新的内容,比如犯本罪未遂的也应处罚等。再次,增加第184条c散发、获取和持有少年色情文书,该罪的构成要件虽然不同于第184条b,但修法者的修订风格与之极为相似。最后,增加了第184条d借助无线电或电媒获取色情内容;通过电媒获取儿童和少年色情内容,以及第184条e举办和观看儿童和少年色情表演。由于这些全新的内容,原来的第184条a触犯卖淫禁令变成了修订后的第184条f,原来的第

184 条 b 危害少年的卖淫变成了修订后的第 184 条 g。

四、对成年人性权利的保护有很大变化

为了使德国的性刑法（尤其是第 177 条）适应《欧洲理事会防止和反对针对妇女的暴力和家庭暴力公约》（又称《伊斯坦布尔公约》）的要求，德国立法机关认为，有必要对德国的性刑法作必要的修订。

根据《欧洲人权公约》第 3 条和第 8 条的规定，签约国有义务对性犯罪进行积极有效的追诉。有关这一义务更加详细的规定见于德国于 2011 年签署和批准的欧洲理事会《伊斯坦布尔公约》。该《伊斯坦布尔公约》第 36 条规定："签约国要保证，对所有未经他人同意而故意实施的以行为人身体之一部或其他物体，通过阴道、肛门或口腔进入他人身体的性交行为，以及其他故意实施的未经他人同意的性行为，给予刑罚处罚。"作为签约国，德国为履行这一条约义务，必须对国内法进行必要的审核，以观其是否与《伊斯坦布尔公约》的规定相一致，审核的结果是：

（一）第 177 条的规定有其不足

第 177 条规定对强制猥亵和强奸给予刑罚处罚，但是，这样的规定并不能全部涵盖未经当事人同意的性行为，同时也不能实现对性犯罪的有效的刑事追诉。从第 177 条第 1 款第 1 项、第 2 项规定的构成要件事实看，要求行为人对他人身体或生命当场使用暴力或威胁当场使用暴力，第 3 项规定的利用被害人的无助处境这一构成要件事实，但《伊斯坦布尔公约》并未对此加以规定。20 世纪 90 年代所增加的现在的第 1 款第 3 项的构成要件事实，主要是考虑到，即使在妇女不希望发生性行为的情况下，由于害怕受到行为人进一步的暴力侵害而不进行反抗，甚至在暴力并不是直接与性行为相关的情况下，受到了行为人的性侵，就应当给予行为人刑罚处罚。尽管如此，该构成要件依然只包含了一小部分未使用暴力或暴力威胁而实施的性侵行为，以至于还有相当多的具有应罚性的情况未作为强奸行为而被科处刑罚。另外，"无助处境"的意涵比较模糊，比如，犯罪地点是在森林，不可能有他人施以援手，且行

为人身体明显比被害人强壮,因此,被害人逃逸无门,或者行为人是在空无一人的建筑内实施强奸行为的,均可以被理解为是一种"无助处境"。在主观层面,必须能够证明,被害人恰恰是考虑到这种无助的处境才放弃反抗,且行为人对此也是明白无误的。第 177 条的不足之处主要体现在:

1. 存在处罚漏洞

根据现在的司法情况,《欧洲人权公约》所要求的对性自决权的全面保护,德国事实上没有做到。德国实践中的无数案例就能说明这一点,大多数此类案例未经法官审理,而是在调查阶段就被中止调查程序了。

例如,女人早就多次表示,她不想(再)有性行为,但这样的表示每次都被男人当成耳旁风。因此,性交行为得以进行,女人因此而哭泣,以语言表示反抗,但是并无身体上的反抗,她并不大声叫嚷,也并不呼救,因为她想保护自己的孩子,同时也因为羞耻心而不想让邻居知道。

再如,有一对生活在一起多年的伴侣很久以来就不再有性生活了,但依然睡在一张双人床上。在案发当日,行为人酒后提出性要求,伴侣没有回应。行为人掀开伴侣的睡衣,爬到后者身上,后者说了声"不"并开始哭泣,但没有进一步的抗拒行为。她担心,如果不忍受,因为对方的身体比自己强壮很多,自己可能会成为暴力侵害的对象,所以依然不得不与对方性交。她的想法是:不加以反抗的话,痛苦很快会过去,但如果反抗,对方依然会为所欲为,而且痛苦的时间会更长。

此类案件一般在警方的调查阶段就被中止调查程序了,根本没有进入司法程序。

2. 对成年人性自决权的保护被附加条件

未经他人同意与其为性行为,一如既往地被认为无处罚必要性。例如,某个妇女明确表示,她不想有性行为,并在性行为中不配合同时还哭泣,但根据现在的法律规定,这种情况不会被作为性强制或者强奸处罚,或者仅仅在确认行为人使用了暴力的情况下,才会被作为性强制或者强奸处罚。如此看来,成年人的性自决权法益,并没有被刑法法规视为原则上是有保护价值的。只有当性法益的所有人遭受到暴力(第 1

项)、暴力威胁(第 2 项),或者处于进行防卫显然无效的情况下(第 3 项)时,才会受到刑法保护。易言之,只有当法益得到积极有效的防卫时,才具备刑事追诉的前提条件。为了满足自己的性欲,未经被害人同意而滥用其身体的,不会被视为应受处罚的行为,被害人的意志被认为是无关紧要的。

自 2009 年 3 月起在德国生效的联合国《残疾人权利公约》也要求对现有的性刑法规定进行修订,因为现有的规定明显严重歧视妇女。就残疾妇女而言,常常因"针对无反抗能力之人的性滥用"而提起诉讼,但因"强奸"而提起诉讼的几乎没有,其原因在于,虽然被害妇女原则上能够形成自己的意志并加以表达,但是由于当时所处的环境她们几乎不可能进行有效的反抗。例如,残疾妇女(尤其是所谓的精神残疾妇女)被认为缺乏抵抗能力,虽然她们能够形成自己的意志。这样一种歧视性的制度设计之所以是必要的,是因为根据现有的法律,成年人之间发生的违背一方意志的性行为原则上是不处罚的。

3. 对财产法益的保护则是无条件的

相反,财产所有人或者持有人没有被要求在财产受到侵害时对不法侵害人加以阻止。因此可以说,相对于财产法益的刑法保护而言,性自决权法益受到的刑法保护力度要低于财产法益。

但也有例外,比如《刑法典》第 202 条 a(探知数据)规定:"未经准许为自己或他人探知不属于自己的为防止被他人非法获得而作了特殊安全处理的数据的,处……"这里,为防止被他人非法获得而作了特殊安全处理的要求,比如设置防火墙,是本罪的构成要件,因为立法者的出发点是,数据是不应当对外公开的。因此,只有当"权利人通过安全措施保护自己的特殊利益"时,非法获取数据始受刑罚处罚。如果没有采取安全措施,则可以视为数据是对外公开的,他人获取此等数据不会被作为应当受处罚的探知他人数据的行为。

立法者对性自决的保护法益作出了相似的评价:如果权利人事先或者事中没有采取特殊的保护措施(积极的反抗),或者说保护措施自始就被视为不适当的,便不存在犯罪行为,这显然是立法对公民性权利不应有的轻视。

（二）第 177 条必须适应现代社会性观念的变化

刑法将对性自决权的保护置于与财产保护相同的甚至低于财产保护的地位显然是不适当的。立法者的这种评价根源于女性之从属性的传统思维模式以及女性意志表达的微不足道，因为从性别上看，男女成为性暴力受害人的危险是大不一样的。作为刑法规范，《刑法典》第 177 条虽然采用了中性的表述方式，但男性成为行为人、女性成为被害人的情况依然一如既往。

为了有效地履行《伊斯坦布尔公约》，签约国应当对在行为人与被害人之间未达成一致意见的性行为进行刑罚处罚。不过，对玩乐性质的性行为具有决定意义的彼此同意有可能会受到质疑，因为在某种情况下人们的自由会受到限制，因此，明确界定性行为的定义就显得十分重要。如果两个人达成一致意见，则他们的性生活属于玩乐，即使在性行为的过程中，一方完全没有兴趣，依然认定双方达成一致意见。此外，在性施虐者与受虐者那里，在认定主观方面的构成要件时，同样需要注意两者的区别问题。

在公众眼里，在什么情况下需要对一个性侵行为进行刑罚处罚，与《刑法典》第 177 条的构成要件之间存在明显的差异。社会上大多数人将性强制（sexuelle noetigung）理解为违背他人意愿的性行为。

只要现有法条的表述继续有效，那么就给潜在的行为人一个信号，即性自决权法益并未像财产法益那样得到彻底的和无条件的尊重，而是存在一个值得充分利用的活动空间。因为过去数十年的司法实践表明，只有当具备三个构成要件要素之一（暴力、暴力威胁和孤立无援状况）时，性强制行为才会违反我们的法秩序和价值秩序。对现行立法作与《伊斯坦布尔公约》所提要求相适应的修订，相信会在民众中引发与 20 年前引入婚内强奸相似的效果，后者的可罚性在当时争议很大，但是，将其在《刑法典》中加以规定是否适当的争论在今天看来已经是多余的了。

（三）性刑法修订后的情况

修订后的情况大体上可以总结为：第一，针对儿童的性行为或者在儿童面前为性行为（欠缺有效的同意），原则上应当受处罚；第二，针对少年的性行为或者在少年面前为性行为，只要欠缺有效的同意，应当受处罚；第三，针对受《刑法典》第179条保护之人的性行为，如果欠缺有效的同意，同样应当受处罚。同时，《刑法典》对行为人使用暴力或者威胁使用暴力，数个行为人共同实施性行为，由惯犯实施的性行为，使用武器或者危险工具实施性行为，利用特殊的信任关系实施性行为等，均规定了较重的法定刑（最低刑为2年或者高于2年）。

五、增加第201条a以拍照方式侵害私人生活领域

（一）处罚空白

有越来越多的事实表明，在发生严重事故的情况下，很多人用手机拍摄不幸之人，而不是施以援手。这不仅仅是对被害人人身权的侵害，而且类似行为还会对被害人造成重大危险，因为有时候围观者的围观行为会增加救援行为的难度，甚至完全阻碍了对不幸之人的救援。根据德国现行法律的规定，只有当行为人以暴力或暴力威胁，也即对救援人员进行事实上的攻击时，始可对阻挠救援工作之人进行处罚。未实施暴力阻挠救援工作的情形被规定在《刑法典》第113条，且在不具备事实上的攻击行为的情况下，增加第201条a来处罚之前从未被科处刑罚的先例。由于增加规定了第201条a，这一被害人保护法益中的处罚空白得以弥补。

此外，这样的规定也有助于改善针对拍摄和传播死者照片而侵害死者人身权的刑法保护。随着技术的进步，在不幸发生后围观者拍摄照片或者录像，然后在网络上传播的情况越来越多，在报纸或电视上传播此类照片或录像的情况也时有发生。在2015年1月27日生效的《第49部刑法修改法》之前，针对此类不良行为的刑法保护依然是空白的，不过，该部《刑法修改法》新增加的第201条a只是保护活着的自然人，

并不包含逝者。因此，刑法在这方面的保护依然有瑕疵。对此，该怎么办呢？

（二）解决方案

上述刑法保护空白应当予以消除，其方法是将第201条a的处罚范围扩大至未经许可拍摄死者照片。此外，通过增加处罚未遂行为来完善第201条a规定的人身权保护。同时对第205条（告诉）作相应的修订，以适应新增加的第201条a规定的保护范围。

为了改善针对拍摄死亡之人的照片及其传播的刑法保护，学界建议将"死亡者"纳入第201条a的保护范围。如此，根据《刑法典》对于拍摄死者照片的刑法保护漏洞得以弥补。鉴于第203条第4款已经有关于死者的相关规定，以及由逆向推理和根据德国《基本法》第103条第2款的立法背景可以得出结论认为，德国《刑法典》第201条a中所规定之"他人"必须是活着之人。另一方面，附属刑法也并不能够弥补现在的保护漏洞，根据《艺术品著作权法》第33条的规定，未经死者家属同意传播肖像、照片的，处1年以下自由刑或罚金刑，这样的规定显然不可能给予全面的保护，因为这里受到刑罚处罚的仅仅是传播，而非制作肖像、照片行为本身。在事故现场拍摄照片时，我们通常还不能确定，照片拍摄者拍摄死者照片是为了传播。围观者对事故的死亡者摄像或照相，而在此一时刻尚不能证明其是为了传播的，根据《艺术品著作权法》的相关规定是不受刑罚处罚的。

（三）理想的第201条a的基本内容

（1）未经许可制作或传播用于陈列的死者照片的，给予刑罚处罚。如此，第201条a所要保护的私人生活领域的法益顾及到了死亡之人。法规范的目标设定是给予私人生活领域包括死者的权益以全面保护。涵盖私人生活中其他私密空间（主要包括疾病、死亡和性等）的刑法保护，只有当不仅仅作为死亡过程的"死亡"，而且还包括未经许可不得拍摄死者照片这种对死者的保护得以实现时，私人生活领域的刑法保护才是全面的。

(2) 第201条a第2款也应当将死亡者纳入保护范围。因为可能的情形是，将死亡者的照片予以展示，但不是出于缅怀目的，因而严重侵害死者的声誉。因此，立法者才有此建议。

(3) 由于第201条增加了第4款规定，本罪的未遂具有了可罚性。例如，由于救援人员的及时介入阻止了拍摄照片行为的完成，就会出现本罪的未遂。

(4) 第201条a第4款规定，实施上述行为是为了正当利益，尤其是为了艺术或科学、研究或学术、对事件过程进行报道、历史或相似目的，不适用第1款第2项、相关的第1款第3项和第4项、第2款和第3款的规定。

关于第1款第4项涉及的告诉权问题。根据第205条（告诉）的规定，实施第201条a规定之罪的，当事人告诉的才处理，但刑事追诉机关因特殊的公共利益认为应当依职权进行追诉的除外；被害人死亡的，告诉权依第77条第2款转移给其亲属。因此，如果没有告诉，与死者相关的犯罪行为不可能会被追诉。

六、修订第266条a截留和侵占劳动报酬罪

鉴于打击黑工的人员与相关企业、公司相互勾结，且该种情况有愈演愈烈之势，为了整顿劳务市场秩序，保护税收、劳动保护等制度不受侵蚀，德国立法机关制定了《关于加强与黑工及相关逃税问题做斗争的法律》（简称《黑工防治法》），修订了《刑法典》第266条a的构成要件。该法于2004年8月1日起生效。修订的主要内容包括：

（一）扩大保护对象——雇主份额

修订前的法律对公民收入的刑法保护仅及于雇员。原有规定仅限于截留、侵占雇员应当缴纳的保险金，雇主自身的份额未加规定。立法者拒绝加以规定的理由在于，如果在构成要件事实中规定雇主自身的份额，将会导致不清偿自己的债务也会受到处罚的结果，而这显然是与德国《营业税法》中的相关规定相悖的。

该条新的第2款在很大程度上消除了这一思想。新的第2款与德国

《税收条例》第 370 条规定的逃税的一般构成要件相呼应，明确规定，只要向主管机构提供了虚假的或者不完整的数据，不管雇主是否在具体情况下支付了雇员的劳动报酬，均应当受到与第 1 款相同的处罚。

（二）积极作为情况下的处罚

根据修订后的第 266 条 a 第 2 款的规定，如果雇主就社会保险中具有重要意义的事实向主管机构提供虚假的或者不完整的数据，也即雇主以这种积极作为的形式实施本罪的，应当受到与本条第 1 款相同的处罚。另外，代表雇主者或者承担雇主责任之人以及所谓的事实上的企业领导，同样可能成为本罪的行为主体。本条第 2 款意义上的事实，是指能够影响社保金额基础或高低的事实情况，属于这种事实的还有雇主提供的有关其雇员的数量、工资等的数据。

（三）消极不作为情况下的处罚

根据修订后的第 266 条 a 第 2 款的规定，就社会保险的有关重要事实违背义务不告知有关主管机构之人，同样应受到与本条第 1 款相同的处罚。当然，这样的规定是以行为人违反了相应的信息公开义务为前提的。只要雇主违背其负有的将能够影响社会保险金额的重要数据（雇员人数、工资情况等）告知有关机构的义务的，就违背了此等信息公开义务。在《刑法典》修订之前，如果雇主提供虚假的信息，且社会保险机构因此而放弃应征款项的，其只能依据《刑法典》第 263 条（诈骗）定罪处罚。

（四）以诈骗罪定罪处罚存在瑕疵

并非在所有违背义务不告知有关重要信息的情况下都具备诈骗罪的构成要件。曾有这样一个案例，被告人未告知主管机构其雇用的员工的养老、医疗和失业保险信息，德国联邦法院认为，本案不存在《刑法典》第 263 条意义上的构成要件事实，因为根据单纯违反义务的不作为还不足以认定收款机构一定会发生认识错误。如果收款机构不了解某个公司，后者不报告每个月的应纳税情况，有可能不会导致认识错误的发生。根据修订前的《刑法典》，单纯不向公共保险机构履行法定的报告义务，在有关公司与公共保险机构之间缺乏具体联系的情况下就不会发生认识错误。这是一个明显的法律漏洞，修订后的第266条a第2款弥补了这一漏洞。

（五）与第263条的竞合关系

修订后的第266条a第2款实际上涵盖了过去一直依据第263条定罪处罚的多种情况。由于将诸多的构成事实纳入修订后的条款，修订后的第266条a第2款就变成了与第263条有竞合关系的特别条款。由于是特别条款，该条第1款以及其他条款同样应当优先适用。如此，这两个有竞合关系的法条的适用在司法实务中就变得非常简单了：但凡案件事实涉及雇主，即使在雇主采用了欺诈手段的情况下，也符合第266条a第1款规定的构成要件，同样应当优先适用该条对行为人定罪处罚。

（六）截留工资

雇主截留与雇员商定的工资，但又违背约定不支付给第三人的，就符合了修订后的第266条a第3款的构成要件（修订前的第2款）。不过，这种截留雇员收入的情况在实践中并不常见，因此，其实践意义不大。根据第3款的规定，工资税并不在第3款的刑法保护范围之内。如果雇主截留工资税且不支付给税务机关的，通常只是依据《税法》第380条的规定被追究相应的违法责任。由于实践意义不大，本款规定未作修订。

（七）特别严重的情节

实施第266条a第2款规定的行为，情节特别严重的，法定刑大幅增加至10年以下自由刑。情节特别严重是指以下三种情况：一是行为人出于严重的私利截留大额保险金（司法实践中掌握在5万欧元）的；二是使用仿造的或伪造的凭据继续截留保险金的；三是利用公务员滥用其权限或其地位所提供的协助的。

（八）自首

修订前就已经被规定于第266条a第6款中的自首规定基本上被修订后的第6款予以保留，只是作了较小的修订。在本条第1款和第2款情形下，雇主最迟在期限届满时或届满后立即向收款机构为下列行为的，法庭可根据本规定免除其刑罚：（1）书面告知收款机构其所截留的款项数额的，且（2）以书面形式说明虽经真诚努力但仍不能如期支付的理由。如果雇主在收款机构规定的期限（6个月）内支付了截留的款项，其不因截留雇员工资而受刑罚处罚。

结　语

由于自 2002 年《刑法典》的汉译本出版以来已经过去十多年了，其间《刑法典》历经多次修订，涉及的条文众多，本章仅是对《刑法典》在 2017 年 10 月之前的修订情况择其要者而加以概括和总结，疏漏之处在所难免。另外，从笔者掌握的文献看，在是否修订第 113 条暴力抗法的问题上，由于德国法官联合会既不赞同德国联邦政府草案，也不赞同联邦参议院于 2010 年 11 月 26 日的第 877 次会议上通过的联邦政府草案的修改建议，因此反对其成为法律。另外，与联邦政府草案相对的草案也被认为存在部分缺陷，主要表现在其一方面并没有消除法律适用方面的瑕疵，另一方面也违反了法律体系。甚至有观点认为，其还存在削弱对执行官员和救助力量保护力度的危险，而不是改善这种保护。因此，德国立法机关对第 113 条的修订暂停进行。此外，德国议会决定修订第 339 条公务员枉法罪的构成要件，意图消除行政管理和公共机构中的违法行为。从《基本法》的规定看，现行《刑法典》第 339 条和最高法院的判决多少是有问题的，因为枉法的公务人员得到了明显的优待，比如说免除处罚，即使给予处罚也有诸多限制处罚的条件。

目　　录

德意志联邦共和国刑法典 …………………………………………… 1

总　　则

第一章　刑法 ………………………………………………………… 3
　第一节　效力范围 ………………………………………………… 3
　第二节　本法之用语 ……………………………………………… 8
第二章　行为 ………………………………………………………… 10
　第一节　可罚性之根据 …………………………………………… 10
　第二节　未遂 ……………………………………………………… 12
　第三节　正犯与共犯 ……………………………………………… 12
　第四节　正当防卫和紧急避险 …………………………………… 14
　第五节　议会言论及报道不受处罚 ……………………………… 15
第三章　行为的法律后果 …………………………………………… 16
　第一节　刑罚 ……………………………………………………… 16
　第二节　量刑 ……………………………………………………… 19
　第三节　触犯数法规的量刑 ……………………………………… 23
　第四节　缓刑交付考验 …………………………………………… 24
　第五节　刑罚保留的警告与免除刑罚 …………………………… 30
　第六节　矫正与保安处分 ………………………………………… 32
　第七节　追缴和没收 ……………………………………………… 54
第四章　告诉、授权和要求判刑 …………………………………… 64
第五章　时效 ………………………………………………………… 67
　第一节　追诉时效 ………………………………………………… 67
　第二节　执行时效 ………………………………………………… 70

1

分　　则

- 第一章　危害和平、叛乱和危害民主法治国家的犯罪 …………… 74
  - 第一节　危害和平 …………………………………… 74
  - 第二节　叛乱 ………………………………………… 74
  - 第三节　危害民主法治国家的犯罪 ………………… 75
  - 第四节　共同规定 …………………………………… 85
- 第二章　叛国和外患罪 ……………………………………………… 87
- 第三章　针对外国的犯罪 …………………………………………… 92
- 第四章　妨害宪法机关及选举和表决的犯罪 ……………………… 93
- 第五章　危害国防的犯罪 …………………………………………… 97
- 第六章　抗拒国家权力的犯罪 ……………………………………… 100
- 第七章　妨害公共秩序的犯罪 ……………………………………… 103
- 第八章　伪造货币和有价证券的犯罪 ……………………………… 118
- 第九章　虚伪的未经宣誓的陈述和伪誓罪 ………………………… 122
- 第十章　诬告罪 ……………………………………………………… 125
- 第十一章　有关宗教和世界观的犯罪 ……………………………… 126
- 第十二章　妨害身份、婚姻和家庭的犯罪 ………………………… 127
- 第十三章　妨害性自决权的犯罪 …………………………………… 129
- 第十四章　侮辱罪 …………………………………………………… 144
- 第十五章　侵害私人生活和秘密的犯罪 …………………………… 147
- 第十六章　侵害他人生命的犯罪 …………………………………… 154
- 第十七章　侵害他人身体完整性的犯罪 …………………………… 160
- 第十八章　侵害他人人身自由的犯罪 ……………………………… 163
- 第十九章　盗窃和侵占犯罪 ………………………………………… 174
- 第二十章　抢劫和敲诈勒索犯罪 …………………………………… 178
- 第二十一章　包庇和窝赃犯罪 ……………………………………… 180
- 第二十二章　诈骗和背信犯罪 ……………………………………… 185
- 第二十三章　伪造文书犯罪 ………………………………………… 194
- 第二十四章　破产犯罪 ……………………………………………… 199

第二十五章 应处罚的利己行为的犯罪	202
第二十六章 妨碍竞争的犯罪	207
第二十七章 损坏财物的犯罪	210
第二十八章 危害公共安全的犯罪	213
第二十九章 危害环境的犯罪	228
第三十章 职务犯罪	238

德意志联邦共和国少年法庭法 …………………………… 249

第一编 适用范围 …………………………………………… 251
第二编 少年 ………………………………………………… 252
  第一章 少年之犯罪行为及其后果 ……………………… 252
    第一节 一般规定 …………………………………… 252
    第二节 教育处分 …………………………………… 255
    第三节 惩戒处分 …………………………………… 256
    第四节 少年刑罚 …………………………………… 258
    第五节 少年刑罚之缓刑 …………………………… 258
    第六节 少年刑罚之缓科 …………………………… 261
    第七节 数个犯罪行为 ……………………………… 262
  第二章 少年法庭组织和少年刑事诉讼程序 …………… 263
    第一节 少年法庭组织 ……………………………… 263
    第二节 管辖 ………………………………………… 267
    第三节 少年刑事程序 ……………………………… 269
  第三章 执行和行刑 ……………………………………… 287
    第一节 执行 ………………………………………… 287
    第二节 行刑 ………………………………………… 293
  第四章 前科记录的消除 ………………………………… 295
  第五章 管辖普通刑事案件的法庭受理少年犯罪案件 … 296
第三编 未成年青年 ………………………………………… 299
  第一章 实体刑法之适用 ………………………………… 299

第二章　法庭组织及程序 …………………………………… 301
　　第三章　执行和前科记录的消除 …………………………… 302
　　第四章　普通刑事法庭对未成年青年案件的管辖 ………… 303
　第四编　关于联邦国防军士兵的特别规定 …………………… 304
　第五编　终结和过渡规定 ……………………………………… 306

德意志联邦共和国军事刑法 …………………………………… 309

　第一章　一般规定 ……………………………………………… 311
　第二章　军事犯罪行为 ………………………………………… 315
　　第一节　违反军事勤务义务的犯罪行为 …………………… 315
　　第二节　违反下级义务的犯罪行为 ………………………… 316
　　第三节　违反长官义务的犯罪行为 ………………………… 319
　　第四节　违背其他军事义务的犯罪行为 …………………… 322

德意志联邦共和国进一步简化经济刑法的法律 ……………… 325

　第一章　违反经济刑法的处罚 ………………………………… 327
　第二章　补充规定 ……………………………………………… 330
　第三章　过渡和终结规定 ……………………………………… 333

译者的话 ………………………………………………………… 335

德意志联邦共和国刑法典

1998年11月13日的版本
经2017年10月30日的法律作最近一次修订
(《联邦法律公报I》,第3618页)

总　则

第一章 刑 法

第一节 效力范围

第1条 （无法无刑）

本法只处罚行为前法律已明文规定予以处罚的行为。

第2条 （时间效力）

1. 刑罚及其法律效果依行为时有效之法律确定。
2. 刑罚在行为时有变更的，适用行为终了时有效之法律。
3. 行为终了时有效之法律在判决前变更的，适用处刑最轻之法律。
4. 仅适用于特定时期的法律，即使该法律在审判时已失效，仍可适用于在其有效期间实施的行为。法律另有规定的除外。
5. 关于追缴、没收及查封，适用本条第1款至第4款的规定。
6. 矫正与保安处分适用审判时有效之法律，法律另有规定的除外①。

第3条 （域内效力）

德国刑法适用于本国内的一切犯罪行为。

第4条 （对德国船舶、航空器内犯罪的效力）

在悬挂德意志联邦共和国国旗或国徽的船舶、航空器内发生的犯罪行为，无论行为地法律如何规定，均适用德国刑法。

---

① 根据2017年4月13日颁布的《关于改革刑法中财产差价税的法律》（《联邦法律公报 I》，第872页）修订，自2017年7月1日起生效。

第5条 （针对国内法益的国外犯罪行为）

无论行为地法律如何规定，下列在国外实施的犯罪行为均适用德国刑法：

（1）（废除）。

（2）叛乱（第81~83条）。

（3）危害民主法治国家：

a. 具有第89条、第90条a第1款以及第90条b的情形，而行为人为德国人，且在本法效力范围内有住所，或

b. 具有第90条及第90条a第2款情形的。

（4）叛国及外患（第94~100条a）。

（5）妨害国防的犯罪：

a. 具有第109条及第109条e至第109条g情形的，或

b. 具有第109条a、第109条d和第109条h的情形，而行为人为德国人，且在本法效力范围内有其住所的。

（6）针对人身自由的犯罪：

a. 在第234条a和第241条a情形下，行为针对的是行为时在国内有住所或经常居住地的德国人的；

b. 在第235条第2款第2项情形下，行为针对的是行为时在国内有住所或经常居住地之人的；

c. 在第237条情形下，如果行为人在行为时是德国人，或者行为针对的是行为时在国内有住所或经常居住地之人的。

（7）侵害所在地在本法效力范围内的工厂、企业的秘密，或侵害所在地虽在外国，但与本法效力范围内的企业有依存关系，且与后者建立联合企业的秘密的。

（8）在第174条第1款、第2款和第4款，第176条至第179条和第182条规定的妨害性自决权的犯罪情形下，行为人为德国人的。

（9）针对生命的犯罪：

a. 在第218条第2款第2句第1项和第4款第1句情形下，行为人在行为时为德国人的，或

b. 在第 218 条其他情形下，行为人在行为时为德国人，且在国内有住所的。

（9a）针对身体完整性的犯罪

a. 在第 226 条第 1 款第 1 项以及相关联的第 2 款情形下，伤害行为致使被害人丧失生殖能力，行为人在行为时为德国人，或

b. 在第 226 条 a 情形下，行为人在行为时为德国人，或者行为针对的是行为时在国内有住所或经常居住地之人的。

（10）在本法效力范围内，于法庭或者其他负责接受宣誓或代替宣誓的保证的有关部门作伪证、伪誓，以及代替宣誓的虚伪保证的（第153条~第156条）。

（10a）行为涉及在国内进行的比赛、比赛诈骗和操纵职业体育运动比赛（第 265 条 c 和第 265 条 d）。

（11）在德国专属经济区实施第 324 条、第 326 条、第 330 条和第 330 条 a 所规定的妨害环境的犯罪，但以国际条约为保护海洋允许将其作为犯罪行为予以追诉为限。

（11a）行为人在行为时为德国人，实施第 328 条第 2 款第 3 项和第 4 项、第 4 款和第 5 款，以及与第 330 条有关之犯罪的。

（12）德国公职人员或对公务负有特别义务的人员在执行职务期间实施的犯罪，或与职务有关的犯罪。

（13）身为公职人员或对公务负有特别义务人员对外国人所犯各罪。

（14）针对公职人员、对公务负有特别义务人员或联邦国防军士兵履行其职务，或从事与其职务有关的活动时所实施的行为。

（15）第 331 条至第 337 条规定的职务犯罪，如果

a. 行为人在行为时是德国人的，

b. 行为人在行为时是欧洲公职人员，且其在国内工作的，

c. 针对公职人员、对公务负有特别义务人员或联邦国防军士兵实施的行为，或

d. 针对行为时是欧洲公职人员或仲裁法庭法官，或针对第 335 条 a 规定的地位相当者，其在行为时是德国人实施的行为。

(16）在受贿和贿赂议员情形下（第108条e），如果
a. 行为人在行为时为德国民意代表机构成员或德国人，或者
b. 行为是针对德国民意代表机构成员或行为时是德国人实施的。
(17）进行器官和人体组织交易（《器官移植法》第18条），行为人在行为时为德国人的。②

第6条　（针对国际法益的国外犯罪行为）

无论行为地法律如何规定，在国外的下列行为，同样适用德国刑法：
（1）（废除）；
（2）第307条和第308条第1款至第4款、第309条第2款和第310条规定的核能、爆炸物和电离射线犯罪；
（3）攻击空中和海上交通（第316条c）；
（4）贩卖人口；
（5）非法销售麻醉品；
（6）第184条a、第184条b第1款和第2款、第184条c第1款和第2款，以及相关的第184条d第1款第1句规定的传播淫秽书刊；
（7）伪造货币和有价证券（第146条、第151条和第152条），伪造具有担保功能的支付卡和欧洲支票的票样（第152条b第1款至第4款）及其预备行为（第149条、第151条、第152条和第152条b第5款）；
（8）诈骗救济金（第264条）；
（9）根据对德意志联邦共和国有约束力的国际条约的规定应予以追诉的国外行为。③

第7条　（对其他情形下国外犯罪行为的效力）

1. 在国外实施针对德国人的行为，无论依行为地法律是否予以处

---

② 根据2017年4月11日颁布的《第55部刑法修改法》（比赛诈骗和操作职业体育运动比赛，《联邦法律公报I》，第815页）修订，自2017年4月11日起生效。
③ 根据2016年10月11日颁布的《改善与人口买卖作斗争和修改联邦统计法以及社会法典第八编的法律》（《联邦法律公报I》，第2226页）修订，自2016年10月15日起生效。

罚，均适用德国刑法。

2. 对在国外实施的其他行为，无论依行为地法律是否予以处罚，在下列情况下适用德国刑法：

（1）行为时为德国人或在行为后成为德国人的，或

（2）行为时为外国人，在国内被逮捕，依其行为性质符合引渡法的规定，而由于未提出引渡请求，或引渡请求被拒绝，或不能被引渡的。④

第8条　（行为时）

正犯或共犯采取行动的时间为行为时；在不作为犯罪情况下，以应当作为的时间为行为时。结果何时发生，不是决定行为时的标准。

第9条　（行为地）

1. 正犯实施行为的地点、在不作为犯罪情况下正犯应当作为的地点、属于构成要件的结果发生地，或者根据正犯的想象应当发生结果的地点，皆为行为地。

2. 正犯实施行为的地点、共犯采取行动的地点，在不作为犯罪情况下应当作为的地点，或共犯希望结果发生的地点，皆为共犯的行为地。共犯在国内参与国外犯罪的，即使依行为地法律不处罚，仍适用德国刑法。

第10条　（关于少年和未成年青年的特别规定）

对于少年和未成年青年实施的犯罪行为，少年法庭法未另行规定的，方可适用本法。

---

④ 根据2004年8月24日颁布的《第一部司法现代化的法律》修订，自2004年9月1日起生效。

第二节　本法之用语

第 11 条　（人和物的概念）

1. 本法所称的
(1) 亲属指下列人员：
　a. 直系血亲、直系姻亲、配偶、生活伴侣、有婚约者、兄弟姐妹、兄弟姐妹的配偶或生活伴侣、配偶或生活伴侣的兄弟姐妹。上列关系不受非婚生事实、婚姻或生活伴侣关系的解除，或血亲、姻亲关系之消灭的影响；
　b. 养父母和养子女。
(2) 依德国法，公职人员是指：
　a. 官员或法官；
　b. 具有其他公法意义上的职务关系的工作人员；
　c. 其他被聘用在行政机关或其他机构或受其委托从事公务的人员。
(2a) 欧洲公职人员是指：
　a. 欧洲委员会、欧洲中央银行、欧盟审计院或者欧盟法院成员；
　b. 欧盟或依欧盟法成立机构的官员或其他公职人员，或
　c. 受委托从事欧盟事务或依欧盟法成立机构的事务的人员。
(3) 法官指：
依德国法律担任的职业法官或名誉法官；
(4) 对公务负有特别义务的人员是指：非公职人员而
　a. 在行政机关或其他机构从事公务，或
　b. 在为行政机关或其他机构执行公共管理任务的社团或其联合体、企业就职或为其工作，且依法正式宣誓认真履行其职责的人员。
(5) 违法行为：
仅指实现了刑法规定的构成要件的行为。

（6）犯罪的实行是指：

犯罪的既遂和未遂。

（7）官方：

也包括法庭。

（8）处分：

是指各种矫正与保安处分、追缴、没收和查封。

（9）补偿：

是指各种以财产利益为内容的对价给付。

2. 本法所称之故意，也包括实现故意犯罪的构成要件行为，但过失地引起了特别的结果的情况。

3. 文书是指：录音、录像、数据储存、图片和用于同样目的之类似物品。[5]

第12条　（重罪和轻罪）

1. 重罪：是指最低刑为1年或1年以上自由刑的违法行为。

2. 轻罪：是指最高刑为1年以下自由刑或科处罚金刑的违法行为。

3. 总则中对加重处罚或减轻处罚的规定，或者针对情节特别严重或情节较轻而作出的加重处罚或减轻处罚的规定，在分类时不予考虑。

---

[5] 根据2017年4月13日颁布的《关于改革刑法中财产差价税的法律》（《联邦法律公报I》，第872页）修订，自2017年7月1日起生效。

第二章 行 为

第一节 可罚性之根据

第13条 （通过不作为实施）

1. 依法有义务防止构成要件的结果的发生而不防止其发生，且当其不作为与因作为而使法定构成要件的实现相当时，才依法受处罚。

2. 可依第49条第1款减轻处罚。

第14条 （为他人而行为）

1. 以下列身份
（1）法人的代理机构或其成员，
（2）股份公司的有代理权的股东，或
（3）他人的法定代理人，

而为代理行为的，如果法律规定以特定之个人身份、关系或情况（特定之个人特征）为可罚性之基础，但代理人不具备此等特征而被代理人具备时，则代理人的行为仍适用本法。

2. 受企业主或其他有职权者
（1）委托经营企业之全部或一部的人，或
（2）特别委托以自己的责任完成企业主之任务的人，

根据委托而实施的行为，如法律以特定的个人特征为可罚性之基础，但代理人不具备此等特征而企业主具备时，则对代理人的行为仍适用本法。经营单位可视为与第1句的企业相同。受相应的委托执行公共管理任务的，适用第1句的规定。

3. 即使产生代理权或委托关系的法律行为无效，仍适用本条第1款和第2款的规定。

第 15 条 （故意和过失行为）

本法只处罚故意行为，但明文规定处罚过失行为的除外。

第 16 条 （事实错误）

1. 行为人行为时对法定构成要件缺乏认识，不认为是故意犯罪，但要对其过失犯罪予以处罚。
2. 行为人行为时误认为具备较轻法定构成要件的，对其故意犯罪只能依较轻之法规处罚。

第 17 条 （禁止错误）

行为人行为时没有认识其违法性，如该错误认识不可避免，则对其行为不负责任。如该错误认识可以避免，则依第 49 条第 1 款减轻处罚。

第 18 条 （对特别结果的较重处罚）

本法对行为的特别结果的较重处罚，只有当正犯或共犯对特别结果的产生至少具有过失时，始可适用。

第 19 条 （儿童无责任能力）

行为人行为时不满 14 岁的，无责任能力。

第 20 条 （因精神障碍无责任能力）

行为人行为时，由于病理性精神障碍、深度的意识错乱、智力低下或其他严重的精神病态，不能认识其行为的违法性，或依其认识而行为的，不负责任。

第 21 条 （减轻的责任能力）

行为人认识行为违法性的能力，或者依其认识而行为的能力因第 20 条规定的某种原因而显著减弱的，可依第 49 条第 1 款减轻其刑罚。

第二节 未　　遂

第 22 条 （概念规定）

行为人已直接着手实现构成要件，而未发生其所预期结果的，是犯罪未遂。

第 23 条 （未遂的可罚性）

1. 重罪的未遂一律处罚；对轻罪的未遂的处罚以法律有明文规定为限。

2. 未遂可比照既遂减轻处罚（第 49 条第 1 款）。

3. 行为人由于对行为对象或手段的认识错误，其行为根本不能实行终了的，法庭可免除其刑罚，或酌情减轻其刑罚（第 49 条第 2 款）。

第 24 条 （因中止而未遂）

1. 行为人自愿地使行为不再继续进行，或者主动放弃行为完成的，不因犯罪未遂而处罚。如果该行为没有中止犯的努力也不能完成的，只要行为人主动努力阻止该行为的完成，即应免除其刑罚。

2. 数人共同实施同一行为的，其中主动放弃行为完成的，不因犯罪未遂而处罚。如果该行为没有中止犯的努力也不能完成的，或该行为没有中止犯的努力也会完成的，只要行为人主动努力阻止该行为完成的，即应免除其刑罚。

第三节　正犯与共犯

第 25 条 （正犯）

1. 自己实施犯罪，或通过他人实施犯罪的，依正犯论处。

2. 数人共同实施犯罪的，均依正犯论处（共同正犯）。

第 26 条 （教唆犯）

故意教唆他人故意实施违法行为的是教唆犯。对教唆犯的处罚与正犯相同。

第 27 条 （帮助犯）

1. 对他人故意实施的违法行为，故意予以帮助的，是帮助犯。
2. 对帮助犯的处罚参照正犯的处罚，并依第 49 条第 1 款减轻其刑罚。

第 28 条 （特定的个人特征）

1. 正犯的刑罚取决于特定的个人特征（第 14 条第 1 款）的，如共犯（教唆犯或帮助犯）缺少此等特征，依第 49 条第 1 款减轻处罚。
2. 法定刑因行为人的特定的个人特征而加重、减轻或免除的，其规定只适用于具有此等特征的行为人（正犯或共犯）。

第 29 条 （共犯责任之独立性）

数人共同犯罪的，各依自己的责任受处罚，不考虑他人的责任。

第 30 条 （共犯的未遂）

1. 命令或教唆他人实施重罪而未遂的，依该重罪的未遂论处，并依第 49 条第 1 款减轻处罚。可相应地适用第 23 条第 3 款的规定。
2. 示意他人犯罪，或接受他人的犯罪请求，或与他人约定实施重罪，或教唆他人实施重罪的，其处罚适用前款规定。

第 31 条 （共犯脱离）

1. 具有下列情形之一的，不依第 30 条处罚：
（1）自动放弃命令他人犯重罪的意图，并消除可能存在的他人实施犯罪的危险的；
（2）在表示愿意实施重罪之后自动放弃其计划的；或

(3) 与他人约定实施重罪，或接受他人实施重罪的请求后，自动阻止犯罪的。

2. 没有脱离者的帮助犯罪也会停止，或没有脱离者的行为犯罪也会实施的，只要脱离者主动且真诚努力阻止犯罪实施的，应免除其刑罚。

第四节　正当防卫和紧急避险

第32条　（正当防卫）

1. 正当防卫不违法。

2. 为使自己或他人免受正在发生的不法侵害而实施的必要的防卫行为，是正当防卫。

第33条　（防卫过当）

防卫人由于慌乱、恐惧、惊吓而防卫过当的，不负刑事责任。

第34条　（合法化的紧急避险）

为使自己或他人的生命、身体、自由、名誉、财产或其他法益免受正在发生的危险，不得已而采取的紧急避险行为不违法，但所要保护的法益应明显大于所要造成危害的法益。仅在行为属于避免该危险的适当措施的情况下，方可适用本条的规定。

第35条　（减免责任的紧急避险）

1. 为使自己、亲属或其他与自己关系密切者的生命、身体或自由免受正在发生的危险，不得已而采取的违法行为不负刑事责任。在因行为人自己引起危险或处在特定的法律关系中而须容忍该危险的限度内，不适用该规定；但是，如果行为人不顾及某一特定的法律关系也必须容忍该危险，则可依第49条第1款减轻处罚。

2. 行为人行为时，误认为有第1款规定不负责任的情况，仅在他能够避免该错误时，才予处罚。并可依第49条第1款减轻处罚。

第五节 议会言论及报道不受处罚

第 36 条 （议会言论）

联邦议院、联邦大会或州立法机关的成员，任何时候都不得因其在会议团体或委员会的表决或言论，而在会议团体之外被追究责任。诋毁性侮辱言论不适用本条规定。

第 37 条 （议会报道）

对第 36 条所列的会议团体或其委员会的公开会议的真实报道，不追究任何责任。

第三章 行为的法律后果

第一节 刑 罚

——自由刑——

第38条 （自由刑的期限）

1. 自由刑是有其期限的，但法律规定为终身自由刑的不在此限。
2. 有期自由刑的期限最高为15年，最低为1个月。

第39条 （自由刑的计算）

自由刑不满1年的，以整周和整月计算；超过1年的，以整月和整年计算。

——罚金刑——

第40条 （以日额金科处）

1. 罚金刑以日额金为单位科处。最低为5单位日额金，如果法律未作不同规定，最高为360单位日额金。
2. 日额金的金额由法庭考虑行为人的人身和经济情况来决定。原则上以行为人每日平均应有或可能有的纯收入为准。每1单位日额金最低不得少于1欧元，最高不得超过3万欧元。
3. 对行为人的收入、财产及其他计算日额金的基本情况可以进行评估。
4. 日额金的单位数和金额，在判决内写明。⑥

---

⑥ 根据2009年6月29日颁布的《第42部刑法修改法》（废除罚金刑日额金的上限，《联邦法律公报I》，第1658页）修订，自2009年7月4日起生效。

第 41 条　（罚金刑与自由刑并罚）

行为人因其行为已经获利或试图获利的，除科处自由行外，考量行为人的人身和经济情况，可不科处或有选择地科处罚金刑。⑦

第 42 条　（从宽缴纳）

根据受判决人的人身和经济情况，不能要求其立即缴清罚金的，由法庭规定缴纳期限，或允许其按所确定的款额分期缴纳。同时，法庭可命令，如果被判刑人不如期缴纳某一分期款额，即丧失分期缴纳的优待。如果未允许其分期缴纳将严重影响对犯罪行为所造成的损失的补偿的，法庭应当允许其从宽缴纳；可要求被判刑人提供补偿证据。⑧

第 43 条　（替代自由刑）

不能缴纳罚金的，以自由刑代替之。1 单位日额金相当于 1 日自由刑。以自由刑代替的，最低为 1 日。

——财产刑——

第 43 条 a　（废除）⑨

——附加刑——

第 44 条　（禁止驾驶）

1. 犯罪发生于驾驶机动车时，或与之有关，或由于违反驾驶人员的义务，而被判处自由刑或罚金刑的，法庭可禁止其于街道驾驶任何或特定种类的机动车，其期间为 1 个月以上 6 个月以下。即使犯罪行为与驾

---

⑦ 根据 2017 年 4 月 13 日颁布的《关于改革刑法中财产差价税的法律》(《联邦法律公报 I》，第 872 页) 修订，自 2017 年 7 月 1 日起生效。

⑧ 根据 2006 年 12 月 22 日颁布的《第二部司法现代化的法律》(《联邦法律公报 I》，第 3464 页) 修订，自 2006 年 12 月 31 日起生效。

⑨ 根据 2017 年 4 月 13 日颁布的《关于改革刑法中财产差价税的法律》(《联邦法律公报 I》，第 872 页) 修订，自 2017 年 7 月 1 日起生效。

驶机动车无关或与违反机动车驾驶员义务无关,仍可命令禁止驾驶,但以对行为人产生积极影响或为维护法秩序所必要,或可以避免科处自由刑或自由刑的执行为限。在第 315 条 c 第 1 款第 1 项 a、第 3 款或在第 316 条情况下依第 69 条未被吊销驾驶证的,通常应命令禁止驾驶。

2. 如驾驶证自判决生效后由官方予以保管的,至迟在判决生效 1 个月结束后由官方予以保管,禁止驾驶生效。在禁止驾驶期间,德国官方颁发的国内和国际驾驶证由官方予以保管。如果驾驶证是由欧盟成员国或欧洲经济区条约的签约国颁发的,同样适用本规定,但以驾驶证的持有人在国内有固定住所为限。如属其他外国的驾驶证,应在其中作禁止驾驶的记载。

3. 驾驶证由官方保管或在外国驾驶证上作禁止驾驶记载的,禁止期间从保管或记载之日起计算。行为人因官方命令被看管于拘留所的期间,不算入禁止驾驶的期间。

4. 行为人被科处数个禁止驾驶的,禁止驾驶的期间累计计算。先生效的禁止驾驶的禁止期间先行开始;数个禁止驾驶同时生效的,先命令之禁止驾驶的禁止期间先行开始;同时命令数个禁止驾驶的,则第一个犯罪行为的禁止驾驶的禁止期间先行开始。⑩

——附随后果——

第 45 条 （担任公职的资格、被选举权及选举权的丧失）

1. 因犯重罪被判处 1 年以上自由刑的,丧失为期 5 年的担任公职的资格和从公开选举中取得权利的资格。

2. 法庭可剥夺被判刑人为期 2 年以上 5 年以下的第 1 款规定的资格,但以法律有特别规定为限。

3. 丧失担任公职资格的,同时丧失相应的法律地位和权利。

4. 丧失从公开选举中取得权利的资格的,除法律另有规定外,同时

---

⑩ 根据 2017 年 8 月 17 日颁布的《关于有效和实践导向的刑事程序安排的法律》（《联邦法律公报 I》,第 3203 页）修订,自 2017 年 8 月 24 日起生效。

丧失他拥有的相应的法律地位和权利。

5. 法庭可剥夺被判刑人在公共事务中的为期 2 年以上 5 年以下的被选举权或投票权。

第 45 条 a （丧失资格的发生和计算）

1. 资格、法律地位及权利的丧失，自判决生效时开始。

2. 丧失资格或权利的期限，从自由刑执行完毕，或因时效届满而失效或被免除之日起计算。自由刑和剥夺自由的矫正与保安处分并罚的，其期限自处分执行完毕之日起算。

3. 刑罚、余刑或处分被缓刑或赦免的，如缓刑考验期届满后，刑罚和余刑被免除或处分执行完毕，缓刑考验期应计算在丧失资格或权利的期间内。

第 45 条 b （资格和权利的恢复）

1. 具备下列条件时，法庭可恢复被判刑人依第 45 条第 1 款和第 2 款丧失的资格，及依第 45 条第 5 款丧失的权利：

（1）资格或权利丧失的期限已经经过一半的，且

（2）可期望被判刑人将来不再故意犯罪的。

2. 被判刑人依官方命令被看管于拘留所的期间，不算入前款期间。

第二节　量　　刑

第 46 条　（量刑的基本原则）

1. 行为人的责任是量刑的基础。量刑时应考虑刑罚对行为人将来的社会生活所产生的影响。

2. 法庭在量刑时，应权衡对行为人有利和不利的情况。特别应注意下列事项：

行为人的行为动机和目的，尤其是涉及种族歧视、仇外或者其他类似动机和目的，行为所表露的思想和行为时的意图，违反义务的程度，

行为的方式和行为结果，行为人的履历、人身和经济情况，及行为后的态度，尤其是行为人为了补救损害所作的努力。

3. 属于法定构成要件特征的情况，可不予考虑。⑪

第 46 条 a　（行为人与被害人的和解、损害赔偿）

行为人具备下列情形之一的，法庭可依第 49 条第 1 款减轻其刑罚，或者，如果科处的刑罚不超过 1 年自由刑或不超过 360 单位日额金之罚金刑的，则免除其刑罚：

（1）行为人努力与被害人达成和解（行为人—被害人和解），对其行为造成的损害全部或大部予以补偿，或认真致力于对其行为造成的损害进行补偿的，或

（2）在行为人可以自主决定对损害进行补偿或者不补偿的情况下，他对被害人的损害进行了全部或大部分补偿。

第 46 条 b　（帮助侦破或者阻止严重犯罪行为）

1. 对可能被科处最低刑为较重自由刑或者可能被科处终身自由刑的犯罪行为，因行为人

（1）自愿公开其知晓的信息，在很大程度上帮助侦破《刑事诉讼法》第 100 条 a 第 2 款规定的与其公开行为有关的犯罪行为，或

（2）自愿将其知晓的信息及时告知主管机关，使得《刑事诉讼法》第 100 条 a 第 2 款规定的与其告知行为有关的犯罪行为被阻止，

法庭可依本法第 49 条第 1 款减轻其刑罚，以不低于 10 年的有期自由刑替代终身自由刑的法定刑。最低刑为较重自由刑的犯罪，只具备特别严重情节且无减轻处罚情节的情况下，始可归入此类严重犯罪。如果行为人只是作为共犯参与犯罪，只有当其自愿公开的信息超过自己参与部分而及于全部犯罪时，始可视为第 1 款第 1 项意义上的帮助侦破。如

---

⑪ 根据 2015 年 6 月 12 日颁布的《关于贯彻德国联邦议会 NSU-调查委员会建议的法律》（《联邦法律公报 I》，第 925 页）修订，自 2015 年 8 月 1 日起生效。

果犯罪的法定刑只是有期自由刑，且行为人被科处3年以下自由刑的，法庭可免除其刑罚以代替减轻处罚。

2. 在为第1款之裁决时，法庭尤其应当考虑

（1）行为人所公开事实的种类和范围，其对于侦破或阻止犯罪的意义、公开的时间，行为人对刑事追诉机关的帮助程度，犯罪行为的严重程度，以及

（2）第1项所规定的情况与犯罪的严重程度和行为人责任之间的关系。

3. 如果行为人是在针对自己的主审程序（《刑事诉讼法》第207条）已经结束的情况下才公开其知晓的信息的，不得依本条第1款的规定减轻处罚或者免除处罚。[12]

第47条　（判处短期自由刑属于例外情况）

1. 法庭根据犯罪和行为人的人格具有的特殊情况，认为只有判处自由刑才能影响行为人和维护法律秩序时，可判处6个月以下的自由刑。

2. 本法未规定罚金刑，也未规定6个月或6个月以上自由刑，又无前款必须判处自由刑情况的，法庭可判处其罚金刑。本法规定的最低自由刑较高时，在第1句情况下根据法定的最低自由刑确定罚金刑的最低限度，30单位日额金相当于1个月自由刑。

第48条　（废除）

第49条　（特别的法定减刑理由）

1. 法律规定或允许依本条减刑的，适用下列各项规定：

（1）终身自由刑由3年以上自由刑代替。

---

[12] 根据2013年6月10日颁布的《第46部刑法修改法》（对帮助破案和犯罪预防情况下的从宽处罚进行限制，《联邦法律公报I》，第1497页）修订，自2013年8月1日起生效。

（2）针对有期自由刑最高可判处最高刑的 3/4。该标准同样适用于罚金刑的日额金的最高额的确定。

（3）被提高了的最低自由刑，

在最低自由刑为 10 年或 5 年的情形下，减至 2 年；

在最低自由刑为 3 年或 2 年的情形下，减至 6 个月；

在最低自由刑为 1 年的情形下，减至 3 个月；

在其他情形下减至法定最低刑。

2. 法庭依据适用于本条规定的法律酌定减刑的，可将刑罚减至法定最低刑，或以罚金刑代替自由刑。

第 50 条　（减刑理由的竞合）

某一情况单独或与其他情况一起构成不严重的情形，且该情形同时属于第 49 条规定的特别法定减刑理由的，只能被考虑一次。

第 51 条　（折抵）

1. 被判刑人因作为诉讼对象的行为或曾是诉讼对象的行为而被待审拘留或以其他方式被剥夺自由的，其被剥夺自由的期间折抵为自由刑或罚金刑。如果根据被判刑人行为后的态度，认为折抵不适当的，法庭可命令部分或全部不折抵。

2. 已经发生法律效力的刑罚在其后的程序中被其他刑罚所替代，如果前罪的刑罚已执行或已折抵的，前罪的刑罚折抵算入后罪的刑罚。

3. 被判刑人因同一行为在国外已受处罚的，其在国外已执行的刑罚算入新判刑罚内。在国外受到的其他方式的剥夺自由，相应适用第 1 款的规定。

4. 以罚金折抵自由刑或以剥夺自由折抵罚金，剥夺自由 1 日相当于 1 单位日额金。有关的外国刑罚或剥夺自由的折抵，由法庭裁量确定折抵标准。

5. 临时吊销驾驶证的期间（《刑事诉讼法》第 111 条 a）折抵第 44 条禁止驾驶的，相应适用第 1 款的规定。驾驶证的保管、吊销或扣押

(《刑事诉讼法》第 94 条），视为临时吊销驾驶证。

第三节　触犯数法规的量刑

第 52 条　（行为单数）

1. 同一行为触犯数个刑法法规，或数次触犯同一刑法法规的，只判处一个刑罚。

2. 触犯数个刑法法规的，依刑罚最重的法规确定刑罚。所判刑罚不得轻于其他可适用法规的刑罚。

3. 在具备第 41 条规定的前提条件下，法庭除判处自由刑外，还可另处罚金刑。

4. 如果可适用的法律之一规定或许可，则必须或者可以科处附加刑、附随后果或处分（第 11 条第 1 款第 8 项）。[13]

第 53 条　（行为复数）

1. 因犯数罪同时受审判，因而被判处数个有期自由刑或罚金刑的，应宣告总和刑。

2. 有期自由刑与罚金并科的，应并处两种刑罚。但法庭也可分别判处罚金刑。因数罪而被判处数个罚金刑的，应确定其总和罚金刑。

3. 相应适用第 52 条第 3 款和第 4 款的规定。[14]

第 54 条　（总和刑的构成）

1. 如果单一刑罚之一是终身自由刑，则科处终身自由刑作为总和刑。在所有其他情况下，总和刑通过提高所判处的最高刑构成，刑罚种类不同的，通过提高按其种类最重的刑罚构成。审判时应综合考虑行为

---

[13] 根据 2017 年 4 月 13 日颁布的《关于改革刑法中财产差价税的法律》（《联邦法律公报 I》，第 872 页）修订，自 2017 年 7 月 1 日起生效。
[14] 同上注。

人人身和各罪的情况。

2. 总和刑应在单一刑罚的总和以下。判处自由刑的，不得超过15年；判处罚金刑的，不得超过720单位日额金。

3. 总和刑由自由刑和罚金刑构成的，在确定数个单一刑罚的总数时，1单位日额金相当于1日自由刑。⑮

第55条　（总和刑的事后构成）

1. 已生效判决的被判刑人在宣告刑执行完毕前，或在时效届满或赦免前，因原判以前的犯罪而受审判的，也可适用第53条、第54条的规定。在原诉讼程序中对基本事实的认定作最后审查后所形成的判决视为原判。

2. 原判处的附加刑、附随后果和处分（第11条第1款第8项），如果不因新判决而失去意义的，则仍予以保留。⑯

第四节　缓刑交付考验

第56条　（缓刑）

1. 判处1年以下自由刑的，如果法庭认为所判处的刑罚已对被判刑人起到警告作用，且不执行刑罚被判刑人也不至再犯罪的，可宣告缓刑交付考验。法庭在宣告缓刑时，应特别考虑被判刑人的人格、履历、犯罪情节、事后态度、生活状况以及缓刑对他的影响。

2. 如果对被判刑人的行为和人格进行综合评价后认为具备特殊情况，法庭可在具备第1款条件时，对不超过2年的较高的自由刑宣告缓刑交付考验。在裁决时尤其还要考虑到被判刑人就其行为所造成的损害进行赔偿的努力。

---

⑮ 根据2017年4月13日颁布的《关于改革刑法中财产差价税的法律》（《联邦法律公报I》，第872页）修订，自2017年7月1日起生效。

⑯ 同上注。

3. 如果为维护法秩序有必要执行刑罚的,判处 6 个月以上自由刑不得被缓刑。

4. 缓刑不得局限于刑罚的一部分。同时也不得因待审拘留或其他剥夺自由的折抵而不适用缓刑。

第 56 条 a (考验期间)

1. 考验期间由法庭规定。但最高不得超过 5 年,最低不得少于 2 年。

2. 考验期间自缓刑判决生效时开始。以后可缩短至最低限,或在该期间届满前延长至最高限。

第 56 条 b (负担)

1. 法庭可对被判刑人施加为补偿已实施的违法行为造成的损害所必需的负担。但不得向被判刑人提出不可能实现的要求。

2. 法庭可以要求被判刑人承受下列负担:

(1) 尽力补偿由其行为造成的损害,

(2) 向公益机构支付一定款项,但以与行为和行为人的个人情况相适应为限,

(3) 提供其他公益劳动,或

(4) 向国库支付一定款项。

只有在负担的履行不能对其造成的损害予以补偿时,法庭始应宣布第 1 句第 2 项至第 4 项所述负担。

3. 如果被判刑人自愿承担为补偿已实施的不法行为造成的损害所必需的适当劳务,且该劳务的履行是可期待的,法庭通常暂时不规定负担。

第 56 条 c (指示)

1. 为防止被判刑人重新犯罪需要给予指示。法庭可指示其在缓刑考验期间应遵守的事项。对被判刑人在生活上不应提出不可期待的要求。

2. 法庭对被判刑人尤其可作出如下指示:

（1）遵守有关居住、培训、工作或业余时间或其经济关系秩序的规定，

（2）定期向法庭或其他机关报告，

（3）不得与被侵害之人，或可能提供再犯罪机会，或诱惑其再犯罪的特定人或特定团体的人接触、交往，不得雇佣、培训或留宿，

（4）不得持有、携带或让人保管可能向被判刑人提供再犯罪机会或诱惑其再犯罪的特定物，以及

（5）履行扶养义务。

3. 下列指示仅在征得被判刑人同意的情况下进行：

（1）接受与侵害身体相联系的治疗或戒除瘾癖的治疗，或者

（2）收容于适当的教养院或其他执行机构。

4. 如被判刑人对其将来的生活方式能作出相应的允诺，且其遵守诺言是可期待的，法庭原则上可暂时不作指示。[17]

第 56 条 d （考验帮助）

1. 如被判刑人接受考验帮助可防止其犯罪，法庭应在全部或者部分考验期间将其置于考验帮助人的监督与指导之下。

2. 凡 9 个月以上的自由刑被宣告缓刑，且被判刑人不满 27 岁的，法庭通常宣布第 1 款规定的指示。

3. 考验帮助人应帮助、照管被判刑人。他协助法庭对该人履行的负担和指示，以及对该人自愿承担的工作和允诺实行监督。在法庭规定的时间内，如期报告被判刑人的生活情况。如被判刑人严重或屡次违背负担、指示或自愿承担的工作或其他允诺，应告知法庭。

4. 考验帮助人由法庭指定，法庭可依本条第 3 款对其工作作出规定。

---

[17] 根据 2007 年 4 月 13 日颁布的《改革行为监督和修改事后保安监督规定的法律》（《联邦法律公报 I》，第 513 页）修订，自 2007 年 4 月 18 日起生效。

5. 考验帮助人的工作分为专职和名誉职两种。⑱

第 56 条 e （事后裁判）

法庭可事后重新作出，或变更、撤销依第 56 条 b 至第 56 条 d 的规定所为之裁判。

第 56 条 f （缓刑的撤销）

1. 被判刑人具备下列情形之一的，法庭得撤销缓刑：

（1）在缓刑考验期间实施犯罪，由此表明作为缓刑基础的期待未实现的，

（2）严重或屡次违背指示，或屡次逃避考验帮助人的监督与指导，因此有理由担心他将重新犯罪的，

（3）严重或屡次违背负担。

如果行为是在宣告缓刑判决至该判决生效期间实施的，或在构成总和刑情况下，行为是在对相关缓刑判决至总和刑判决生效期间实施的，相应适用第 1 句第 1 项的规定。

2. 如果采取下列措施足以弥补的，法庭可不撤销缓刑：

（1）给予进一步的负担或指示，尤其是将被判刑人置于考验帮助人的监督之下，或者

（2）延长缓刑考验期或监督期。

在第 2 项情况下，缓刑考验期的延长期间不得高于原判考验期的一半。

3. 被判刑人为履行自愿承担的工作、指示或允诺所提供的劳务是无偿的。但是，如果撤销缓刑，法庭可将为履行第 56 条 b 第 2 款第 1 句第 2 项至第 4 项的负担，或第 56 条 b 第 3 款所规定的适当的工作所提供的

---

⑱ 根据 2007 年 4 月 13 日颁布的《改革行为监督和修改事后保安监督规定的法律》（《联邦法律公报 I》，第 513 页）修订，自 2007 年 4 月 18 日起生效。

劳务折抵刑罚。[19]

第56条g （刑罚的免除）

1. 法庭未撤销缓刑的，考验期满后免除刑罚。适用第56条f第3款第1句的规定。

2. 被判刑人在本法的空间效力范围内，如在缓刑考验期间实施故意犯罪应判处6个月以上自由刑，法庭可对免除刑罚予以撤销。但撤销只限于缓刑考验期届满以后1年以内和判决生效后6个月以内。相应适用第56条f第1款第2句和第3款的规定。

第57条 （有期自由刑余刑的缓刑）

1. 具备下列条件时，法庭可将有期自由刑余刑的执行予以缓刑并交付考验：

（1）所判刑罚已执行2/3，但至少已执行2个月，

（2）有利于公共安全利益，且

（3）经被判刑人同意。

在决定缓刑时，应特别注意被判刑人的人格、履历、犯罪情节、再犯罪时被威胁的法益的重要性、执行刑罚期间的态度、生活情况和缓刑可能对其产生的影响。

2. 有期自由刑已执行1/2，至少已执行6个月，且具备下列条件的，法庭可将余刑的执行予以缓刑并交付考验：

（1）被判刑人是首次服刑，且此次的刑罚期限为2年以下，或

（2）对被判刑人的人格和其在刑罚执行期间的发展的总体评价表明存在特殊情况，

且符合第1款所述的其他先决条件。

3. 相应适用第56条a至第56条e的规定；即使缓刑考验期间于事

---

[19] 根据2007年4月13日颁布的《改革行为监督和修改事后保安监督规定的法律》（《联邦法律公报I》，第513页）修订，自2007年4月18日起生效。

后缩短，也不得低于余刑的期限。被判刑人在余刑缓刑交付考验之前至少已执行 1 年刑罚的，法庭通常将其在全部或部分考验期间置于考验帮助人的监督和指导之下。

4. 自由刑通过折抵而完成的，视为本条第 1 款至第 3 款意义上的已执行的刑罚。

5. 相应适用第 56 条 f 和第 56 条 g 的规定。如果被判刑人在关于缓刑的裁决期间实施某个犯罪，其在法庭作出缓刑决定时因事实原因未被顾及，且如果予以顾及便会导致否定缓刑决定的，法庭应当撤销缓刑决定；作为基础事实的认定可做最后一次审查的，视同裁判。

6. 如果被判刑人对应予追缴的物品的下落提供不充分的或虚假的陈述，法庭可不将有期自由刑余刑的执行予以缓刑交付考验。

7. 法庭可规定最高为 6 个月的期限，在此期限届满前，被判刑人提出的将余刑缓刑交付考验的申请不予准许。[20]

第 57 条 a　（终身自由刑余刑的缓刑）

1. 具备下列条件之一的，法庭可将终身自由刑的余刑予以缓刑：
（1）被判刑人已服刑 15 年，
（2）被判刑人的责任并非特别严重至必须继续执行余刑的程度，且
（3）具备第 57 条第 1 款第 1 句第 2 项和第 3 项规定之先决条件。
相应适用第 57 条第 1 款第 2 句和第 6 款的规定。

2. 被判刑人因其犯罪行为而遭受的任何一次剥夺自由，均被视为本条第 1 款第 1 句第 1 项意义上的已执行的刑罚。

3. 缓刑考验期为 5 年。相应适用第 56 条 a 第 2 款第 1 句和第 56 条 b 至第 56 条 g 和第 57 条第 3 款第 2 句和第 5 款第 2 句的规定。

4. 法庭可规定最高为 2 年的期限，在此期限届满前，被判刑人提出

---

[20] 根据 2017 年 4 月 13 日颁布的《关于改革刑法中财产差价税的法律》（《联邦法律公报 I》，第 872 页）修订，自 2017 年 7 月 1 日起生效。

的将余刑缓刑交付考验的申请不予准许。[21]

第 57 条 b （在终身自由刑作为总和刑情况下余刑的缓刑）

终身自由刑被作为总和刑的，在确定行为人责任的特别严重情节（第 57 条 a 第 1 款第 1 句第 2 项）时，应综合考虑各罪的情况。

第 58 条 （总和刑与缓刑）

1. 一人犯数罪的，依第 56 条对其适用缓刑时，以总和刑的高度为准。

2. 在第 55 条第 1 款情形下，以前判处的自由刑全部或其余刑被缓刑交付考验，且总和刑也被缓刑交付考验的，新规定的考验期限的最低限应减去已经经过的考验期间，但最低不得减至少于 1 年。总和刑不被缓刑交付考验的，相应适用第 56 条 f 第 3 款的规定。

第五节　刑罚保留的警告与免除刑罚

第 59 条 （刑罚保留的警告的条件）

1. 因犯罪被判处 180 单位日额金，且具有下列条件时，法庭除宣告行为人有罪外，还可对其进行警告、确定其刑罚，保留对刑罚的判处，

（1）可期待行为人即使不判处其刑罚，将来也不至再犯罪的，

（2）对行为人的行为及其人格进行总体评价后，认为具备免予判处刑罚的特殊情形的，且

（3）不判处刑罚并不妨害维护法秩序的。

可相应适用第 56 条第 1 款第 2 句的规定。

2. 追缴或查封可与警告并用。判处矫正与保安处分的，不得再适用

---

[21] 根据 2006 年 12 月 22 日颁布的《第二部司法现代化法》（《联邦法律公报 I》，第 3416 页）修订，自 2006 年 12 月 31 日起生效。

刑罚保留的警告。㉒

第 59 条 a （考验期限、负担和指示）

1. 考验期限由法庭规定。但最高不得超过 3 年，最低不得少于 1 年。

2. 法庭可指示被警告人：

（1）努力与被害人达成和解，或者对由其行为造成的损害予以补偿，

（2）履行扶养义务，

（3）向公益机构或国库支付一定数额的金钱，

（4）接受非住院的治疗或戒除瘾癖的治疗，

（5）参加社会训练课程的学习，或者

（6）参加交通课程的学习。

不得对被警告人的生活提出不可期待的要求；第 1 句第 3 项至第 6 项规定的负担和指示，不得与行为人实施的行为的严重程度不相称。相应适用第 56 条 c 第 3 款和第 4 款和第 56 条 e 的规定。㉓

第 59 条 b （刑罚保留的判处）

1. 判处刑罚保留，相应适用第 56 条 f 的规定。

2. 如果被警告人未被判处刑罚保留的，法庭在考验期届满后，可决定以警告为最终处罚。

第 59 条 c （总和刑与刑罚保留的警告）

1. 一人犯数罪的，在刑罚保留的警告中确定刑罚时，可相应适用第 53 条和第 55 条的规定。

㉒ 根据 2017 年 4 月 13 日颁布的《关于改革刑法中财产差价税的法律》（《联邦法律公报 I》，第 872 页）修订，自 2017 年 7 月 1 日起生效。

㉓ 根据 2012 年 11 月 15 日颁布的《强化行为人责任的法律》（《联邦法律公报 I》，第 2298 页）修订，自 2013 年 3 月 1 日起生效。

2. 被警告之人因警告前的某一犯罪行为事后被判处刑罚的,适用关于总和刑构成的有关规定(第 53 条至第 55 条和第 58 条),此时,被保留的刑罚在第 55 条情形下视同已判处的刑罚。

第 60 条　(刑罚的免除)

如果行为人遭受的行为后果严重,判处其刑罚明显不当的,法庭可免除其刑罚。但行为人因其行为被判处 1 年以上自由刑的,不适用本规定。

第六节　矫正与保安处分

第 61 条　(概要)

矫正与保安处分的种类有:
(1) 收容于精神病院,
(2) 收容于戒除瘾癖的机构,
(3) 保安监督,
(4) 行为监督,
(5) 吊销驾驶证,
(6) 职业禁止。

第 62 条　(适当性原则)

如判处矫正与保安处分与行为人行为的严重性、将要实施的行为以及由行为人所引起的危险程度不相适应,不得判处。

——剥夺自由的处分——

第 63 条　(收容于精神病院)

违法行为时处于无责任能力(第 20 条)或限制责任能力(第 21 条)状态的,法庭在对行为人及其行为进行综合评价后,如认为该人还可能实施严重的违法行为,造成对被害人心理或身体的严重伤害或者造成重大经济损失，因而对公众具有危险性的，命令将其收容于精神病院。已经实施的违法行为与本条第一句所述事实无关，只有当有特殊情况表明，行为人可能会因其状况实施此等严重违法行为的，法庭始可命令将其收容于精神病院。[24]

第 64 条　（收容于戒除瘾癖的机构）

某人有过量服用含酒精饮料或其他麻醉剂的瘾癖，且因其在昏醉中实施的或者归因于瘾癖的违法行为而被判处有罪，或仅仅因为其被证实无责任能力或未被排除无责任能力而未被判处有罪，如果其仍然存在由于其瘾癖而实施严重违法行为的危险，法庭可命令将其收容于戒除瘾癖的机构。

只有在有充分理由认为，戒除瘾癖机构能够在第 67 条第 1 款第 1 句或第 3 句规定的期限内治愈被收容者，或者能够保证其较长时间不陷于瘾癖，且能够预防其实施与瘾癖有关的严重违法行为的，法庭始可作出此等命令。[25]

第 65 条　（废除）

第 66 条　（收容于保安监督机构）

1\. 具备下列情形的，法庭除判处行为人刑罚外，还可命令交付保安监督：

（1）因下列故意犯罪被科处 2 年以上自由刑：

a. 针对生命、身体完整性、人身自由或者性自决权的犯罪，

b. 分则第一章、第七章、第二十章或者第二十八章规定的犯罪，或者国际刑法，或者麻醉品法中规定的犯罪，且最高刑为 10 年以上自由

---

[24] 根据 2016 年 7 月 8 日颁布的《修改刑法第 63 条及其他规定的法律》(《联邦法律公报 I》，第 1610 页）修订，自 2016 年 8 月 1 日起生效。

[25] 同上注。

刑，或者

c. 符合第 145 条 a 的构成要件，因第 1 项字母 a 所列犯罪或字母 b 所列犯罪被命令行为监督，或者符合第 323 条 a 的构成要件，行为人在醉酒状态下实施字母 a 所列犯罪或字母 b 所列犯罪。

（2）行为人在实施新的犯罪行为前，已经因故意实施第 1 项所述犯罪两次被科处 1 年以上自由刑。

（3）行为人在实施新的犯罪行为前，已经因一个或数个犯罪执行 2 年以上自由刑，或者正在执行剥夺自由的矫正与保安处分的。

（4）对行为人及其行为进行综合评价后，认为该人因其瘾癖将会实施严重的犯罪行为，特别是会实施给被害人造成严重的精神或身体伤害或经济损害的犯罪行为，因而对公众具有危险性的。

实施第 1 句第 1 项字母 b 意义上的犯罪的，相应适用第 12 条第 3 款的规定，第 1 句第 1 项字母 c 意义上的行为监督结束后，相应适用第 68 条 b 第 1 款第 4 句的规定。

2. 如行为人故意实施第 1 款第 1 句第 1 项所列犯罪中的三种，每次均被判处 1 年以上自由刑，且由于其中一个行为或数个行为被判处 3 年以上自由刑，法庭在符合第 1 款第 1 句第 4 项条件下，即使以前未判处其刑罚或剥夺自由（第 1 款第 1 句第 2 项和第 3 项），除判处刑罚外，还可命令实行保安监督。

3. 某人因符合第 1 款第 1 句第 1 项字母 a 或字母 b 规定的重罪的条件，或因第 89 条 a 第 1 款至第 3 款、第 89 条 c 第 1 款至第 3 款、第 129 条 a 第 5 款第 1 句规定的犯罪，命令保安监督为第一选择，或因与之相关的第 129 条 b 第 1 款、第 174 条至第 174 条 c、第 176 条、第 177 条第 2 款第 1 项、第 3 款和第 6 款、第 180 条、第 182 条、第 224 条、第 225 条第 1 款或第 2 款规定的犯罪，或因第 323 条 a 规定的故意犯罪，如果行为人在昏醉中实施的行为是上述违法行为之一，因而被判处 2 年以上有期自由刑的，法庭除判处刑罚外，还可命令实行保安监督，但以行为人因新的犯罪前的一罪或数罪已被一次判处 3 年以上自由刑，且具备第 1 款第 1 句第 3 项和第 4 项的先决条件为限。如果某人实施了第 1 句所规定的两个犯罪行为因而均被判处2年以上自由刑,且如果他因为一个或数个行为而被判处3年以上自由刑,法庭在具备本条第1款第1句第4项的条件下,即使以前未被判刑或未被剥夺自由(第1款第1句第2项和第3项),除判处刑罚外,还可命令保安监督。本条第1款和第2款不受影响。

4. 在本条第1款第1句第2项意义上,对总和刑的判决视为唯一的判决。审前拘留或其他剥夺自由被折抵自由刑的,视同第1款第1句第3项意义上的已执行的刑罚。前行为与后行为相隔时间超过5年的,前行为不予考虑;在针对性自决权的犯罪情况下,该期限为15年。行为人因官方命令被看管于特定机构的时间,不算入此等期限内。在本法空间效力范围以外受判决的行为视同在本法空间效力范围内受判决的行为,但以此等行为根据《刑法典》属于本条第1款第1句第1项规定的情形,在本条第3款情形下属于第3款第1句中所规定的犯罪行为之一者为限。㉖

第66条a （收容于保安监督机构的保留）

1. 具备下列情形之一的,法庭可在判决中保留保安监督:

(1) 因第66条第3款第1句规定之罪被判刑。

(2) 满足第66条第3款的其他条件,只要不援用第66条第1款第1句第4项的规定。

(3) 虽不能确信具备、但有极大可能性具备第66条第1款第1句第4项规定之条件。

2. 具备下列情形之一的,仍然可为本条第1款意义上的保留:

(1) 因一个或者多个针对生命、身体完整性、人身自由、性自决权的重罪,依据第二十八章或第250条、第251条以及相关的第252条或者第255条的规定,被判处5年以上自由刑,

---

㉖ 根据2017年6月11日颁布的《第53部刑法修改法》(扩大对激进的犯罪人的处分权,《联邦法律公报I》,第1612页)修订,自2017年7月1日起生效。

(2) 不满足第 66 条规定之条件，且

(3) 确信具备或者至少有极大可能性具备第 66 条第 1 款第 1 句第 4 项规定之条件。

3. 对依据本条第 1 款和第 2 款保留的保安监督，只能由一审法庭在自由刑执行完毕前作出；余刑执行被缓刑交付考验和余刑被执行完毕的，同样适用此规定。对被判刑人，其一行为或数行为以及至裁决前的发展情况的整体评价表明，其有可能实施对被害人的心理和身体造成严重伤害的重罪的，法庭可命令保安监督。[27]

第 66 条 b （收容于保安监督机构的事后命令）

1. 根据第 67 条 d 第 6 款收容于精神病院被宣布结束，因为作为收容基础的排除或者减少责任能力的状态，在宣布结束的裁决时不具备，具备下列情形之一的，法庭可于事后命令收容于保安监督机构：

（1）当事人因数个第 66 条第 3 款第 1 句所规定的犯罪，依据第 63 条被命令收容的，或者当事人因在依据第 63 条被收容前的一个或者数个此等犯罪被判处 3 年以上自由刑，或者被收容于精神病院，且

（2）对当事人、其行为以及至裁决前的发展情况的整体评价表明，其有可能实施对被害人的心理和身体造成严重伤害的重罪。

2. 在依据第 63 条收容后还要全部或者部分执行自由刑的，同样适用此规定。[28]

第 66 条 c （收容于保安监督机构和刑罚执行的组织）

1. 保安监督的收容期间，收容机构应为下列行为：

（1）为被收容人提供以内容全面的治疗计划和不断修订的执行计划为基础的照料

a. 此等照料应当具有针对性，且有助于唤醒和促进被收容人的参与

---

[27] 根据 2010 年 12 月 22 日颁布的《重新调整保安监督法及其相关规定的法律》（《联邦法律公报 I》，第 2300 页）修订，自 2011 年 1 月 1 日起生效。

[28] 同上注。

热情,尤其是提供精神病学的、心理学的或者适合被收容人的社会治疗,但以标准的治疗手段没有成效为限,且

b. 此等照料的目的在于降低被收容人对公众的危险性,以至于处分的执行尽快被缓刑交付考验,或者可以宣告收容终结,

(2) 收容要保证

a. 尽可能少地对被收容人增加负担,符合第 1 项规定的照料要求,如果不违背安全利益,还应当与普通的生活关系相适应,且

b. 只要不是第 1 项意义上的治疗例外的有其他要求,应当在与刑罚执行相分离的特别建筑内或者特定场所进行,且

(3) 为了实现第 1 项字母 b 规定的目的

a. 提供开始刑罚执行的措施并做好释放准备,只要不存在被收容人逃避执行保安监督,或者滥用相关措施实施严重的违规行为的紧迫的理由,尤其是不存在危险的具体事实,以及

b. 与国家或者自由主体密切合作,能够提供在自由状态下的事后照料。

2. 法庭命令在判决中保留收容于保安监督机构(第 66 条)、保留保安监督(第 66 条 a 第 3 款)或者事后命令保安监督(第 66 条 b),或者在判决中保留此等命令(第 66 条 a 第 1 款和第 2 款),就应当在刑罚执行中给犯罪人提供本条第 1 款第 1 项意义上的照料,其目的在于尽可能地避免收容的执行(第 67 条 c 第 1 款第 1 句第 1 项)或者避免命令保安监督(第 66 条 a 第 3 款)。[29]

第 67 条　(执行顺序)

1. 依第 63 条和第 64 条的规定,除判处自由刑外,还要收容于某一机构的,先执行处分,后执行刑罚。

---

[29] 根据 2012 年 12 月 5 日颁布的《保安监督法中联邦法贯彻空间的法律》(《联邦法律公报 I》,第 2425 页)新增加,自 2013 年 6 月 1 日起生效。

2. 如先执行刑罚或刑罚的一部分更容易实现处分目的，法庭可决定先执行刑罚或刑罚的一部分。在科处 3 年以上自由刑以外命令收容于戒除瘾癖机构时，法庭应当决定，在执行处分前先执行刑罚的一部分。根据该部分刑罚执行情况以及其后的收容情况，依据本条第 5 款第 1 句的规定来确定执行次序。如果被判刑人必须因刑罚执行方面的原因外出旅行，且其逗留地点在本法空间效力范围内，或者在刑罚执行完毕后处分的执行已无必要的，法庭同样应当命令，刑罚先于处分执行。

3. 如果被判刑人的个人情况表明应当先执行刑罚的，法庭可于事后重新作出、变更或撤销依第 2 款第 1 句或者第 2 句所作的命令。法庭可于事后作出本条第 2 款第 4 句意义上的命令。作出了第 2 款第 4 句意义上的命令的，如果结束了在本法空间效力范围内的逗留或者在刑罚执行完毕后已无执行处分必要的，法庭可撤销该关于执行次序的命令。

4. 处分之全部或部分先于刑罚执行的，执行处分的期间算入刑罚期间，但不得超过刑罚期间的 2/3。

5. 处分先于刑罚或刑罚的余刑被执行的，在符合第 57 条第 1 款第 1 句第 2 项和第 3 项之条件情况下，如果刑罚期间已经过一半，法庭可将刑罚的余刑予以缓刑交付考验。余刑未被缓刑交付考验的，继续执行处分；如被判刑人的个人情况表明应当执行刑罚的，法庭可命令执行刑罚。

6. 如果其执行对于被判刑人而言过于严苛，法庭可决定，本条第 4 款规定的折算可适用于程序外的刑罚。在作决定时，尤其要考虑迄今为止剥夺自由的期限与科处的刑罚期限之间的关系、实现的治疗效果和具体的危害以及被判刑人在执行程序中的表现。如果程序外的刑罚所基于的行为是在作出处分命令之后实施的，原则上不得折算。相应适用第 5 款第 2 句的规定。㉚

㉚ 根据 2016 年 7 月 8 日颁布的《修改〈刑法〉第 63 条及其他规定的法律》(《联邦法律公报 I》，第 1610 页) 修订，自 2016 年 8 月 1 日起生效。

第 67 条 a　（转换执行其他处分）

1. 经命令收容于精神病院或戒除瘾癖机构的，如法庭事后认为将行为人转换执行另一种处分能更好地促进行为人重返社会，可进行转换。

2. 具备第 1 款条件时，法庭也可以事后命令已接受保安监督的行为人转换执行第 1 款的任何一项处分。如果具备第 1 款所述前提条件，转换执行治疗行为或戒除瘾癖的处分，即使仍处在刑罚执行之人，其被命令收容于保安监督机构或保留收容于保安监督机构，依然存在事后转换执行的可能性。

3. 如事后表明变更或撤销依第 1 款和第 2 款规定所为的裁判能更好地促进行为人重返社会，则法庭可予以变更或撤销。如果事后表明执行第 1 款列举的处分无效，法庭也可撤销根据第 2 款的规定而进行的裁判。

4. 收容期间及审查，以原判决中有关收容处分的规定为准。在本条第 2 款第 2 句情形下，法庭必须在开始执行收容前，最迟 1 年届满前，对是否具备依据本条第 3 款第 2 句作出决定的前提条件作出审查。[31]

第 67 条 b　（同时命令暂缓执行）

1. 法庭命令收容于精神病院或戒除瘾癖的机构的，如果有特殊情况表明，不收容也能实现处分之目的，可同时命令暂缓执行交付考验。如行为人还必须执行与处分同时判处的未缓刑的自由刑的，则处分不得暂缓执行。

2. 凡暂缓执行的，对行为人的行为实行监督。

第 67 条 c　（收容的较后开始）

1. 自由刑先于基于同一个或者数个犯罪而命令的收容处分执行，并在刑罚执行完毕前，法庭对下列事项进行审查，
   （1）不需要收容也能实现处分的目的，或

---

[31] 根据 2012 年 12 月 5 日颁布的《保安监督法中联邦法贯彻空间的法律》（《联邦法律公报 I》，第 2425 页）新增加，自 2013 年 6 月 1 日起生效。

（2）收容于保安监督机构不适当，因为在刑罚执行期间的整体考察中，犯罪人并未得到与第66条c第1款第1项相关的第66条c第2款意义上的充分照料，法庭命令收容暂缓执行交付考验；被暂缓执行交付考验的，对行为人实行行为监督。如果在刑罚执行完毕前不满1年被一审法庭命令收容于保安监督机构的，无需进行第1句第1项的审查。

2. 收容处分自命令生效后3年尚未开始执行，并且不具备本条第1款或第67条b的情形的，非经法庭命令不得再执行。行为人因官方命令被看管于某一机构的时间不算入这一期限以内。如果处分的目的还需要收容，法庭应命令执行该处分。如虽未达到处分目的，而有特别情况能表明，通过暂缓执行也能达到处分目的的，法庭可命令暂缓执行交付考验；凡经暂缓执行交付考验的，要对行为人的行为实行监督。凡处分目的已经达到的，则法庭应宣告处分已终结。[32]

第67条d （收容期限）

1. 收容于戒除瘾癖的机构的时间不得超过2年。期限自收容开始时计算。如果在执行自由刑之前执行了同时被命令的剥夺自由的处分，则在处分的执行时间折抵刑罚时，最高期限要加上自由刑的期限。

2. 未规定最高期限或该期限尚未届满的，如果被收容之人不执行收容也不致再实施违法行为，法庭可将未执行的收容予以暂缓执行交付考验。如果收容于保安监督机构的处分开始执行后，法庭确信，继续执行处分不再适当，因为在法庭规定的最高6个月的期限届满前，不能给被收容人提供第66条c第1款第1项意义上的充分照料的，同样适用前句之规定；如果不能提供充分照料，法庭在审查暂缓执行时必须规定这一期限。凡根据第1句或者第2句暂缓执行交付考验的，对收容人实施行为监督。

3. 保安监督已执行10年的，如果不存在被收容人因其瘾癖而实施对被害人精神上或身体上造成严重损害的重大犯罪行为的危险，法庭可

---

[32] 根据2012年12月5日颁布的《保安监督法中联邦法贯彻空间的法律》（《联邦法律公报I》，第2425页）新增加，自2013年6月1日起生效。

宣告处分已终结。从处分的执行中被释放的，对收容人实施行为监督。

4. 最高期限届满的，应释放被收容人，处分就此执行完毕。从处分的执行中被释放的，对收容人实施行为监督。

5. 如果第 64 条第 2 句规定的前提条件不复存在，法庭可宣布收容于戒除瘾癖机构的处分执行完毕。从处分的执行中被释放的，对收容人实施行为监督。

6. 在开始执行收容于精神病院的处分后，法庭确认，处分的前提条件不复存在，或者继续执行处分不再适当，可宣布处分执行完毕。收容已执行 6 年的，如果不存在被收容人因其瘾癖而实施对被害人精神上或身体上造成严重损害的重大犯罪行为的危险，收容的继续执行不再适当。收容已执行 10 年的，相应适用本条第 3 款第 1 句的规定。从处分的执行中被释放的，对收容人实施行为监督。如果认为当事人不执行处分也不会再实施犯罪行为的，法庭命令不实施行为监督。㉝

第 67 条 e　（审查）

1. 法庭可随时审查是否可以暂缓收容的继续执行以交付考验。审查必须在一定期限届满前进行。

2. 审查期间如下：

收容于戒除瘾癖机构的为 6 个月，

收容于精神病院的为 1 年，

交付保安监督的为 1 年，

执行 10 年的收容处分的，为 9 个月。

3. 法庭可缩短审查期间。在法定审查期间内，法庭也可规定另一期间，在此期间届满前审查的申请不予准许。

4. 期间从收容开始时起算。法庭决定不暂缓执行收容的，其期间自

㉝ 根据 2016 年 7 月 8 日颁布的《修改刑法第 63 条及其他规定的法律》（《联邦法律公报 I》，第 1610 页）修订，自 2016 年 8 月 1 日起生效。

决定时重新起算。㉞

第 67 条 f （对同一处分的数次命令）

法庭命令收容于戒除瘾癖的机构的，以前同类处分的命令即告终结。

第 67 条 g （暂缓收容的撤销）

1. 被判刑人具备下列情形，由此表明如果不收容不能达到处分目的，法庭可撤销原暂缓收容的命令：
   （1）在行为监督期间实施违法行为的，
   （2）严重或屡次违背指示，或
   （3）屡次逃避考验帮助人或行为监督机构的监督和指导的，
   如果在暂缓执行的裁决与开始行为监督（第68条c第4款）之间出现撤销理由，相应适用第1句第1项的规定。

2. 在行为监督期间，根据被判刑人的情况，认为其仍将实施违法行为因而需要收容才能达到处分目的时，法庭可撤销第63条、第64条所规定的收容的暂缓执行。

3. 如在行为监督期间法庭发现被判刑人不应暂缓执行收容的情况，该情况表明需要收容才能达到处分目的的，法庭可撤销收容的暂缓执行。

4. 撤销前与撤销后的收容期间总共不得超过处分的法定最高期限。

5. 法庭未撤销收容的暂缓执行的，行为监督一经解除，则处分随即终结。

6. 被判刑人为履行指示所做的劳务是无偿的。㉟

第 67 条 h （附期限的再次执行；危机处理）

1. 如果从收容中被释放之人的状况迅速恶化，或者再次陷入与瘾癖

㉞ 根据 2012 年 12 月 5 日颁布的《保安监督法中联邦法贯彻空间的法律》（《联邦法律公报 I》，第 2425 页）新增加，自 2013 年 6 月 1 日起生效。

㉟ 根据 2007 年 4 月 13 日颁布的《改革行为监督和修改事后保安监督规定的法律》（《联邦法律公报 I》，第 513 页）修订，自 2007 年 4 月 18 日起生效。

有关行为,有处分必要,以避免依据第 67 条 g 的规定撤销暂缓收容,在行为监督期间,法庭可命令对依据第 63 条或者第 64 条实行的 3 个月以下期限的暂缓执行重新予以执行。在具备第 1 句条件下法庭可重新命令一处分或者延长处分期限;处分期限最长不得超过 6 个月。相应适用第 67 条 g 第 4 款的规定。

2. 如果处分的目的已经实现,在依据本条第 1 款确定的期限经过前,法庭撤销处分。㊱

——行为监督——

第 68 条 (行为监督的条件)

1. 因实施了法律特别规定应予以行为监督的犯罪行为,而被判处 6 个月以上有期自由刑的,如果行为人仍存在继续犯罪危险,法庭除判处刑罚外还可命令行为监督。

2. 法律关于行为监督的规定(第 67 条 b、第 67 条 c、第 67 条 d 第 2 款至第 6 款和第 68 条 f)不受影响。㊲

第 68 条 a (行为监督机构,考验帮助人,巡回法庭)㊳

1. 被判刑人应服从行为监督机构的监督;法庭应为被判刑人指定行为监督期间的考验帮助人。

2. 考验帮助人和行为监督机构应相互配合,共同帮助、管教被判刑人。

3. 行为监督机构应与法庭协调一致,在考验帮助人的支持下,监督被判刑人的行为并督促其履行有关指示。

4. 如行为监督机构和考验帮助人对应由谁帮助和管教被判刑人发生

㊱ 根据 2007 年 4 月 13 日颁布的《改革行为监督和修改事后保安监督规定的法律》(《联邦法律公报 I》,第 513 页)修订,自 2007 年 4 月 18 日起生效。

㊲ 同上注。

㊳ 关于行为监督的职责请参见 1974 年 3 月 2 日颁布的《刑法典实施法》第 295 条(《联邦法律公报 I》第 469 页)。

争执不能调和时，由法庭裁决。

5. 法庭可对行为监督机构和考验帮助人的活动给予指示。

6. 行为监督机构在依第145条a第2句提出告诉前，要征求考验帮助人的意见，不适用本条第4款的规定。

7. 依据第68条第2款第2句和第3句作出指示，在与第2款所述帮助人达成谅解的情况下，巡回法庭也可以给被判刑人提供帮助和照料。此外，如果涉及考验帮助人的地位，本条第3款和第6款同样适用于巡回法庭。

8. 第1款所述之人和第203条第1款第1项、第2项和第6项所述之巡回法庭工作人员，因工作或其他途径知悉第203条予以保护的他人秘密，如果为了帮助被判刑人而有必要彼此公开的，不再被认为是有罪的。此外，第203条第1款第1项、第2项和第5项所述之巡回法庭工作人员，应当向监督机关和法庭公开其知晓的此等秘密，如果在其看来，

（1）有必要，以便监督被判刑人是否履行第68条b第1款第1句第11项所规定的报告义务，或者是否在第68条b第2款第2句和第3句规定的指示范围内参与治疗，

（2）被判刑人的行为或者状况表明，有必要命令第67条g、第67条h或者第68条c第2款或者第3款规定的处分的，或者

（3）为避免迫在眉睫的严重危及他人生命、身体完整性、人身自由或者性自决权，认为有必要公开的。

在上述第1句和第2句第2项和第3项情况下，由巡回法庭工作人员公开的第203条第1项规定的事实，只能用于法条所述目的。㊴

第68条b （指示）

1. 法庭可对被判刑人在行为监督期间或较短期间内给予如下指示：

（1）未经行为监督机构许可，不得擅自离开住所或居所或某一特定

㊴ 根据2017年10月30日颁布的《关于履职时有保密义务之人的保密新规定的法律》（《联邦法律公报I》，第3618页）修订，自2017年11月9日起生效。

区域，

（2）不得居留于有犯罪机会或足以诱发其继续犯罪的特定地区，

（3）对于可能提供犯罪机会或诱发其犯罪的被害人或者特定人或特定团体之人，不得联系、交往，不得雇佣、培训和留宿，

（4）不得从事可能被其滥用于实施犯罪的特定工作，

（5）不得持有、携带或者让人保管可能向其提供再次犯罪机会或诱发继续犯罪的特定物品，

（6）对可能被滥用于实施犯罪的机动车或特定种类的机动车辆或其他运输工具，不得拥有和驾驶，

（7）定期向行为监督机构、特定机构或考验帮助人报告自己的情况，

（8）住所或工作场所变更的，应立即向行为监督机构报告，

（9）失业时应向主管的劳动局或其他职业介绍机关报告，

（10）不得饮用酒精饮料或者其他麻醉药剂，如果基于特定的事实，有理由认为，消费这些药剂有助于实施其他犯罪行为，逃避与身体伤害无关的酒精控制或者麻醉品控制，

（11）在特定的时间内或者在特定的期限内向医生、心理治疗师或者巡回法庭报告，或

（12）对被判刑人的居住地进行电子监控的必要技术手段应当保证处于良好状态，其功能性不得受到不利影响。

法庭在指示中应对禁止的行为或要求的行为作出详细的规定。在与第5句相一致的情况下，具备下列情形之一的，始可为第1句第12项所述之指示，

（1）根据全部执行3年以上自由刑、总和自由刑或者根据执行完毕处分开始执行行为监督，

（2）自由刑、总和自由刑或者因第66条第3款第1句规定的某个犯罪或数个犯罪被科处或者被命令收容，

（3）被判刑人存在继续实施第66条第3款第1句规定的犯罪危险，且

(4) 通过《刑事诉讼法》第463条a第4款第2句规定的数据使用，尤其是通过对依据第1句第1项或第2项给予指示的完成情况的监督，为了防止被判刑人实施第66条第3款第1句所述犯罪，认为有必要给予指示。

与第2项相关的第三句第1项的前提条件的存在，不以第68条e第1款第1句规定的行为监督是否结束为必要。在与第三句第1项不一致情况下，因犯刑法分则第一章或第七章规定的一罪或数罪被科处2年自由刑或总和自由刑达2年的，即满足以上条件；与第129条b第1款相关的第129条a第5款第2句规定的犯罪，属于本条第3句第2项至第4项所述之犯罪。

2. 法庭对被判刑人在行为监督期间或较短期间内作出其他的指示，尤其应作出有关培训、工作、就业、业务时间、经济关系秩序或者扶养义务的履行的指示。法庭尤其可命令被判刑人接受精神病学、心理学或社会治疗学的照料和治疗（治疗指示）。照料和治疗可以由巡回法庭负责。对于与身体干预相联系的酒精或麻醉品控制方面的指示，相应适用第56条c第3款的规定。

3. 法庭在指示中不得对行为人的生活方式提出不可期待的要求。

4. 如果随着行为监督的开始，另一个依据第68条e第1款第1句第3项所为之行为监督已经结束，法庭必须将行为监督的指示纳入其前一个行为监督的裁决之中。

5. 如果对被判刑人在第1款第11项情形下的照料，或在第2款情形下的治疗未由巡回法庭负责的，相应适用第68条a第8款的规定。⑩

第68条c （行为监督的期限）

1. 行为监督的期限不得低于2年，高于5年。法庭可缩短最高期限。

---

⑩ 根据2017年6月11日颁布的《第53部刑法修改法》（扩大对激进的犯罪人的处分权，《联邦法律公报I》，第1612页）修订，自2017年7月1日起生效。

2. 被审判人具备下列情形之一，且存在继续实施严重犯罪行为而危害公众的危险，法庭可命令超越本条第 1 款第 1 句规定的最高期限的不定期的行为监督：

（1）不同意执行第 56 条 c 第 3 款第 1 项的指示，或

（2）不执行接受治疗或戒除瘾癖治疗的指示。

被判刑人事后同意执行第 1 句第 1 项指示的，则法庭应规定行为监督的期限。在其他情况下，适用第 68 条 e 第 3 款的规定。

3. 具备下列情形之一的，法庭可不受第 1 款第 1 句最高期限的限制，无期限地延长行为监督，

（1）在依据第 67 条 d 第 2 款收容于精神病院被暂缓执行情况下，根据特定的事实，有理由认为，被判刑人很快将陷入本法第 20 条或第 21 条规定的状态，因此，有实施其他严重犯罪行为因而危及公共安全之虞的，或

（2）从违反第 68 条 b 第 1 款或第 2 款规定的指示，或者根据其他特定的事实，有具体的根据表明，被判刑人有实施其他严重犯罪行为因而危及公共安全之虞的，且

a. 因实施第 181 条 b 规定的犯罪被判处 2 年以上自由刑或总和自由刑，或者被命令收容于精神病院或戒除瘾癖的机构，或

b. 在具备第 68 条 b 第 1 款第 3 句第 1 项条件下行为监督已经开始，且自由刑或总和自由刑，或者因一个或数个针对生命、身体完整性、人身自由的重罪，或者根据第 250 条、与第 252 条或第 255 条相关的第 251 条被科处或命令收容。

关于行为监督的终结，相应适用第 68 条 b 第 1 款第 4 句的规定。

4. 在第 68 条第 1 款情形下，行为监督的期间从命令生效时计算，在第 67 条 b 第 2 款、第 67 条 c 第 1 款第 1 句、第 2 款第 4 句和第 67 条 d 第 2 款第 3 句情形下，行为监督的期限从暂缓执行的裁决生效时计算，或者从法庭规定的较后时间点计算。被判刑人逃跑、躲藏或因官方命令

被看管于某一机构的时间不得算入本款期间。[41]

第 68 条 d （事后的裁判；审查期限）

1. 法庭可于事后重新作出、变更或者撤销依第 68 条 a 第 1 款和 5 款、第 68 条 b 和第 68 条 c 第 1 款第 2 句、第 2 款和第 3 款规定所为之裁判。

2. 在命令第 68 条 a 第 1 款第 1 句第 12 项规定的指示情况下，法庭必须最迟在 2 年的期限届满前作出是否撤销的审查。相应适用第 67 条 e 第 3 款和第 4 款的规定。[42]

第 68 条 e （行为监督的终结或中断）

1. 如果行为监督未规定期限或剥夺自由的处分（第 67 条 b 第 2 款，第 67 条 c 第 1 款第 1 句，第 2 款第 4 句，第 67 条 d 第 2 款第 3 句）被暂缓执行交付考验的，在下列情况形下行为监督结束：

（1）开始执行剥夺自由的处分，

（2）开始执行自由刑，同时命令剥夺自由的处分，

（3）开始新的行为监督。

在其他情况下，在执行自由刑或剥夺自由的处分期间，行为监督予以中断。如果在出现第 1 句第 1 项至第 3 项所述情况之后，行为监督已无必要的，法庭应当撤销暂缓执行剥夺自由的处分后开始行为监督。在业已存在的未规定期限或暂缓执行剥夺自由处分开始的行为监督之外，又增加一个新的行为监督的，法庭应当撤销新的处分，如果因为业已存在的处分，新的处分实属多余的。

2. 如果认为被判刑人不实行行为监督也不致继续犯罪的，法庭应当撤销行为监督。最早应在法定最低期限届满后始得撤销。法庭可规定

---

[41] 根据 2012 年 12 月 5 日颁布的《保安监督法中联邦法贯彻空间的法律》（《联邦法律公报 I》，第 2425 页）新增加，自 2013 年 6 月 1 日起生效。

[42] 根据 2010 年 12 月 22 日颁布的《重新调整保安监督法及其相关规定的法律》（《联邦法律公报 I》，第 2300 页）修订，自 2011 年 1 月 1 日起生效。

最高为 6 个月的期限,在此期限届满前,撤销行为监督的申请不予准许。

3. 开始执行未规定期限的行为监督的,

(1) 在第 68 条 c 第 2 款第 1 句情形下,最迟在第 68 条 c 第 1 款第 1 句规定的最高期限经过后,

(2) 在第 68 条 c 第 3 款情形下,在 2 年期限届满前,

法庭应当审查,是否作出第 2 款第 1 句意义上的裁决。法庭拒绝撤销行为监督的,在 2 年期限届满前重新作出撤销行为监督的裁决。[43]

第 68 条 f （余刑未被缓刑的行为监督）

1. 因故意犯罪被判处 2 年以上自由刑或因第 181 条 b 所列犯罪被判处 1 年以上自由刑,已被执行完毕的,被判刑人从监狱释放之际,即是对其行为监督开始之时。刑罚执行完毕后还要执行剥夺自由的矫正与保安处分的,不适用本规定。

2. 可期待被判刑人不实行行为监督也不致继续犯罪的,法庭命令撤销行为监督处分。[44]

第 68 条 g （行为监督和缓刑交付考验）

1. 命令缓刑或者余刑的缓刑,或职业禁止被暂缓执行交付考验,且被判刑人因同一行为或其他行为同时受行为监督的,行为监督和指示的宣布仅适用第 68 条 a 和第 68 条 b 的规定。在考验期间届满前,行为监督不终结。

2. 因同一行为而被命令暂缓执行交付考验和行为监督的,法庭可规定,在考验期届满前,不实行行为监督。考验期间不算入行为监督期间。

---

[43] 根据 2012 年 12 月 5 日颁布的《保安监督法中联邦法贯彻空间的法律》(《联邦法律公报 I》,第 2425 页) 新增加,自 2013 年 6 月 1 日起生效。

[44] 根据 2007 年 4 月 13 日颁布的《改革行为监督和修改事后保安监督规定的法律》(《联邦法律公报 I》,第 513 页) 修订,自 2007 年 4 月 18 日起生效。

3. 考验期届满后，刑罚或其余刑被免除或职业禁止已宣告终结的，因同一行为所命令的行为监督也由此终结。如果行为监督未规定期限（第 68 条 c 第 2 款第 1 句或第 3 款），则不适用本规定。㊺

——吊销驾驶证——

第 69 条　　（吊销驾驶证）

1. 因驾驶机动车辆时的违法行为，或违法行为与之有关，或违反机动车辆驾驶人员义务实施的违法行为而被判刑的，或仅仅因为被证实或者不排除行为人无责任能力而没有被判刑，且其行为表明不适合驾驶机动车辆的，法庭应吊销驾驶证。不需要依第 62 条进行进一步的调查。

2. 第 1 款的违法行为构成下列轻罪之一时，原则上认为行为人不适合驾驶机动车辆：

（1）危害公路交通（第 315 条 c），

（1a）被禁止的机动车竞赛（第 315 条 d），

（2）酒后驾驶（第 316 条），

（3）行为人明知或可能知道，在事故发生时有人死亡或受重伤，或给他人的财产造成重大损失，而非法逃离肇事现场的（第 142 条），

（4）与第 1 项至第 3 项所列行为之一有关的醉酒（第 323 条 a）。

3. 驾驶证自判决生效时失效。由德国官方颁发的驾驶证在判决中予以吊销。㊻

第 69 条 a　　（禁止颁发驾驶证）

1. 经法庭吊销驾驶证的，应同时规定在 6 个月以上 5 年以下的期间内，不得颁发新的驾驶证（禁止）。如认为法定最高期限仍不足以防止由行为人所造成的危险的，可命令永远禁止颁发驾驶证。行为人原来未

㊺ 根据 2007 年 4 月 13 日颁布的《改革行为监督和修改事后保安监督规定的法律》（《联邦法律公报 I》，第 513 页）修订，自 2007 年 4 月 18 日起生效。

㊻ 根据 2017 年 9 月 30 日颁布的《第 56 部刑法修改法》（未经许可在道路交通中竞速的可罚性，《联邦法律公报 I》，第 3532 页）修订，自 2017 年 10 月 13 日起生效。

获得驾驶证的，只要求禁止颁发即可。

2. 如有特别情况表明，对特定种类的机动车辆的驾驶不予禁止不会因此妨害处分目的的，法庭可对特定种类的机动车辆不予禁止。

3. 如行为人在行为前3年内已受过一次禁止宣告的，其禁止期间不得少于1年。

4. 行为人的驾驶证因其行为被暂时吊销的（《刑事诉讼法》第111条a），禁止的最短期间应减去暂时吊销的有效期间。缩短后的期间不得少于3个月。

5. 禁止驾驶的命令自判决生效时开始。因其行为被命令吊销驾驶证的期间，如在判决宣告后已经过的，该期间算入上述期间内，但该判决须是能够最后一次审查该处分所依据的事实的判决。

6. 驾驶证的保管、作为证物保存或扣押（《刑事诉讼法》第94条），视同第4款和第5款的暂时吊销驾驶证。

7. 如有理由认为行为人已适合驾驶机动车辆，法庭可提前取消禁止的命令。禁止期间至少要经过3个月，在第3款情况下至少要经过1年方可取消禁止命令；相应适用第5款第2句和第6款的规定。

第69条 b （吊销驾驶证的效力及于外国驾驶证件）

1. 行为人凭借在国外被颁发的驾驶证在国内驾驶机动车辆的，吊销驾驶证具有取消其在国内使用驾驶证的权利。随着裁决的生效，行为人失去在国内驾驶机动车的权利。在禁止驾驶期间，既不得使用外国的驾驶证件，也不得被颁发本国的驾驶证件。

2. 外国的驾驶证件是由欧盟成员国的官方或欧洲经济区条约的签字国发放，且证件持有人在国内有固定住所的，在判决中吊销之，并将之退回发放当局。在其他情况下，吊销驾照和禁止只在外国驾驶证件中予以记载。

——职业禁止——

第70条 （职业禁止的命令）

1. 因滥用职业或行业实施的违法行为，或严重违反有关义务而实施的违法行为而被判处刑罚，或因证实无责任能力或不能排除无责任能力而未被判处刑罚的，对行为人和其行为进行综合评价后，认为其继续从事某一职业或职业部门的业务、行业或行业部门的业务，仍有发生上述严重违法行为危险的，法庭可禁止该人在 1 年以上 5 年以下的期限内从事职业或职业部门的业务、行业或行业部门的业务。如认为职业禁止的法定最高期限仍不足以防止行为所造成的危险的，可永久禁止其执业。

2. 行为人被暂时禁止执行职业或职业部门的业务、行业或行业部门的业务的（《刑事诉讼法》第 132 条 a），禁止的最短期限减去暂时禁止的有效期间。但缩短后的期间不得少于 3 个月。

3. 在禁止期间，行为人不得为他人执行职业或职业部门的业务、行业或行业部门的业务，或者指示其从属人员为自己从事此等职业或行业。

4. 职业禁止随着判决发生法律效力而生效。因其行为被命令暂时职业禁止的期间，如在裁判宣布后已经经过的，该期间算入禁止期间内，但该判决须是能够最后一次审查该处分所依据的事实的判决。行为人因官方命令被羁押于某一机构的时间，不得算入禁止期间内。

第 70 条 a （职业禁止的暂缓执行）

1. 如命令职业禁止后，有理由认为，行为人已不存在实施第 70 条第 1 款所规定的重大违法行为危险的，法庭可将职业禁止暂缓执行交付考验。

2. 职业禁止未经过 1 年的，不得下达暂缓执行命令。暂时职业禁止的期间符合第 70 条第 4 款第 2 句情形的，应算入本款期间。行为人因官方命令被羁押于拘留所的期间，不得算入本款期间。

3. 职业禁止暂缓执行交付考验的，相应适用第 56 条 a、第 56 条 c 和第 56 条 e 的规定。但是，考验期间要加上被判刑人执行因其行为被科处或被命令的自由刑或剥夺自由的处分的期间。

第70条 b　（职业禁止暂缓执行的撤销和职业禁止的终结）

1. 被判刑人实施下列行为，由此表明仍需要适用职业禁止才能达到职业禁止目的的，法庭应撤销职业禁止的暂缓执行：

（1）在考验期间滥用职业或行业，或严重违反有关义务而实施违法行为的，

（2）严重或屡次违背指示的，或

（3）屡次逃避考验帮助人的监督和指导的。

2. 法庭在考验期间发现有仍需要职业禁止才能达到职业禁止目的的不应暂缓执行的情况的，应撤销职业禁止的暂缓执行。

3. 职业禁止暂缓执行的时间不算入职业禁止的期间。

4. 被判刑人为履行指示或允诺所提供的劳务是无偿的。

5. 考验期间届满后，法庭应宣告职业禁止的终结。㊼

——共同规定——

第71条　（单独命令）

1. 刑事诉讼因行为人无责任能力或无诉讼行为能力而不能进行的，法庭可单独命令将其收容于精神病院或戒除瘾癖的机构。

2. 上款规定同样适用于吊销驾驶证和职业禁止。

第72条　（数项处分的关联）

1. 同时具备多项处分条件，但处分目的只需一项就可达到的，只宣告一项处分。有多项符合目的的处分时，应优先选择最轻的处分。

2. 凡无前款情形的，除法律另有规定外，多项处分同时宣告。

3. 同时命令多项剥夺自由处分的，法庭规定执行次序。如仍需收容才能达到处分目的的，在前项处分终结前，法庭命令执行后项处分。可适用第67条 c 第2款第4句和第5句的规定。

㊼ 根据2007年4月13日颁布的《改革行为监督和修改事后保安监督规定的法律》（《联邦法律公报 I》，第513页）修订，自2007年4月18日起生效。

第七节 追缴和没收

第 73 条 （追缴正犯和共犯的犯罪所得）

1. 正犯或共犯因违法行为或者基于违法行为本身而取得财产利益的，法庭命令予以追缴。
2. 正犯或共犯因犯罪所得而获得利益的，法庭同样命令予以追缴。
3. 正犯或共犯具备下列情形之一的，法庭可命令追缴：
(1) 通过出让所得物，或作为毁损、赔偿或取得的财物，或
(2) 基于所得权利而取得的财物。[48]

第 73 条 a （扩大追缴正犯和共犯的犯罪所得）

1. 实施了违法行为，如果所得的物品源自其他违法行为，或为其他违法行为所获得，法庭命令追缴正犯和共犯的犯罪所得。
2. 在依第 1 款命令追缴前正犯或共犯参与其他犯罪行为，并再次作出追缴裁决的，应当考虑到法庭已经作出的追缴命令。[49]

第 73 条 b （追缴其他犯罪所得）

1. 第 73 条和第 73 条 a 追缴命令针对不是正犯或共犯所为的其他犯罪，如果
(1) 该他人通过犯罪行为获得利益，正犯或共犯为其实施该行为，
(2) 其获得的利益，
a. 无偿或无法律根据地被转让，或
b. 被转让，且其知晓或应当知晓，所得利益源自违法行为，或者
(3) 其所获得的利益，

---

[48] 根据 2017 年 4 月 13 日颁布的《关于改革刑法中财产差价税的法律》（《联邦法律公报 I》，第 872 页）修订，自 2017 年 7 月 1 日起生效。
[49] 同上注。

a. 作为遗产转移给该他人,或
b. 作为应得遗产份额权利人或遗赠受益人被转让的。

如果事前已经将所得利益有偿且合法地转让给第三人,其不知晓或不可能知晓所得利益源自违法行为的,不得适用第 1 句第 2 项和第 3 项的规定。

2. 他人在本条第 1 款第 1 句第 2 项或第 3 项条件下获得与所得物的价值相当的物品的,法庭同样命令追缴。

3. 在本条第 1 款第 1 句第 2 项或第 3 项条件下,法庭同样可以命令追缴,

(1) 通过出让所得物,或作为毁损、赔偿或取得的财物,或
(2) 基于所得权利而取得的财物。[50]

第 73 条 c （追缴犯罪所得价值）

由于取得物的性质或其他原因致使不能追缴某一特定物,或者不能追缴第 73 条第 3 款或第 73 条 b 第 3 款规定的替代物的,法庭可命令将取得物折抵为适当价款予以追缴。如被追缴的物品的价值低于最初的取得物的价值,法庭除命令追缴该物外,还可命令追缴差价。[51]

第 73 条 d （所得利益价值的确定；估算）

1. 在确定所得利益的价值的时候,应当扣除正犯、共犯或第三人的费用。实行犯罪或预备犯罪所生费用,不予考虑,但以与履行对犯罪被害人的义务无关为限。

2. 所得利益的范围和价值包括拟追缴的费用得予以估算。[52]

---

[50] 根据 2017 年 4 月 13 日颁布的《关于改革刑法中财产差价税的法律》（《联邦法律公报 I》,第 872 页）修订,自 2017 年 7 月 1 日起生效。
[51] 同上注。
[52] 同上注。

第73条 e （排除追缴犯罪所得或补偿）

1. 如果犯罪被害人返还所得利益或返还替代物的要求不复存在的，不得为第73条至第73条c规定的追缴。

2. 在与第73条c相关的第73条b情况下，如果在命令追缴时取得物的价值在被追缴人的财产中已不复存在的，同样不得命令追缴，但当事人在不义之财消失时知晓或由于轻率不知晓，在其他情况下允许对正犯或共犯进行追缴的除外。[53]

第74条 （没收正犯和共犯的犯罪所得物、犯罪所用物和犯罪对象物）

1. 故意犯罪所得之物，或用于犯罪的实行或预备之物，或准备用于犯罪之物，可予以没收。

2. 犯罪行为针对之物（犯罪客体）的没收，以别规定为依据。

3. 在判决裁判时属于正犯或共犯所有之物，或者其享有处分权之物，始可没收。因特别规定允许没收本条第1款规定以外的物品的，同样适用前句规定。[54]

第74条 a （没收他人的犯罪所得物、犯罪所用物和犯罪对象物）

某物品虽不符合第74条第3款的条件，而在判决时属于具有下列情形的人所有或者其享有处分权的，当法律规定适用本条时，也可没收：

（1）至少是由于轻率而致该物被作为犯罪的工具，或成为犯罪客体的，或

（2）明知该物可能被没收而不当取得的。[55]

---

[53] 根据2017年4月13日颁布的《关于改革刑法中财产差价税的法律》（《联邦法律公报I》，第872页）修订，自2017年7月1日起生效。

[54] 同上注。

[55] 同上注。

第 74 条 b （保安性没收）

1. 依其种类和情况，物品危及公共安全，或有被用于实施违法行为之虞的，具备下列情形之一的，也可予以没收：

（1）正犯或共犯无责的行为的，或

（2）物品属于正犯或共犯以外之他人所有的，或其享有处分权的。

2. 在第 1 款第 2 项情况下，由国家在考虑所没收物品的交易价格的情况下给予该他人以适当的金钱补偿。所没收的物品属于他人所有，其权利因判决而消失或受到影响的，同样适用前句规定。

3. 具备下列情形之一的，不给予补偿：

（1）依据本条第 2 款享有补偿权者

a. 在物品被作为犯罪工具使用或成为犯罪客体方面，其至少轻率地有所加功的，或

b. 明知物品会被没收，仍以卑鄙的方式获得该物品或物品上的权利的。

（2）从构成没收的具体情况看，根据刑法以外的法律规定，允许从享有补偿权者处无补偿地长期没收物品或物品上的权利。

如果没收物品显属不当的，可不受第 1 句的约束，给予补偿。[56]

第 74 条 c （没收正犯和共犯的犯罪所得物、犯罪所用物和犯罪对象物）

（1）正犯或共犯于判决前出售、用尽该特定物品，或以其他方式致使无法没收该物品的，法庭可命令没收正犯或共犯应交付与该物品价值相当的折价款。

（2）在没收的判决作出前，正犯或共犯使物上附有第三人的权利的，不得无补偿的命令物上第三人的权利消灭，或在没收的情况下不得命令物上第三人的权利灭失（第 74 条 b 第 2 款、第 3 款和第 75 条第 2

---

[56] 根据 2017 年 4 月 13 日颁布的《关于改革刑法中财产差价税的法律》（《联邦法律公报 I》，第 872 页）修订，自 2017 年 7 月 1 日起生效。

款），法庭除没收物品外，还可命令没收折价款；法庭除没收外还作出此等命令的，应根据物品上所附价值计算折价款。

（3）物品的价值和所附的价值可进行估算。[57]

第74条d　（文书的没收和查封）

1. 知悉某种文书（第11条第3款）的内容而故意加以传播，足以实现刑法规定的构成要件的，且至少有一部分因违法行为得以传播或准备传播的，应对这种文书予以没收。供制造或准备制造文书的设备，曾经是复制设备或应当是复制设备，应同时命令查封。

2. 没收的文书包括正在从事传播或准备传播的人持有的，或公开展览或经邮寄传播尚未到达收件人手中的文书。

3. 知悉某种文书（第11条第3款）的内容故意加以传播，尚须具备其他条件才足以实现刑法上的构成要件的，可相应适用第1款的规定。但只有具备下列条件时，方可命令没收和查封：

（1）文书和第1款第2句所规定之物被正犯或共犯或其代为行为的第三人所持有，或由他们确定用于传播的，且

（2）为防止这些人的非法传播，有采取措施之必要的。

4. 文书（第11条第3款）或至少部分文书因陈列、张贴、放映或以其他方式公布于众的，视同第1款至第3款所谓之传播。

5. 在没收或查封的判决生效前，物之所有权属于正犯或共犯以外的第三人的，或物上附有的第三人的权利因判决而消灭或受不利影响的，由国库在考虑交易价格的情况下给予金钱补偿。相应适用第74条b第2款和第3款的规定。[58]

第74条e　（机构和代理人的特别规定）

以下列身份：

---

[57] 根据2017年4月13日颁布的《关于改革刑法中财产差价税的法律》（《联邦法律公报I》，第872页）修订，自2017年7月1日起生效。

[58] 同上注。

(1) 作为法人的代理机构或该代理机构的成员，
(2) 作为无权利能力的社团的理事会或该会的成员，
(3) 作为有权利能力的合伙公司的有代理权的股东，
(4) 作为全权代理人，或处于领导地位的代理人或某一法人的或第2项、第3项所规定的合伙公司的全权代理人，或
(5) 作为法人或第2项、第3项所规定的合伙公司的领导企业或公司的其他人员，属于此类人的还有对经营管理进行监督之人或者其他履行监督职权之人。

实施的行为符合第74条至第74条c和第74条f所列条件，而根据这些条款规定允许没收物品或其折价款，或具有不予补偿的原因的，在适用上列规定时，他的行为视为本人的行为。相应适用第14条第3款的规定。[59]

第74条f （适当性原则）

1. 未规定没收的，如果没收与所实施的犯罪行为及其应谴责性不相适应的，在第74条和第74条a情形下不得命令没收。如果以较为轻缓的处分就能实现没收的目的的，在第74条至第74条b和第74条d情形下，法院命令保留没收。此等轻缓的处分尤其包括：
(1) 查封物品，
(2) 去除物品上的特定标志或以其他方式改变物品，或
(3) 以特定方式使用物品。

上述指示得到遵守的，撤销保留没收的命令；否则，法庭命令事后没收。未规定没收的，没收可限于物品之一部分。

2. 在第74条d第1款第2句和第3款规定查封的情况下，相应适用本条第1款第2句的规定。[60]

---

[59] 根据2017年4月13日颁布的《关于改革刑法中财产差价税的法律》（《联邦法律公报 I》，第872页）修订，自2017年7月1日起生效。
[60] 同上注。

第 75 条 （没收的效力）

1. 具备下列情形之一的，被命令没收的物品的所有权或其他权利自裁判生效时归国家所有：

(1) 在作出没收命令时物品属于当事人所有或应属于当事人所有，或

(2) 属于或应当属于在知晓物品将被用于犯罪或其他目的仍予以提供的第三人。

在其他情形下，物之所有权或其他权利在告知没收命令的效力 6 个月期间届满后转移给国家所有，但物品所有人事前在执行机关主张过其权利的除外。

2. 其他情形下第三人对物品的权利不受影响。在具备第 74 条 b 规定的情形时，法庭仍可命令此等权利消灭。在第 74 条和第 74 条 a 情形下，法庭可命令第三人权利消灭，如果第三人，

(1) 在物品被作为犯罪工具使用或成为行为客体方面，其至少轻率地有所加功的，或

(2) 明知物品会被没收，仍以卑鄙的方式获得该物品的。

3. 在物上所有权改变之前或权利改变之前，没收命令或保留没收命令具有《民法典》第 136 条意义上的禁止转让的效力。

4. 在《刑事诉讼法》第 111 条 d 第 1 款第 2 句情形下，不得适用《支付不能法》第 91 条的规定。[61]

——共同规定——

第 76 条 （事后命令追缴或没收折价款）

由于命令之后发生或发现具有第 73 条 c 或第 74 条 c 所规定的条件，致使追缴或没收物品的命令不能执行或执行不充分时，法庭可事后命令

---

[61] 根据 2017 年 4 月 13 日颁布的《关于改革刑法中财产差价税的法律》（《联邦法律公报 I》，第 872 页）修订，自 2017 年 7 月 1 日起生效。

追缴或没收折价款。(62)

第 76 条 a （单独命令）

1. 因犯罪行为不能对特定之人进行追诉或判决的，如另外具备采取措施的条件，法庭单独命令没收物品，或单独命令查封。如允许，在具备第 1 句条件下法庭可单独命令没收。欠缺告诉、授权或求刑或已经作出生效判决的，不得命令没收。

2. 对犯罪行为的追诉已过追诉时效的，在具备第 73 条、第 73 条 b 和第 73 条 c 规定的条件情况下，同样可以单独命令没收犯罪所得和单独命令没收折价款。在具备第 74 条 b 和第 74 条 d 规定的条件情况下，该规定同样适用于单独命令保安没收、没收文书和查封。

3. 法庭免除刑罚或者依规定，经检察官或法庭裁量或经双方协商停止诉讼程序的，也可适用第 1 款的规定。

4. 因违法行为所得之物，在因本款第 3 句所述犯罪之嫌所进行的诉讼中被扣押的，如果扣押物的当事人没有因犯罪行为被追诉或判刑的，同样应当单独命令没收。物品被命令没收的，物上所有权或其他权利自判决生效时转移给国家所有；相应适用第 75 条第 3 款的规定。本款第 1 句意义上的犯罪行为是指，

（1）本法：

a. 第 89 条 a 规定的严重危害国家的暴力犯罪的预备行为和第 89 条 c 第 1 款至第 4 款规定的资助恐怖主义犯罪，

b. 与第 129 条 b 相关的第 129 条第 1 款规定的建立犯罪组织和第 129 条 a 第 1、2、4、5 款规定的建立恐怖组织，

c. 与第 181 条 a 第 3 款相关的第 181 条 a 第 1 款规定的介绍娼妓，

d. 第 184 条 b 第 2 款规定的散发、获取和持有儿童色情文书，

---

(62) 根据 2017 年 4 月 13 日颁布的《关于改革刑法中财产差价税的法律》（《联邦法律公报 I》，第 872 页）修订，自 2017 年 7 月 1 日起生效。

e. 第 232 条至第 232 条 b 规定的为性剥削目的之人口贩卖、强迫卖淫、强迫劳动，以及第 233 条和第 233 条 a 规定的团伙性的剥削劳动力和利用被剥夺自由进行剥削，

f. 第 261 条第 1 款、第 2 款和第 4 款规定的洗钱和隐瞒非法获得的财产价值。

（2）《税法》：

a. 第 370 条第 3 款第 5 项所规定条件下的偷税，

b. 第 373 条规定的职业性的、暴力性的和团伙性的走私，

c. 第 374 条第 2 款规定的税款窝藏。

（3）《避难法》：

a. 第 84 条第 3 款规定的诱惑滥用避难申请，

b. 第 84 条 a 规定的职业性和团伙性的诱惑滥用避难申请。

（4）《居留法》：

a. 第 96 条第 2 款规定的偷带外国人入境，

b. 第 97 条规定的造成死亡后果的偷带入境以及职业性和团伙性的偷带入境。

（5）《涉外经济法》：

第 17 条和第 18 条规定的故意犯罪。

（6）《麻醉品法》：

a. 第 29 条第 3 款第 2 句第 1 项规定的犯罪，

b. 第 29 条 a、第 30 条第 1 款第 1 项、第 2 项和第 4 项以及第 30 条 a 和第 30 条 b 规定的犯罪。

（7）《战争武器控制法》：

a. 与第 21 条相关的第 19 条第 1 款至第 3 款和第 20 条第 1 款和第 2 款以及第 20 条 a 第 1 款至第 3 款，

b. 第 22 条 a 第 1 款至第 3 款规定的犯罪。

（8）《武器法》：

a. 第 51 条第 1 款至第 3 款规定的犯罪，

b. 第 52 条第 1 款第 1 项和第 2 项字母 c 和 d 以及第 5 款和第 6 款规

定的犯罪。[63]

第 76 条 b　（没收犯罪所得和犯罪所得价值的追诉时效）

1. 第 73 条 a 和第 76 条 a 规定的扩大的和单独的没收犯罪所得和犯罪所得价值的追诉时效为 30 年。追诉时效自正犯或共犯或第 73 条 b 规定的他人获得利益的违法行为终了时开始计算。相应适用第 78 条 b 的规定。

2. 在本法第 78 条第 2 款和《国际刑法》第 5 条情况下，第 73 条 a 和第 76 条 a 规定的扩大的和单独的没收犯罪所得或犯罪所得价值不受追诉时效的限制。[64]

---

[63] 根据 2017 年 4 月 13 日颁布的《关于改革刑法中财产差价税的法律》（《联邦法律公报 I》，第 872 页）修订，自 2017 年 7 月 1 日起生效。
[64] 同上注。

第四章　告诉、授权和要求判刑

第 77 条　（告诉权人）

1. 行为须告诉乃论的，只要法律没有不同的规定，被害人可提起告诉。

2. 被害人死亡的，在法律确定的情况下，告诉权转移给其配偶、生活伴侣和子女。被害人既无配偶或生活伴侣也无子女的，或者他们在告诉期届满前死亡的，告诉权转移给其父母；父母在告诉期届满前死亡的，告诉权转移给兄弟姐妹和孙子女、外孙子女。如某一亲属参与行为的，则在告诉权转移时排除他享有此等权利。如追诉违背被害人明示的意愿，则不转移告诉权。

3. 告诉权人属于无行为能力或限制行为能力者，个人事务上的法定代理人和有权照顾告诉权人的人身之人，可独立提起告诉。

4. 数人有告诉权的，可各自独立提起告诉。[65]

第 77 条 a　（长官的告诉）

1. 行为是公职人员、对公务负有特别义务人员或联邦国防军士兵实施或针对他们实施，且须经其长官告诉乃论的，行为人在行为时所属的长官有告诉权。

2. 职业法官的长官并非有告诉权，而是对法官有职务监督权的人有告诉权。士兵的长官是指有惩戒权的长官。

3. 公职人员或对公务负有特别义务人员无长官或不曾有过长官的，则其所服务的部门可提起告诉。公职人员或对公务负有特别义务的人员自己领导该部门的，由国家监督机构行使告诉权。

---

[65] 根据 2001 年 2 月 16 日颁布的《结束歧视同性生活共同体的法律》（《联邦法律公报 I》，第 266 页）修订，自 2001 年 8 月 1 日起生效。

4. 行为是由联邦政府成员实施的，由联邦政府行使告诉权；行为是由州政府成员实施的，由州政府行使告诉权。

第 77 条 b （告诉期限）

1. 行为须告诉乃论的，告诉权人在 3 个月的告诉期限届满前未提起告诉的，不得追诉。如告诉期限的最后一天为星期日、公共节日或星期六，则以下一个工作日结束时为期限的终止日。

2. 告诉期限自告诉权人知道行为和行为人是谁之日起算。如对行为的追诉取决于婚姻无效或解除的判决，则期限的开始不得早于告诉权人知道判决生效的事实之日。告诉权由法定代理人或监护权人行使的，告诉期限的开始以其知道为准。

3. 数人有告诉权或数人参加犯罪的，各人告诉权的行使或对各人行使告诉权，其期限分别计算。

4. 告诉权因被害人死亡而转移给其亲属的，告诉期限最早为被害人死亡后 3 个月，最迟为被害人死亡后 6 个月。

5. 调解机关收到根据《刑事诉讼法》第 380 条提出的实施和解请求的，在依《刑事诉讼法》第 380 条第 1 款第 3 句出具证明前，告诉期限暂停计算。[66]

第 77 条 c （相互实施的行为）

彼此关联的相互间的行为须告诉乃论的，如一方告诉权人对他方提起刑事诉讼之告诉，他方在第一审法庭辩论终结前未提起告诉，则丧失告诉权。他方在第一审法庭辩论终结前，即使告诉期限已经过的，仍可提起告诉。

---

[66] 根据 2015 年 11 月 20 日颁布的《澄清生活伴侣权利的法律》（《联邦法律公报 I》，第 2010 页）修订，自 2015 年 11 月 26 日起生效。

第 77 条 d （告诉的撤回）

1. 告诉可撤回。刑事诉讼程序终结前均可撤回告诉。告诉经撤回后，不得再次提起。

2. 被害人或被害人死亡后有告诉权的人，在提起告诉后死亡的，被害人的配偶、生活伴侣、子女、父母、兄弟姐妹及孙子女、外孙子女，可按第 77 条第 2 款的顺序撤回告诉。同顺序的数个亲属只能共同行使告诉权。曾参与犯罪的人不得撤回告诉。[67]

第 77 条 e （授权和要求判刑）

如对某一行为只根据授权或要求判刑才能予以追诉的，则相应适用第 77 条和第 77 条 d 的规定。

---

[67] 根据 2001 年 2 月 16 日颁布的《结束歧视同性生活共同体的法律》（《联邦法律公报 I》，第 266 页）修订，自 2001 年 8 月 1 日起生效。

第五章 时　　效

第一节　追　诉　时　效

第 78 条　（时效期限）

1. 对行为的惩罚和处分（第 11 条第 1 款第 8 项）因时效期限届满而取消。第 76 条 a 第 2 款第 1 句第 1 项的规定不受影响。
2. 第 211 条规定的重罪（预谋杀人）不受追诉时效的限制[68]。
3. 犯罪经过下列期限不再追诉：
（1）可能判处终身自由刑的，经过 30 年，
（2）可能判处最高刑为 10 年以上自由刑的，经过 20 年，
（3）可能判处最高刑为 5 年以上 10 年以下自由刑的，经过 10 年，
（4）可能判处最高刑为 1 年以上 5 年以下自由刑的，经过 5 年，
（5）其他犯罪经过 3 年。
4. 前款期限以行为实现其构成要件的法定刑为准，总则规定的从重或减轻处罚，或就情节特别严重或较轻的情况所规定的从重或减轻处罚，不予考虑。[69]

第 78 条 a　（时效的开始）

一旦行为结束，时效即开始计算。如果其后才发生属于犯罪构成的结果的，则自其发生时才开始计算。

---

[68] 如果过去实施的犯罪在 1979 年 7 月 21 日未过追诉时效，同样可适用第 78 条第 2 款的规定，请参见 1979 年 7 月 16 日颁布的《刑法修改法》第 2 条（《联邦法律公报 I》第 1046 页）。

[69] 根据 2017 年 4 月 13 日颁布的《关于改革刑法中财产差价税的法律》（《联邦法律公报 I》，第 872 页）修订，自 2017 年 7 月 1 日起生效。

第78条 b （时效的停止）

1. 在下列情形下，时效停止：

（1）第174条至第174条c、第176条至第178条、第180条第3款、第225条、第226条a和第237条规定的犯罪的被害人年满30岁之前，

（2）依法不能开始或继续追诉的。

但因为没有告诉、授权或要求判刑而不能追诉的，不适用本规定。

2. 因行为人是联邦议会或州立法机关成员从而阻碍追诉的，时效自下列日期经过后停止：

（1）检察官或官方当局或警官知悉行为和行为人之日，或

（2）对行为人提出告发或告诉之日（《刑事诉讼法》第158条）。

3. 在时效期限届满前已公布第一审判决的，在诉讼程序有法律效力地终结前，时效期限不届满。

4. 法律对特别严重的情形规定5年以上自由刑，且州法庭已开始主审程序的，在第78条第3款第4项情形下，时效自开始主审程序时停止，但期限最多为5年。本条第3款的规定不受影响。

5. 行为人在国外，且主管当局向有关外国提出了正式的引渡请求的，时效自引渡请求送达该外国时停止

（1）至行为人被交付德国当局，

（2）行为人以其他方式离开被请求国领土，

（3）至外国拒绝引渡请求送达德国当局，或

（4）至撤回引渡请求。

向被请求国送达引渡请求的日期无法查清的，自寄出或者递交给外国之日起算满1个月的，视为已经送达，但以提出引渡请求当局并不知晓，引渡请求实际上未送达相关之外国，或者在较晚的时候才送达相关之外国为限。被请求国根据2002年6月13日的《关于欧洲逮捕令和成员国之间移交程序的委员会框架决议》（ABl. EG Nr. L 190 S. 1），或者根据国际协议，存在《刑事案件国际司法协助法》第83条c相似的期限规定的，第1句规定不适用于引渡请求。

6. 在第 78 条第 3 款第 1 项至第 3 项情况下，自将人员交付国际刑事法院或执行国，至人员被交回德国当局或至其被国际刑事法院或执行国无罪释放，时效停止。(70)

第 78 条 c　（时效的中断）

1. 时效因下列事由中断：

（1）第一次审讯被告人，通知对其进行调查程序，或命令审讯被告人或命令通知进行调查程序，

（2）法庭任何一次审讯被告人或命令审讯被告人，

（3）已审讯过被告人或已通知要对其进行调查程序后法官或检察官对鉴定人的任何一次委托，

（4）法庭命令扣押或搜查，以及法庭判决维持扣押或搜查，

（5）命令拘留、收容、传讯，以及法庭判决维持拘留、收容和传讯，

（6）已提起公诉，

（7）主审程序已经开始，

（8）主要审判的任何一次指示，

（9）处刑命令或其他与判决相当的裁判已作出，

（10）因被告人的缺席而使法庭程序暂时停止，以及法官或者检察官在停止这一程序后或在此程序中针对被告人缺席发出调查被告人居所或保全证据程序的命令，

（11）因被告人无诉讼能力而使法庭程序暂时停止，以及法官或者检察官为审查被告的诉讼能力，在这一程序停止后作出命令，

（12）法庭已请求在国外进行调查的。

在安全程序和独立程序中，时效由于实施了为执行安全程序或独立程序且与第 1 句相适应的行为而中断。

---

(70) 根据 2016 年 11 月 4 日颁布的《第 50 部刑法修改法》（完善对性自决权的保护，《联邦法律公报 I》，第 2460 页）修订，自 2016 年 11 月 10 日起生效。

2. 在书面命令或判决时，命令或判决签署时时效中断。文书在签署后未立即制作的，以实际制作时间为准。

3. 时效中断后重新开始计算。但追诉时效最迟于下列时间结束：自第78条a规定的时间起已经过的期间是法定时效期限两倍，且根据法律的特别规定，时效期限少于3年而已经过3年的。第78条b不受影响。

4. 时效中断只对与该行为有关之人产生影响。

5. 行为终了时仍有效之法律在判决前被变更，且时效期限因此而被缩短的，即使时效中断时依新法规定追诉时效已经届满，新法生效前时效中断的行为仍然有效。(71)

第二节　执行时效

第79条　（时效期限）

1. 所判的生效的刑罚或处分（第11条第1款第8项），在时效期限届满后，不得再执行。

2. 终身自由刑的执行，不受时效期限的限制。

3. 时效期限如下：

（1）法定刑为10年以上自由刑的，经过25年，

（2）法定刑为5年以上10年以下自由刑的，经过20年，

（3）法定刑为1年以上5年以下自由刑的，经过10年，

（4）法定刑为1年以下自由刑、罚金刑为30单位以上日额金的，经过5年，

（5）罚金刑不足30单位日额金的，经过3年。

4. 保安监督和未规定期限的行为监督（第68条c第2款第1句或第3款）的执行不受时效的限制。时效期限为：

（1）行为监督的其他情形以及初次收容于戒除瘾癖机构的，经过

(71) 根据2017年4月13日颁布的《关于改革刑法中财产差价税的法律》（《联邦法律公报I》，第872页）修订，自2017年7月1日起生效。

5年，

（2）其他处分情形下，经过10年。

5. 如同时判处自由刑和罚金刑，或者除判刑外还宣告剥夺自由的处分、追缴、没收或查封的，则其中一种刑罚或处分的执行的时效期限不得早于另一种刑罚或处分的执行时效届满。但同时命令保安监督的，不妨碍刑罚或其他处分的执行时效届满。

6. 时效自判决生效时起算。[72]

第79条a （时效的停止）

具备下列条件时，时效停止：

（1）刑罚的执行依法不能开始或不能继续的，

（2）准许被判刑人

a. 延缓执行或中断执行的，

b. 法庭判决暂缓执行交付考验或经赦免的，或

c. 罚金、追缴或没收的从宽缴纳，

（3）被判刑人在国内或国外经官方命令被看管于某一机构的。[73]

第79条b （时效的延长）

被判刑人逗留于某一地区不能引渡或遭返的，经刑罚执行机关申请，法庭可以在时效期限届满前，一次延长法定时效期限的1/2。

---

[72] 根据2007年4月13日颁布的《改革行为监督和修改事后保安监督规定的法律》修订，自2007年4月18日起生效。

[73] 根据2017年4月13日颁布的《关于改革刑法中财产差价税的法律》（《联邦法律公报 I》，第872页）修订，自2017年7月1日起生效。

分 则

第一章　危害和平、叛乱和危害民主法治国家的犯罪

第一节　危害和平

第 80 条　（废除）(74)

第 80 条 a　（鼓动进行侵略战争）

在本法空间效力范围内，公开在集会中或通过散发文书（第 11 条第 3 款）鼓动发动侵略战争的（《国际刑法》第 13 条）(75)，处 3 个月以上 5 年以下自由刑。

第二节　叛　乱

第 81 条　（针对联邦的叛乱）

1. 以暴力或暴力威胁实施下列行为之一的，处终身自由刑或 10 年以上自由刑：

（1）妨害联邦德国存在，或

（2）改变以《联邦德国基本法》为基础的宪法秩序。

2. 情节较轻的，处 1 年以上 10 年以下自由刑。

第 82 条　（针对州的叛乱）

1. 以暴力或暴力威胁实施下列行为之一的，处 1 年以上 10 年以下

(74) 根据 2016 年 12 月 22 日颁布的《修改国际刑法的法律》（《联邦法律公报 I》，第 3150 页）废除，自 2017 年 1 月 1 日起生效。

(75) 根据 2016 年 12 月 22 日颁布的《修改国际刑法的法律》（《联邦法律公报 I》，第 3150 页）修订，自 2017 年 1 月 1 日起生效。

自由刑：

（1）将某州的全部或部分领土并入联邦德国其他州或将某州的一部分与该州分离，或

（2）改变以《联邦德国基本法》为基础的宪法秩序。

2. 情节较轻的，处 6 个月以上 5 年以下自由刑。

第 83 条　（叛乱行为的预备）

1. 预备实施针对联邦的特定的叛乱行为的，处 1 年以上 10 年以下自由刑；情节较轻的，处 1 年以上 5 年以下自由刑。

2. 预备实施针对州的特定的叛乱行为的，处 3 个月以上 5 年以下自由刑。

第 83 条 a　（主动悔罪）

1. 行为人主动放弃行为的实施，或对他人继续实施犯罪的危险加以防止或基本减轻，或主动阻止行为实行终了的，在第 81 条和第 82 条情形下，法庭可根据其裁量减轻处罚（第 49 条第 2 款）或根据规定免除其刑罚。

2. 行为人主动放弃其计划，且对由其引起的他人继续预备或实施行为的危险，加以防止、实质性减轻，或主动阻止行为实行终了的，在第 83 条情形下，法庭可依第 1 款的规定处理。

3. 上述危险非因行为人的行为而被防止、基本减轻或行为实行终了被阻止的，只要行为人为达到此目的主动作出真诚的努力，即视为主动悔罪。

第三节　危害民主法治国家的犯罪

第 84 条　（维护被宣布为违宪的政党）

1. 以党魁或幕后筹划者的身份，在本法空间效力范围内维护下列有组织的团体联合的：

（1）被联邦宪法法庭宣布为违宪的政党，或

（2）被联邦宪法法庭确认为作为被禁止的政党之替代组织，

处 3 个月以上 5 年以下自由刑。犯本罪未遂的，也应处罚。

2. 以第 1 款所列政党的成员身份参与其活动或支持其有组织地联合的，处 5 年以下自由刑或罚金刑。

3. 违背联邦宪法法庭依照《联邦德国基本法》第 21 条第 2 款或《政党法》第 33 条第 2 款规定的程序所作之判决，或违背在依此程序而为的判决的执行中所作的可能执行之措施的，处 5 年以下自由刑或罚金刑。《联邦德国基本法》第 18 条规定的程序和前句规定的程序同等看待。

4. 在第 1 款第 2 句和第 2 款、第 3 款第 1 句情形下，共犯如责任轻微，且其行为不起主要作用，法庭可依其裁量减轻处罚（第 49 条第 2 款）或依规定免除其刑罚。

5. 行为人主动并真诚努力阻止该政党继续存在的，在第 1 款至第 3 款第 1 句情形下，法庭可依其裁量对其减轻处罚（第 49 条第 2 款）或依规定免除其刑罚；行为人实现了该目标或该目标即使没有其努力也能实现的，行为人均不受处罚。[76]

第 85 条　（违反禁止结社）

1. 以党魁或幕后策划者的身份，在本法空间效力范围内维护下列有组织的团体联合的：

（1）某一政党或社团，依照《政党法》第 33 条第 3 款的规定确认为被禁止的政党之替代组织，或

（2）某一社团，因违反宪法秩序或违反各国人民间相互理解的思想而无可辩驳地被禁止，或者被无可指责的确认为此种被禁止的社团的替代组织，

---

[76] 根据 2016 年 7 月 26 日颁布的《改善与国际恐怖主义作斗争时的情报交换的法律》（《联邦法律公报 I》，第 1818 页）修订，自 2016 年 7 月 30 日起生效。

处 5 年以下自由刑或罚金刑。犯本罪未遂的，也应处罚。

2. 以第 1 款所列政党或社团的成员身份参与其活动或支持其有组织地联合的，处 5 年以下自由刑或罚金刑。

3. 相应适用第 84 条第 4 款和第 5 款的规定。[77]

第 86 条　（散发违宪组织的宣传品）

1. 在国内散发或为了散发而在国内或国外制造、储存、输入或输出下列宣传品，或以数据存储器方式使公众知悉的，处 3 年以下自由刑或罚金刑：

（1）被联邦宪法法庭宣布为违宪政党或被无可辩驳地确认为这一政党的替代组织的政党或社团的宣传品，

（2）因违反宪法秩序或违反各国人民间相互理解的思想而无可辩驳地被禁止的社团的宣传品或被无可指责地确认为被禁止的社团之替代组织的社团的宣传品，

（3）在本法空间效力范围以外为实现第 1 项和第 2 项所列政党或社团的目的而活动的政府、社团或机构的宣传品，或

（4）根据其内容，可断定为企图继续追求战前纳粹组织目标的宣传品。

2. 第 1 款的宣传品，只限于内容是违反自由民主的基本秩序或违反各国人民间相互理解的思想的文书（第 11 条第 3 款）。

3. 凡用于教育国民防止违宪，或用于艺术、科学研究和教学，或用于对历史事件或对历史作报道或类似目的之宣传品或行为，不适用第 1 款的规定。

4. 罪责轻微的，法庭可根据本规定免除其刑罚。

---

[77] 根据 2016 年 7 月 26 日颁布的《改善与国际恐怖主义作斗争时的情报交换的法律》（《联邦法律公报 I》，第 1818 页）修订，自 2016 年 7 月 30 日起生效。

第 86 条 a　（使用违宪组织的标志）

1. 实施下列行为之一的，处 3 年以下自由刑或罚金刑：

（1）在国内散发第 86 条第 1 款第 1 项、第 2 项和第 4 项所列政党或社团的标志，或在集会或在其散发的文书（第 11 条第 3 款）中，公开地使用此等标志的，或

（2）为在国内或国外散发或使用而以第 1 项所列之方式和方法，制造、储存、输入或输出或展示含有此等标志的物品的。

2. 第 1 款所说的标志是指旗帜、徽章、制服、口号及敬礼方式。类似的易混淆的标志视同第 1 句所说的标志。

3. 相应适用第 86 条第 3 款和第 4 款的规定。

第 87 条　（以破坏为目的之谍报活动）

1. 凡受本法空间效力范围以外的政府、社团或机构的指使，准备实施在本法空间效力范围内的破坏行为，因此故意危害联邦德国的存在或安全，或违反宪法原则，有下列行为之一的，处 5 年以下自由刑或罚金刑：

（1）准备遵照上述机构的指示实施破坏活动的，

（2）侦察破坏目标的，

（3）制造、为自己或他人购置、保存、转让破坏工具或输入此地域的，

（4）设置、维修或检查存放破坏工具的仓库或进行破坏活动的据点的，

（5）接受为实施破坏活动而进行的训练或训练他人的，

（6）为实施破坏活动的间谍（第 1 项至第 5 项）和上述机构担任联络工作的。

2. 第 1 款所说的破坏活动是指：

（1）第 109 条 e、第 305 条、第 306 条至第 306 条 c、第 307 条至第 309 条、第 313 条、第 315 条、第 315 条 b、第 316 条 b、第 316 条 c 第 1 款第 2 项、第 317 条和第 318 条所列的实现构成要件的行为。

（2）其他对国防、民防或国民经济有重大影响的企业所使用的物品加以毁弃、损坏、拆除、变更或使其不能使用，或切断企业的特定能源的行为。

3. 行为人主动放弃其行为，或将其了解的情况及时报告给有关部门，使其所知道的有计划的破坏活动尚能被制止的，法庭可依规定免除其刑罚。

第 88 条　（违宪的破坏活动）

1. 在本法空间效力范围内，以叛乱团体党魁或幕后策划者的身份或不与某团体一起或不为该团体行为而是独自实施下列行为，使其大部分或全部失去效用，或使其特定的目的不能达到，因此故意危害联邦德国的存在和安全或违反宪法秩序，有下列行为之一的，处 5 年以下自由刑或罚金刑：

（1）破坏服务于邮政的公共供给或公共交通的企业或设备，

（2）破坏服务于公共目的的通信设备，

（3）破坏服务于水、电、热或动力的公共供给企业和设备，以及其他对居民生活的供给非常重要的企业和设备，

（4）破坏全部或大部分服务于公共安全或秩序的工作机关、设备、设施及物品。

2. 犯本罪未遂的，也应处罚。

第 89 条　（对联邦国防军和公共安全机关的违宪影响）

1. 为削弱联邦国防军或公共安全机关成员维护联邦德国的安全和宪法秩序的热情，而有计划地对其施加违宪影响，以达到危害联邦德国的存在或安全，或危害宪法秩序目的的，处 5 年以下自由刑或罚金刑。

2. 犯本罪未遂的，也应处罚。

3. 相应适用第 86 条第 4 款的规定。

第 89 条 a （严重危害国家的暴力犯罪的预备行为）

1. 实施严重危害国家的暴力犯罪的预备行为的，处 6 个月以上 10 年以下自由刑。严重危害国家的暴力犯罪是指，第 211 条、第 212 条针对生命的犯罪，第 239 条 a、第 239 条 b 针对人身自由的犯罪，依其情况，被确定且适合于妨害国家或国际组织的存在或安全，或者使联邦德国的宪法原则被消除、失效或破坏。

2. 犯罪人以下列手段实施严重危害国家的暴力犯罪的预备行为的，始可适用第 1 款的规定，

（1）指导他人或让他人指导自己制造、使用射击武器、炸药、爆炸或燃烧装置、核燃料或其他放射性物质、可能包含或制造毒物的物质、其他危害健康的物质，为了实施犯罪所需要的特殊设备或实施第 1 款规定的犯罪所需要的其他技能，

（2）制造第 1 项规定的射击武器、炸药或装置，为自己或为他人获取、保管或出让给他人，或

（3）设法获取或保存对制造第 1 项规定的射击武器、炸药或装置具有重要意义的材料。

2a. 如果犯罪人为实施严重危害国家的暴力犯罪或者第 2 款第 1 项规定的行为，从联邦德国出发，前往某个国家，以接受第 2 款第 1 项规定之人的指导，预备实施严重危害国家的暴力犯罪的，同样适用第 1 款的规定。

3. 犯罪预备是在外国实施的，同样适用第 1 款的规定。犯罪预备是在欧盟成员国以外实施的，只有当预备行为是德国人或在德国有住所的外国人实施的，或预备的严重危害国家的暴力犯罪将在国内实施，或将由德国人或者针对德国人实施的，始可适用第 1 款的规定。

4. 在第 3 款第 2 句情形下，追诉必须得到联邦司法部和消费者保护部的授权。预备行为是在某一其他欧盟成员国进行的，如果预备行为不是由德国人实施的，预备的严重危害国家的暴力犯罪也不是在国内实施的，该预备的严重危害国家的暴力犯罪也不是由德国人或针对德国人实施的，追诉必须得到联邦司法部和消费者保护部的授权。

5. 情节较轻的，处 3 个月以上 5 年以下自由刑。

6. 法庭可命令行为监督（第 68 条第 1 款）。

7. 犯罪人自愿放弃继续预备严重危害国家的暴力犯罪，且避免或实质降低了由其造成的和知晓的他人将继续实施预备行为的危险，或自愿阻止预备行为的完成的，法庭可以根据其裁量减轻处罚（第 49 条第 2 款），或者依据本条款的规定免除处罚。没有犯罪人的努力，上述危险也会被避免或实质降低的，或严重危害国家的暴力犯罪的预备行为未能完成的，只要其为实现该目的是自愿的且真诚地努力，也应当减轻处罚。[78]

第 89 条 b （与严重危害国家的暴力犯罪的实施建立联系）

1. 故意在实施第 89 条 a 第 2 款第 1 项规定的严重危害国家的暴力犯罪中接受指导，参加与第 129 条 b 相关的第 129 条 a 规定的犯罪组织，建立联系或保持联系的，处 3 年以下自由刑或罚金刑。

2. 行为仅为履行合法的职务或公务义务的，不适用第 1 款的规定。

3. 在国外建立或保持上述联系的，同样适用第 1 款的规定。在欧盟成员国以外，如果建立或保持上述联系是由德国人或在德国有住所的外国人实施的，始可适用第 1 款的规定。

4. 在下列情形下，追诉必须得到联邦司法部和消费者保护部的授权：

（1）在第 3 款第 2 句情形下，或

（2）在欧盟成员国以外建立或保持上述联系不是由德国人实施的。

5. 责任轻微的，法庭可根据本条款的规定免于处罚。[79]

---

[78] 根据 2017 年 4 月 13 日颁布的《关于改革刑法中财产差价税的法律》（《联邦法律公报 I》，第 872 页）修订，自 2017 年 7 月 1 日起生效。
[79] 根据 2015 年 8 月 31 日颁布的《第十部管辖权调整条例》（《联邦法律公报 I》，第 1474 页）修订，自 2015 年 9 月 8 日起生效。

第89条c （资助恐怖主义）

1. 明知会被他人用于实施下列犯罪行为，而聚集、接受或提供资产的，处6个月以上10年以下自由刑：

（1）预谋杀人（第211条）、故意杀人（第212条）、种族灭绝（《国际刑法》第6条）、侵害人类的犯罪（《国际刑法》第7条）、战争犯罪（《国际刑法》第8、9、10、11条或12条）、第224条规定的身体伤害，或造成他人严重的身体或心理损害，尤其是第226条规定的重伤害的故意伤害，

（2）掳人勒索（第239条a）或扣押人质（第239条b），

（3）第303条b、第305条、第305条a规定的犯罪，或第306条至306条c，或第307条第1款至第3款、第308条第1款至第4款、第309条第1款至第5款、第313条、第314条，或第315条第1款、第3款或第4款，第316条b第1款或第3款、第316条c第1款至第3款，或第317条第1款规定的犯罪，

（4）第330条a第1款至第3款规定的危害环境的犯罪，

（5）《战争武器控制法》第19条第1款至第3款、第20条第1款或第2款、第20条a第1款至第3款、第19条第2款第2项或第3款第2项、与第21条相联系的第20条第1款或第2款或第20条a第1款至第3款，或第22条a第1款至第3款规定的犯罪，

（6）《战争武器控制法》第51条第1款至第3款规定的犯罪，

（7）第328条第1款或第2款、第310条第1款或第2款规定的犯罪，

（8）第89条a第2款a规定的犯罪，

在第1项至第7项情形下，只有当犯罪行为的目的在以严重方式威胁居民，非法以暴力或暴力威胁强制当局或国际组织，或消除或严重影响国家或国际组织政治的、宪法的、经济的或社会的基本组织，通过其行为的实施或其影响，可能对国家或国家组织造成严重危害的，始可适用第1句的规定。

2. 在具备第1款第2句条件下聚集、接受或提供资产，以便自己实

施第 1 款第 1 句所述犯罪的，处与前款相同之刑罚。

3. 犯罪行为在外国实施的，同样适用第 1 款和第 2 款的规定。犯罪行为在欧盟成员国以外实施的，只有其是由德国人实施或在德国有住所的外国人实施，或被资助的犯罪行为是在国内实施、由德国人实施或针对德国人实施时，始可适用第 1 款和第 2 款的规定。

4. 在第 3 款第 2 句情形下，追诉必须得到联邦司法部和消费者保护部的授权。犯罪行为在欧盟成员国以外实施的，如果犯罪行为既非由德国人实施，被资助的犯罪也非在国内实施，或也非针对德国人实施的，追诉必须得到联邦司法部和消费者保护部的授权。

5. 实施第 1 款或第 2 款规定的犯罪行为，资产价值较小的，处 3 个月以上 5 年以下自由刑。

6. 犯罪人的责任较小的，法庭减轻其刑罚（第 49 条第 1 款），也可免除其刑罚。

7. 犯罪人自愿放弃进一步的预备行为，且避免或实质降低由其造成和知晓的他人将继续实施预备行为的危险，或自愿阻止预备行为的完成的，法庭可以根据其裁量减轻处罚（第 49 条第 2 款），或者依据本条款的规定免除处罚。没有犯罪人的努力所述危险也会被避免或实质降低，或预备行为未能完成，只要其为实现该目的是自愿的且真诚努力的，也应当减轻处罚。[80]

第 90 条　（诽谤联邦总统）

1. 在集会中或通过散发文书（第 11 条第 3 款），公开地诽谤联邦总统的，处 3 个月以上 5 年以下自由刑。

2. 不具备第 188 条的条件，且情节较轻的，法庭可依其裁量减轻处罚（第 49 条第 2 款）。

3. 如该行为是诽谤（第 187 条）或行为人意图通过其行为危害联邦

---

[80] 根据 2015 年 6 月 12 日颁布的《关于修改严重危及国家暴力犯罪预备行为的追诉的法律》（《联邦法律公报 I》，第 926 页）新增加，自 2015 年 6 月 20 日起生效。

德国的存在或宪法原则的，处 6 个月以上 5 年以下自由刑。

4. 本行为非经联邦总统授权不得追诉。

第 90 条 a （诋毁国家及其象征）

1. 在集会中或通过散发文书（第 11 条第 3 款），公开地实施下列行为的，处 3 年以下自由刑或罚金刑：

（1）侮辱或恶意蔑视联邦德国或其州或宪法秩序的，或

（2）诋毁联邦德国或其州的象征、国旗、国徽或国歌的。

2. 对公开悬挂的联邦德国或其州的国旗或由官署公开安装的体现联邦德国或其州的国家尊严的标志，进行拆除、毁弃、破坏或侮辱或使其不能使用或使其不能识别的，处与第 1 款相同之刑罚。犯本罪未遂的，也应处罚。

3. 行为人意图通过其犯罪行为故意危害联邦德国的存在或宪法原则的，处 5 年以下自由刑或罚金刑。

第 90 条 b （对宪法机关的违宪性诋毁）

1. 在集会中或通过散发文书（第 11 条第 3 款），公开地以有损于国家形象的方式，对联邦或州的立法机关、政府或宪法法庭或其成员进行诋毁，意图通过其行为危害联邦德国的存在或宪法原则的，处 3 个月以上 5 年以下自由刑。

2. 本行为非经宪法法庭或其成员的授权不得追诉。

第 91 条 （指导实施严重危害国家的暴力犯罪）

1. 实施下列行为之一的，处 3 年以下自由刑或罚金刑：

（1）其内容适用于指导实施严重危害国家的暴力犯罪（第 89 条 a 第 1 款）的文书（第 11 条第 3 款），给予称赞或使他人获得，但以其扩散的情况适合于促进或唤醒他人实施严重危害国家的暴力犯罪的决心为限，

（2）自己设法获得第 1 项所述文书，以便实施严重危害国家的暴力

犯罪。

2. 具备下列情形之一的，不适用第1款第1项的规定：

（1）国民教育、防止违宪行为、艺术、科学、科研、报道时事经过、历史或类似目的的行为，或

（2）仅是为履行合法的职务或公务义务的行为。

3. 犯罪人的责任轻微的，法庭可依据本条款免除处罚。[81]

第91条a （适用范围）

第84条、第85条和第87条的规定，只适用于在本法空间效力范围内所实施的行为。[82]

第四节 共 同 规 定

第92条 （概念）

1. 本法所说的危害联邦德国的存在，是指用外国的统治取消联邦德国的主权自由，或破坏国家统一或分割国家领土。

2. 本法所说的宪法原则是指：

（1）国民有选举权和表决权，有权通过立法、行政、司法机关行使国家统治权，有权以普通、直接、自由、平等和秘密的选举方式选举国民代表，

（2）立法机关依宪法秩序行使职权，行政、司法机关依照法律和权利行使职权，

（3）有权组织议会反对党，行使反对党的权利，

（4）解散政府和对国民代表负责，

（5）司法独立，

---

[81] 根据2009年7月30日的《关于对严重危及国家暴力犯罪的预备行为进行追诉的法律》（《联邦法律公报I》，第2437页）修订，自2009年8月4日起生效。

[82] 同上注。

（6）排除任何暴力和独裁统治。

3. 本法所说的：

（1）危害联邦德国存在的行为，是指行为人竭力破坏联邦德国的存在的行为（第1款），

（2）危害联邦德国的安全的行为，是指行为人竭力破坏联邦德国的外部或内部安全的行为，

（3）危害联邦德国宪法原则的行为，是指行为人竭力取消宪法原则（第2款），使之失效或不复存在的行为。

第92条a （附随后果）

因犯本章之罪被判处6个月以上自由刑的，法庭可剥夺行为人担任公职的资格、选举、公开选举中获得权利的资格以及参加公共事务的选举和表决的权利（第45条第2款和第5款）。

第92条b （没收）

犯本章之罪的，没收下列物品：

（1）行为所得或用于或者确定用于行为的实施或预备的物品，

（2）与第80条a、第86条、第86条a或第89条a至第91条规定的犯罪有关的物品。相应适用第74条a的规定。[83]

---

[83] 根据2009年7月30日颁布的《关于对严重危及国家暴力犯罪的预备行为进行追诉的法律》（《联邦法律公报I》，第2437页）修订，自2009年8月4日起生效。

第二章 叛国和外患罪

第93条 （国家机密的概念）

1. 国家机密是指，为使联邦德国免遭重大不利的危险，而只对有限范围的人员公开，对外国保密的事实、物品或情报。

2. 违反自由民主基本秩序的事实，或者对与联邦德国的签约国予以保密的事实，若违反了国际军备限制条约，不属于国家机密。

第94条 （叛国）

1. 向下列人员泄露国家机密，因而使联邦德国的外部安全遭受重大不利的危险的，处1年以上自由刑：

（1）外国或其中间人，

（2）向无权获得国家机密的人公开或将其公布于众，意图危害联邦德国或有益于外国的。

2. 情节特别严重的，处终身自由刑或5年以上自由刑。情节特别严重一般是指：

（1）负有保管国家机密义务的人员，滥用职权泄露国家机密，或

（2）因其行为导致联邦德国外部安全遭受重大不利的危险的。

第95条 （公开国家机密）

1. 将公务机关的或者其要求他人保守的国家机密，向无权获得的人公开或公布于众，因而导致联邦德国的外部安全遭受严重不利的危险，如该行为没有在第94条规定应受刑罚处罚的，处6个月以上5年以下自由刑。

2. 犯本罪未遂的，也应处罚。

3. 情节特别严重的，处1年以上10年以下自由刑。相应适用第94条第2款第2句的规定。

第 96 条 （叛国的侦察；刺探国家机密）

1. 意图叛国而刺探国家机密的（第 94 条），处 1 年以上 10 年以下自由刑。

2. 意图公开国家机密而侦察公务机关或由其要求他人保密的国家机密的（第 95 条），处 6 个月以上 5 年以下自由刑。犯本罪未遂的，也应处罚。

第 97 条 （泄露国家机密）

1. 将公务机关自己掌握或由其要求他人保密的国家机密，向无权获得该秘密的人公开或公布于众，由此过失导致联邦德国的外部安全遭受严重不利的危险的，处 5 年以下自由刑或罚金刑。

2. 将公务机关自己掌握或由其要求他人保密的国家机密，借自己的职务、职位或公务机关委任的机会，轻率地向无权获得该机密者公开，因而导致联邦德国的外部安全遭受严重不利的危险的，处 3 年以下自由刑或罚金刑。

3. 本行为非经联邦政府的授权不得追诉。

第 97 条 a （出卖非法机密）

将第 93 条第 2 款规定的不属于国家机密的秘密，提供给外国或其中间人，因此导致联邦德国的外部安全遭受严重不利的危险的，以叛国论处（第 94 条）。与第 94 条第 1 款第 1 项有关之第 96 条第 1 款的规定，适用于本条第 1 句所列的秘密。

第 97 条 b （出卖误认为非法的机密）

1. 行为人将属于第 97 条 a 所列种类的非国家机密误认为国家机密，而实施第 94 条至第 97 条之行为，具备下列情形之一的，依各该条款处罚：

（1）错误认识由行为人造成的，

（2）行为人对臆想的违背故意不抵制的，或

（3）根据情况，行为并非实现此目的之适当手段，

如行为人事先未请求联邦议院议员予以补救，则其行为原则上不是适当手段。

2. 行为人曾为公职人员或联邦国防军士兵，职务上受委托保管国家机密或能获知国家机密的，如公职人员事先未请求其上级、士兵未请求其长官予以补救的，同样应处罚。本规定同样适用于对公务负有特别义务的人员和第 353 条 b 第 2 款负有义务的人员。

第 98 条　（叛国的谍报行为）

1. 实施下列行为的，如该行为在第 94 条或第 96 条第 1 款未规定应受刑罚处罚，处 5 年以下自由刑或罚金刑：
（1）为外国收集和传递国家机密，或
（2）向外国或其中间人承诺从事上述活动，

情节特别严重的，处 1 年以上 10 年以下自由刑；相应适用第 94 条第 2 款第 2 句第 1 项的规定。

2. 行为人主动放弃其行为或向主管机关揭露自己所知情况的，法庭可根据规定减轻处罚（第 49 条第 2 款）或依法免除其刑罚。行为人受外国或其中间人的胁迫而实施第 1 款第 1 项行为，如自愿放弃其行为且立即向主管机关揭露自己所知情况的，依此规定不予处罚。

第 99 条　（秘密职务的谍报活动）

1. 如行为在第 94 条或第 96 条第 1 款，与第 94 条或第 96 条第 1 款相关的第 97 条 a 或第 97 条 b 未规定刑罚，实施下列行为的，处 5 年以下自由刑或罚金刑：
（1）为外国秘密机构从事针对联邦德国的谍报活动，向其传递或提供事实、物品或情报，或
（2）向外国秘密机构或其中间人承诺从事上项活动。

2. 情节特别严重的，处 1 年以上 10 年以下自由刑。情节特别严重，一般是指行为人传递或提供公务机关的或者有其要求应保密的事实、物

品或情报，且其

(1) 负有保管此等机密的特别义务，而滥用职权为上述行为，或

(2) 因其行为导致联邦德国遭受严重不利的危险的。

3. 相应适用第98条第2款的规定。

第100条　（危害和平关系）

1. 在本法空间效力范围内有住所的德国人，为了引起针对联邦德国的战争或武装行动，而与本法空间效力范围外的政府、团体或机构或其中间人建立或维持联系的，处1年以上自由刑。

2. 情节特别严重的，处终身自由刑或5年以上自由刑。情节特别严重，一般是指行为人的行为导致联邦德国的存在遭受严重不利的危险。

3. 情节较轻的，处1年以上5年以下自由刑。

第100条a　（叛国的伪造行为）

1. 如行为人违背良知，将正确和真实的对联邦德国的外部安全或与国外关系具有重要意义的有关物品和消息加以伪造或变造，并向他人公开或公布于众，意图欺骗外国，导致联邦德国的外部安全或与外国关系遭受严重不利的危害的，处6个月以上5年以下自由刑。

2. 意图以第1款所述之方法来欺骗外国，将以伪造或变造方法制作或设法获得的上述物品，向他人公开或公布于众，由此导致联邦德国的外部安全或与外国关系遭受严重危害的，处与第1款相同之刑罚。

3. 犯本罪未遂的，也应处罚。

4. 情节特别严重的，处1年以上自由刑。情节特别严重，一般是指行为人的行为导致联邦德国的外部安全或与外国关系遭受严重危害。

第101条　（附随后果）

故意犯本章之罪，法庭除判处行为人6个月以上自由刑外，还可剥夺其担任公职的资格、公开选举中获得权利的资格以及在公共事务中的选举权或表决权（第45条第2款和第5款）。

第 101 条 a　（没收）

犯本章之罪的，可没收：

（1）犯罪所得之物或用于，或确定用于犯罪的实行或预备之物，

（2）属于国家机密之物和第 100 条 a 所述与犯罪有关之物。

相应适用第 74 条 a 的规定。如为使联邦德国的外部安全免遭严重不利的危险所必需，虽无第 74 条第 3 款第 1 句和第 74 条 b 之先决条件，第 1 句第 2 项所述物品亦得予以没收；行为人无责任地实施行为的，同样适用这一规定。[84]

---

[84] 根据 2017 年 4 月 13 日颁布的《关于改革刑法中财产差价税的法律》(《联邦法律公报 I》，第 872 页）修订，自 2017 年 7 月 1 日起生效。

第三章　针对外国的犯罪

第102条　（对外国机关及其代表的攻击）

1. 对外国元首、因公务而逗留于德国的外国政府成员或联邦德国境内被承认的外国外交代表的身体或生命进行攻击的，处5年以下自由刑或罚金刑；情节特别严重的，处1年以上自由刑。

2. 法庭除对上述行为人判处6个月以上自由刑外，还可剥夺其担任公职的资格、公开选举中获得权利的资格以及在公共事务中的选举权和表决权（第45条第2款和第5款）。

第103条　（废除）[85]

第104条　（对外国国旗和国徽等标识的毁损）

1. 将外国依法律或被承认的习俗而公开悬挂的国旗，以及被承认的外国代表公开使用的国徽等标识，予以拆除、毁弃、损坏或使其无法辨认，或对其进行侮辱的，处2年以下自由刑或罚金刑。

2. 犯本罪未遂的，也应处罚。

第104条 a　（刑事追诉的条件）

犯本章之罪，只有当联邦德国与他国有外交关系，并订有互惠担保协定，且互惠担保在行为时有效，经外国政府的刑罚要求，以及联邦政府授权进行刑事追诉的，始得追诉。

---

[85] 根据2017年7月17日颁布的《关于改革针对外国的犯罪的法律》（《联邦法律公报 I》，第2439页）修订，自2018年1月1日起生效。

第四章 妨害宪法机关及选举和表决的犯罪

第 105 条 （对宪法机关的胁迫）

1. 对下列机关非法以暴力或暴力相威胁，强迫其不行使职权或以特定方式行使职权的，处 1 年以上 10 年以下自由刑：
（1）联邦或州立法机关或其委员会，
（2）联邦议会或其委员会，或
（3）联邦或州政府或宪法法庭。
2. 情节较轻的，处 6 个月以上 5 年以下自由刑。

第 106 条 （对联邦总统和宪法机关成员的胁迫）

1. 对下列人员非法以暴力或明显的恶意胁迫，强制其不行使职权或以特定方式行使职权的，处 3 个月以上 5 年以下自由刑：
（1）联邦总统，或
（2）a. 联邦或州立法机关成员，
b. 联邦议会成员，或
c. 联邦或州政府或宪法法庭成员。
2. 犯本罪未遂的，也应处罚。
3. 情节特别严重的，处 1 年以上 10 年以下自由刑。

第 106 条 a （废除）[86]

第 106 条 b （干扰立法机关活动）

1. 违背联邦或州立法机关或其议长颁布的关于立法机关建筑物内及

---

[86] 因 1999 年 8 月 11 日颁布的《保护联邦宪法机构新规定的法律》（《联邦法律公报 I》，第 1818 页）废除，自 1999 年 8 月 17 日起生效。

所属土地安全与秩序的一般或特别法规，因而阻碍或干扰了立法机关的活动的，处 1 年以下自由刑或罚金刑。

2. 如上述法规是由联邦立法机关或其议长颁布的，则第 1 款的处罚规定不适用于联邦议院的议员、联邦参议院的参议员、联邦政府成员及其委任的官员；如上述法规是由州立法机关或其议长颁布的，则第 1 款的处罚规定不适用于州立法机关的成员和州政府成员及其委任的官员。

第 107 条　（妨碍选举）

1. 以暴力或暴力相威胁，妨碍或干扰选举或妨碍对选举结果的确定的，处 5 年以下自由刑或罚金刑，情节严重的，处 1 年以上自由刑。

2. 犯本罪未遂的，也应处罚。

第 107 条 a　（伪造选举）

1. 无选举权而参加选举，或以其他方式使选举产生不正确结果或伪造选举结果的，处 5 年以下自由刑或罚金刑。

2. 不正确公布选举结果或让他人不正确公布选举结果的，处与前款相同之刑罚。

3. 犯本罪未遂的，也应处罚。

第 107 条 b　（伪造选举资料）

1. 实施下列行为，如其他条款未规定比本条更重之刑罚的，处 6 个月以下自由刑或 180 单位日额金的罚金刑：

（1）因提供虚假资料，而使其姓名登记在选举人名单上的，

（2）明知他人无权登记，而将其作为选举人登记的，

（3）明知他人有选举权而阻碍其作为选举人登记的，

（4）无被选举权而让他人将其提名为候选人的。

2. 对为社会保险的初选所提供的选举资料的展示应与作为选举人在选举人名单上的登记相符。

第 107 条 c （侵害选举秘密）

故意违反保护选举秘密的规定，使自己或他人获知某人如何选举的，处 2 年以下自由刑或罚金刑。

第 108 条 （胁迫选举人）

1. 非法以暴力或明显的恶意胁迫，滥用职业上或经济上的从属关系或其他经济上的压力，强制或阻碍他人选举或以特定方式行使选举权的，处 5 年以下自由刑或罚金刑；情节特别严重的，处 1 年以上 10 年以下自由刑。

2. 犯本罪未遂的，也应处罚。

第 108 条 a （欺骗选举人）

1. 欺骗选举人，使其在投票时对其意思表示的内容产生错误认识，或违背其意志不选举或使选举无效的，处 2 年以下自由刑或罚金刑。

2. 犯本罪未遂的，也应处罚。

第 108 条 b （贿赂选举人）

1. 意图使他人不选举或以特定方式选举，而向其提供、承诺或给予礼物或其他利益的，处 5 年以下自由刑或罚金刑。

2. 为了不选举或以特定方式选举而向他人索要、让他人向自己许诺或接受礼物或其他利益的，处与前款相同之刑罚。

第 108 条 c （附随后果）

犯第 107 条、第 107 条 a、第 108 条和第 108 条 b 之罪，法庭除判处行为人 6 个月以上自由刑外，还可剥夺其在公开选举中获得权利的资格以及在公共事务中的选举权和表决权（第 45 条第 2 款和第 5 款）。

第 108 条 d （适用范围）

第 107 条至第 108 条 c 的规定适用于国民代表的选举，欧洲议会议员的选举，联邦、州、区和区联盟的其他国民选举和表决，以及社会保险的最初选举。在选举建议上署名或在国民请愿上署名，视为选举和表决。⑧⑦

第108条e （被委托者的可收买性）

1. 作为联邦或州民意代表机构的成员，为本人或第三人索要、允诺给予或接受不正当利益，作为回报，在选举中为或者不为被委托或指示的行为的，处5年以下自由刑或罚金刑。

2. 作为联邦或州民意代表机构的成员，为本人或第三人提供、允诺给予或同意给予不正当利益，作为回报，在履行其代表职责时，为或者不为被委托或指示的行为的，处与第1款相同的刑罚。

3. 下列人等视同本条第1款和第2款所述民意代表机构的成员：

（1）区联盟民意代表机构，

（2）在直选和普选中选出的为州的部分地区或区联盟组成的管理单位的委员会，

（3）联邦大会，

（4）欧洲议会，

（5）国际组织的议事大会，和

（6）外国立法机构。

4. 如果接受利益并不违反关于成员法律地位的规定，则不存在不当利益。下列情形不属于不当利益，

（1）政治委任或政治职务，以及

（2）《政党法》和其他相关法律允许的捐赠。

5. 法庭除判处行为人6个月以上自由刑外，还可剥夺其从公开选举中获得权利的资格，以及在公共事务中的选举权和表决权。⑧⑧

---

⑧⑦ 根据2014年4月23日颁布的《第48部刑法修改法》（扩大贿赂议员的构成要件，《联邦法律公报I》，第410页）修订，自2014年9月1日起生效。

⑧⑧ 同上注。

第五章　危害国防的犯罪

第 109 条　（以自残方式逃避兵役义务）

1. 使自己或征得他人同意使他人残废，或通过其他方式使自己或他人不适合履行服兵役义务的，处 3 个月以上 5 年以下自由刑。

2. 行为人的行为只是造成了某个时期或某个兵种不适合的，处 5 年以下自由刑或罚金刑。

3. 犯本罪未遂的，也应处罚。

第 109 条 a　（以欺骗方法逃避兵役义务）

1. 恶意地以欺骗的方法，使自己或他人永远或暂时、全部或就某个兵种逃避兵役义务的，处 5 年以下自由刑或罚金刑。

2. 犯本罪未遂的，也应处罚。

第 109 条 b　（废除）

第 109 条 c　（废除）

第 109 条 d　（对联邦国防军的干扰性宣传）

1. 意图妨碍联邦国防军实现保卫国防的任务，而违背良知以传播为目的散布会妨碍联邦国防军活动的不真实的或严重歪曲事实的宣传，或明知为不真实的主张而加以传播的，处 5 年以下自由刑或罚金刑。

2. 犯本罪未遂的，也应处罚。

第 109 条 e　（破坏防卫设施）

1. 对给完全或主要供那些国防或民防使用的抵御战争的防卫器材、设备或设施非法毁弃、损坏、变更，使之不能使用或加以拆除，因而危及联邦德国的安全、军队的战斗力或人民生命的，处3个月以上5年以下自由刑。

2. 明知是上列物品，或用于制造上列物品的有关原材料而提供的物品粗制滥造的，且明知因此将会引起第1款所述危险的，处与前款相同之刑罚。

3. 犯本罪未遂的，也应处罚。

4. 情节特别严重的，处1年以上10年以下自由刑。

5. 在第1款情形下过失导致危险，在第2款情形下非明知，但故意或过失导致危险的，如其他条款未对该行为规定更重刑罚的，处5年以下自由刑或罚金刑。

第109条f （危害安全的情报活动）

1. 为本法空间效力范围以外的机构、政党或其他社团，或为被禁止的社团或其中间人实施下列行为，因而危害联邦德国的安全或军队战斗力，如其他条款未对该行为规定更重刑罚，处5年以下自由刑或罚金刑。但属于报刊或广播公开报道范围的活动除外：

（1）收集有关国防事务的情报，

（2）成立以收集国防事务情报为对象的情报机构，或

（3）资助或支持上述活动之一的。

2. 犯本罪未遂的，也应处罚。

第109条g （危害安全的摄像）

1. 故意对防卫器材、军事设备、设施或军事行动加以复制或制成说明书，或向他人公开，因而危害联邦德国的安全或军队战斗力的，处5年以下自由刑或罚金刑。

2. 故意从飞机上拍摄本法空间效力范围内某一地区或物体的照片，将照片或依照片绘制的图片向他人公开，因而蓄意危害联邦德国的安全或军队战斗力的，如该行为在第1款未规定应受处罚，处2年以下自由刑或罚金刑。

3. 犯本罪未遂的，也应处罚。

4. 将第 1 款所述的图片或说明书向他人公开，虽非明知但故意或过失导致危险的，处 2 年以下自由刑或罚金刑。如行为得到主管机关允许的，不处罚。

第 109 条 h （为外国招募军人）

1. 意图有利于外国，招募德国人在其军队或类似军队的机构服役，或介绍德国人为上述机构服役的，处 3 个月以上 10 年以下自由刑。

2. 犯本罪未遂的，也应处罚。

第 109 条 i （附随后果）

犯第 109 条 e 和第 109 条 f 之罪，法庭除判处行为人 1 年以上自由刑外，还可剥夺其担任公职的资格、从公开选举中获得权利的资格，及在公共事务中的选举权和表决权（第 45 条第 2 款和第 5 款）。

第 109 条 j （没收）

犯第 109 条 d 至第 109 条 g 之罪的，没收下列物品：

（1）犯罪行为所得之物或用于或确定用于犯罪行为的实施或预备之物，和

（2）与第 109 条 g 规定的犯罪行为有关的图片、描绘和照片。

相应适用第 74 条 a 的规定。如为国防利益所必需，即使不具备第 74 条第 2 款的条件，第 1 句第 2 项所述物品也应予以没收。行为人无责任而行为的，同样适用本规定。⑧⑨

---

⑧⑨ 根据 2017 年 4 月 13 日颁布的《关于改革刑法中财产差价税的法律》（《联邦法律公报 I》，第 872 页）修订，自 2017 年 7 月 1 日起生效。

第六章 抗拒国家权力的犯罪

第 110 条 （废除）

第 111 条 （公开煽动他人实施犯罪）

1. 公开地在集会中或通过散发文书（第 11 条第 3 款），煽动他人实施违法行为的，以教唆犯论处（第 26 条）。

2. 煽动未产生后果的，处 5 年以下自由刑或罚金刑。但该刑罚不得重于已产生后果的煽动行为的刑罚（第 1 款）。可适用第 49 条第 1 款第 2 项的规定。

第 112 条 （废除）

第 113 条 （抗拒执行官员）

1. 以暴力或暴力威胁的方法，抗拒公职人员或联邦国防军士兵执行法律、法令、判决、裁定或决定，或对其进行攻击的，处 3 年以下自由刑或罚金刑。

2. 情节特别严重的，处 6 个月以上 5 年以下自由刑。情节特别严重一般是指：

（1）行为人或其他参与人随身携带武器或其他危险工具的，或

（2）行为人的暴力行为有造成被攻击者死亡或重伤的危险的，或

（3）抗拒行为是与其他参与人共同实施的。

3. 职务行为不是依法进行的，该行为不依本规定处罚。行为人误认为该职务行为是依法进行的，亦同。

4. 行为人行为时，误认为该职务行为非法，但这一错误认识是可以避免的，法庭可根据其裁量减轻其刑罚（第 49 条第 2 款）；责任轻微的，依本规定免除其刑罚。如行为人的认识错误无法避免，且依当时的情况，

不能期望其利用合法手段防止执行官员的非法行为,则其行为不依本条处罚;如行为人可利用合法手段防止该非法行为而不利用的,法庭可根据其裁量减轻其刑罚(第49条第2款)或依本规定免除其刑罚。⑩

第114条 (殴打执行官员)

1. 殴打执行法律、法令、判决、裁定或决定的公职人员或联邦国防军士兵的,处3个月以上5年以下自由刑。
2. 相应适用第113条第2款的规定。
3. 如果公务行为属于第113条意义上的执行行为,相应适用第113条第3款和第4款的规定。⑪

第115条 (抗拒或殴打与执行官员地位相似人员)

1. 为了保护虽非公职人员,但其具有警官或检察机构调查人员的权利义务的,相应适用第113条和第114条的规定。
2. 第113条和第114条的规定,相应适用于被招聘协助执行公务的人员。
3. 在不幸事件、公共危险或困境中,以暴力或暴力威胁的方法,对消防、救灾或救护的救援人员加以阻碍的,同样根据第113条进行处罚。在此等情况下殴打救援人员的,根据第114条进行处罚。⑫

第116~119条 (废除)

第120条 (私放犯人)

1. 私放犯人、引诱或鼓动其脱逃的,处3年以下自由刑或罚金刑。
2. 有防止罪犯脱逃义务的公职人员或对公务负有特别义务的人员犯

---

⑩ 根据2017年5月23日颁布的《第52部刑法修改法》(加强对执行官员和救援人员的保护,《联邦法律公报I》,第1226页)修订,自2017年5月30日起生效。
⑪ 同上注。
⑫ 同上注。

前款罪的，处 5 年以下自由刑或罚金刑。

3. 犯本罪未遂的，也应处罚。

4. 因官署命令被羁押于某一机构的人，视同第 1 款和第 2 款规定的犯人。

第 121 条　（犯人暴狱）

1. 犯人聚众协力实施下列行为之一的，处 3 个月以上 5 年以下自由刑：

（1）对监狱官员、其他公职人员或受托对其实施监督、管理或检查的人员进行强制（第 240 条）或人身攻击的，

（2）暴力脱逃的，或

（3）暴力协助他人脱逃的。

2. 犯本罪未遂的，也应处罚。

3. 情节特别严重的，处 6 个月以上 10 年以下自由刑。情节特别严重一般是指行为人或其他参与人：

（1）携带射击武器，

（2）意图在行为时使用而携带其他武器的，或

（3）暴力行为有引起他人死亡或重伤危险的。

4. 受保安监督之人，视同第 1 款至第 3 款意义上的犯人。[93]

第 122 条　（废除）

---

[93] 根据 2011 年 11 月 1 日颁布的《第 44 部刑法修改法》（抗拒执行官员，《联邦法律公报 I》，第 1230 页）修订，自 2011 年 11 月 5 日起生效。

第七章　妨害公共秩序的犯罪

第 123 条　（非法侵入他人住宅）

1. 非法侵入他人住宅、经营场所或土地，或用于公共事务或交通的封闭的场所，或未经允许在该处停留，经主人要求仍不离去的，处 1 年以下自由刑或罚金刑。
2. 本行为非经告诉不得追诉。

第 124 条　（严重的非法侵入他人住宅）

公开地聚众，故意以对他人或物实施暴力的手段，非法侵入他人住宅、经营场所或土地，或用于公共事务或交通的封闭的场所的，所有参与违法行为的人均处 2 年以下自由刑或罚金刑。

第 125 条　（破坏国家安宁）

1. 作为正犯或共犯公开地聚众，共同以妨害公共安全的方式实施下列行为，或鼓动他人实施下列行为，处 3 年以下自由刑或罚金刑：
   （1）对人或物实施暴力，或
   （2）对人实施暴力威胁。
2. 第 1 款第 1 项和第 2 项的行为在第 113 条中规定应受处罚的，适用第 113 条第 3 款和第 4 款的规定。如果公务行为属于第 113 条第 1 款意义上的执行行为，在第 114 条情形下同样适用本规定。[94]

第 125 条 a　（破坏国家安宁的特别严重情形）

犯第 125 条第 1 款之罪，情节特别严重的，处 6 个月以上 10 年以下

---

[94] 根据 2017 年 5 月 23 日颁布的《第 52 部刑法修改法》（加强对执行官员和救援人员的保护，《联邦法律公报 I》，第 1226 页）修订，自 2017 年 5 月 30 日起生效。

自由刑。情节特别严重一般是指，行为人

(1) 携带射击武器，

(2) 意图在行为时使用而携带其他武器，

(3) 暴力行为有致他人死亡或重伤的危险（第224条），或

(4) 抢劫或造成他人重大财产损失。⑮

第126条 （以实施犯罪相威胁扰乱公共安宁）

1. 以实施下列犯罪相威胁，扰乱公共安宁的，处3年以下自由刑或罚金刑：

(1) 第125条a第2句第1项至第4项所规定的破坏国家安宁的行为，

(2) 预谋杀人（第211条）、故意杀人（第212条）或灭绝种族（《国际刑法》第6条）或者反人类犯罪（《国际刑法》第7条）或者战争罪（《国际刑法》第8条、第9条、第10条、第11条或第12条），

(3) 重伤害（第226条），

(4) 第232条第3款、第4款或第5款，第233条第3款，第234条，第234条a，第239条a或第239条b规定的侵害人身自由的犯罪，

(5) 抢劫或抢劫式的敲诈勒索（第249条至第251条或第225条），

(6) 第306条至第306条c，或第307条第1款至第3款、第308条第1款至第3款、第309条第1款至第4款、第313条、第314条或315条第3款、第315条b第3款、第316条a第1款或第3款、第316条c第1款或第3款、第318条第3款或第4款规定的危害公共安全的重罪，或

(7) 第309条第6款、第311条第1款、第316条b第1款、第317条第1款或第318条第1款规定的危害公共安全的轻罪，

2. 违背良知，伪称将要实施第1款所规定的犯罪行为，足以扰乱公

---

⑮ 根据2017年5月23日颁布的《第52部刑法修改法》（加强对执行官员和救援人员的保护，《联邦法律公报I》，第1226页）修订，自2017年5月30日起生效。

共安全的,处与前款相同之刑罚。⑯

第 127 条 （组织武装集团）

非法组织或指挥拥有武器或其他危险工具的集团,或参加此等集团,为其提供武器或金钱或给予其他支持的,处 2 年以下自由刑或罚金刑。

第 128 条 （废除）

第 129 条 （建立犯罪组织）

1. 建立犯罪组织,或作为成员参加此等组织,旨在实施法定刑为 2 年以上有期徒刑的犯罪的,处 5 年以下自由刑或罚金刑。支持此等犯罪组织或为此等犯罪组织招募成员或支持者的,处 3 年以下自由刑或罚金刑。

2. 犯罪组织是指由两人以上为追求共同利益而组成的在较长期限内存在,与成员角色、成员资格稳定性以及组织结构特征无关的联合体。

3. 具备下列情形之一的,不适用第 1 款的规定：
（1）该组织属联邦宪法法庭未宣布为违宪的政党的,
（2）实施犯罪活动只是该组织的次要目的或活动的,或
（3）该组织的目的或活动涉及第 84 条至第 87 条规定的犯罪行为的。

4. 建立第 1 款第 1 句和第 2 句所规定之组织而未遂的,也应处罚。

5. 在第 1 款第 1 句情形下情节特别严重的,处 6 个月以上 5 年以下自由刑。情节特别严重一般是指,行为人为主犯或犯罪组织的幕后策划者。犯罪组织的目的或活动是实施《刑事诉讼法》第 100 条 b 第 2 款第 1 项字母 a、c、d、e 和字母 g 至 m,第 2 项至第 5 项和第 7 项规定的犯罪的,在第 1 款第 1 句情况下,处 6 个月以上 10 年以下自由刑,但第

---

⑯ 根据 2005 年 2 月 11 日颁布的《第 37 部刑法修改法》（修改第 180 条 b,第 181 条,《联邦法律公报 I》,第 239 页）修订,自 2005 年 2 月 19 日起生效。

239 条 a 或第 239 条 b 规定的犯罪除外。

6. 对责任轻微、仅起次要作用的共犯，法庭可免除第 1 款和第 4 款的刑罚。

7. 法庭可根据其裁量减轻处罚（第 49 条第 2 款）或根据规定免除其刑罚，如果行为人：

（1）主动竭力阻止该组织继续存在或防止其实施符合其宗旨的犯罪，或

（2）在犯罪行为尚未被阻止前，及时向官方坦白犯罪计划，

行为人阻止该组织继续存在的目的已经实现，或该目的非因行为人的努力而实现的，不处罚。⑰

第 129 条 a　（建立恐怖组织）

1. 建立旨在实施下列犯罪的组织，或作为成员参加该组织（第 129 条第 2 款）的，处 1 年以上 10 年以下自由刑：

（1）预谋杀人（第 211 条）、故意杀人（第 212 条）或灭绝种族犯罪（《国际刑法》第 6 条），或者反人类犯罪（《国际刑法》第 7 条），或者战争罪（《国际刑法》第 8 条、第 9 条、第 10 条、第 11 条或第 12 条），

（2）第 239 条 a 或第 239 条 b 规定的侵害人身自由的犯罪，或作为成员参与此等组织的。

2. 建立旨在实施下列犯罪的组织，处与第 1 款相同的刑罚：

（1）严重损害他人身体或精神，尤其是第 226 条所述后果，

（2）第 303 条 b、第 305 条、第 305 条 a 规定的犯罪，或第 306 条至第 306 条 c 或第 307 条第 1 款至第 3 款，第 308 条第 1 款至第 4 款，第 309 条第 1 款至第 5 款，第 313 条，第 314 条或第 315 条第 1 款、第 3 款或第 4 款，第 316 条 b 第 1 款或第 3 款，或第 316 条 c 第 1 款至第 3 款或

---

⑰ 根据 2017 年 8 月 17 日颁布的《关于有效和实践导向的刑事诉讼程序的法律》（《联邦法律公报 I》，第 3202 页）修订，自 2017 年 8 月 24 日起生效。

第 317 条第 1 款规定的危害公共安全的犯罪,

（3）第 330 条 a 第 1 款至第 3 款规定的针对环境的犯罪,

（4）《战争武器控制法》第 19 条第 1 款至第 3 款、第 20 条第 1 款或第 2 款、第 20 条 a 第 1 款至第 3 款、第 19 条第 2 款第 2 项或第 3 款第 2 项、与其相关的第 21 条, 或第 22 条 a 第 1 款至第 3 款规定的犯罪,

（5）《战争武器控制法》第 51 条第 1 款至第 3 款规定的犯罪, 或者
作为成员参加旨在实施第 1 项至第 5 项所述犯罪的组织, 对居民造成严重威胁, 非法以暴力或暴力威胁强制当局或国际组织, 消除或者严重影响国家或国际组织政治的、宪法规定的、经济的或社会的基本结构, 且因其犯罪或造成的影响对国家或国际组织造成严重损害。

3. 组织的目的或活动是威胁实施第 1 款和第 2 款所述犯罪的, 处 6 个月以上 5 年以下自由刑。

4. 犯罪人是主犯或幕后策划者的, 在第 1 款和第 2 款情形下, 处 3 年以上自由刑; 在第 3 款情形下, 处 1 年以上 10 年以下自由刑。

5. 给第 1 款、第 2 款或第 3 款所述组织提供帮助的, 在第 1 款和第 2 款情形下, 处 6 个月以上 10 年以下自由刑; 在第 3 款情形下, 处 5 年以下自由刑或罚金刑。为第 1 款或第 2 款所述组织招募成员或帮助者的, 处 6 个月以上 5 年以下自由刑。

6. 对责任轻微, 仅起次要作用的共犯, 法庭可根据其裁量, 在第 1 款、第 2 款、第 3 款和第 5 款情况下, 酌情减轻其刑罚（第 49 条第 2 款）。

7. 相应适用第 129 条第 7 款的规定。

8. 除判处行为人 6 个月以上自由刑外, 法庭还可剥夺其担任公职的资格和从公开选举中获得权利的资格（第 45 条第 2 款）。

9. 在第 1 款、第 2 款、第 4 款和第 5 款情形下, 法庭可命令行为监督（第 68 条第 1 款）。⑱

---

⑱ 根据 2017 年 7 月 17 日颁布的《第 54 部刑法修改法》（《联邦法律公报 I》, 第 2440 页）修订, 自 2017 年 7 月 22 日起生效。

第 129 条 b （国外的犯罪组织和恐怖组织；没收）

1. 第 129 条和第 129 条 a 的规定同样适用于在国外的犯罪组织。行为涉及欧盟成员国以外的外国的犯罪组织的，只有当它在本法空间效力范围内实施了犯罪行为，或者行为人或被害人是德国人，或在德国境内的，始适用本规定。在第 2 句情形下，非经联邦司法部长的授权不得对行为进行追诉。此等授权既可适用于对具体案件的追诉，也可适用于对将来发生的与特定犯罪组织有关的行为的追诉。在进行授权决定时，司法部应对犯罪组织的行为是否针对尊重人的尊严之国家制度的基本价值，或是否针对国民的和平相处，并对应当加以责难的所有情况进行综合考量。

2. 在与第 1 款相联系的第 129 条和第 129 条 a 情形下，均可适用第 74 条 a 的规定。⑨

第 130 条 （煽动民众）

1. 以扰乱公共安宁的方法，实施下列行为的，处 3 个月以上 5 年以下自由刑：

（1）针对民族、种族、宗教或由出生决定的群体，激起对部分居民的仇恨，或激起属于前述群体的一员或部分居民的一员的仇恨，煽动对其实施暴力或专制，或

（2）辱骂、恶意蔑视或诽谤前述群体、部分居民或前述群体的一员或部分居民的一员，侵害其人格尊严。

2. 实施下列行为之一的，处 3 年以下自由刑或罚金刑：

（1）散发或使他人获得文书（第 11 条第 3 款），或向不满 18 岁之人提供、转让或使其获得文书（第 11 条第 3 款），

　　a. 激起对第 1 款第 1 项所述群体、部分居民的仇恨，或属于第 1 款第 1 项所述群体的一员或部分居民的一员的仇恨，或

---

⑨ 根据 2017 年 4 月 13 日颁布的《关于改革刑法中财产差价税的法律》（《联邦法律公报 I》，第 872 页）修订，自 2017 年 7 月 1 日起生效。

b. 促使针对字母 a 所述人员或群体实施暴力或者专制措施，或

c. 辱骂、恶意蔑视或诽谤字母 a 所述人员或群体，侵害其人格尊严，

（2）以无线电将第 1 项字母 a—c 所述内容传播给不满 18 岁之人，或使公众获得的，或

（3）制造、取得、供应、存储、赠予、预告、颂扬、输入或输出文书（第 11 条第 3 款），在第 1 项或第 2 项意义上使用此等文书或文书的一部分，或使他人使用成为可能。

3. 对在纳粹统治下，以扰乱公共安宁的方式实施的《国际刑法》第 6 条第 1 款规定的犯罪行为，公开地或在集会上予以赞同、否认或粉饰的，处 5 年以下自由刑或罚金刑。

4. 公开或在集会中，以侵害被害人尊严的方式妨害公共秩序，对纳粹暴力和专制加以赞许、颂扬或辩护的，处 3 年以下自由刑或罚金刑。

5. 第 2 款第 1 项和第 3 项同样适用于第 3 款和第 4 款所述内容的文书（第 11 条第 3 款）。以无线电或电子媒体向不满 18 岁之人或在公共场所传播第 3 款和第 4 款所述内容的，根据第 2 款第 2 项处罚。

6. 在第 2 款第 1 项、第 2 项以及相关的第 5 款情形下，犯罪未遂的也应处罚。

7. 在第 2 款以及相关的第 5 款情形下，以及在第 3 款和第 4 款情形下，相应适用第 86 条第 3 款的规定。[100]

第 130 条 a　（引诱犯罪）

1. 散发、公开陈列、张贴、放映或以其他方式使他人获得用于引诱他人实施第 126 条第 1 款所述违法行为的文书（第 11 条第 3 款），而文书的内容是鼓动或激发实施上述行为的，处 3 年以下自由刑或罚金刑。

2. 为下列行为之一，意图鼓动或激发他人实施此等违法行为热情

---

[100] 根据 2015 年 1 月 21 日颁布的《第 49 部刑法修改法》（贯彻性刑法的欧洲标准，《联邦法律公报 I》，第 10 页）修订，自 2015 年 1 月 27 日起生效。

的，处与前款相同之刑罚：

（1）散发、公开陈列、张贴、放映或以其他方式使他人获得用于引诱他人实施第126条第1款所述违法行为的文书（第11条第3款），或

（2）公开地或在集会中引诱他人为第126条第1款所述违法行为的。

3. 以无线电或电子媒体使公众获得第1款或第2款第1项所述内容的，同样根据第1款处罚。

4. 相应适用第86条第3款的规定。[101]

第131条　（暴力描述）

1. 实施下列情形之一的，处1年以下自由刑或罚金刑：

（1）将以美化或粉饰的方式描写针对人的残忍或者其他非人道的暴力活动的文书（第11条第3款），或者将以伤害人的尊严的方式描写其事件的残忍性或非人道性的文书，予以

　　a. 散发或使公众获得的，

　　b. 提供、转让或给不满18岁之人或以其他方式使其获得的，或

（2）以无线电或电子媒体将第1项所述内容

　　a. 使不满18岁之人，或

　　b. 公众获得的，或

（3）制造、取得、供应、储存、赠予、预告、颁扬、输入或输出，意图自己使用第1项字母a或b或第2项意义上的文书或其片段，或使得他人使用成为可能。

在第1句第1项和第2项情形下，犯罪未遂的也应处罚。

2. 对事件的过程或历史的报道，不适用第1款的规定。

3. 监护人为上述行为的，不适用第1款第1句第1项字母b、第2项字母a的规定；监护人因提供、转让或使其获得上述文书而严重侵害其教养权的，不在此限。[102]

---

[101] 根据2015年1月21日颁布的《第49部刑法修改法》（贯彻性刑法的欧洲标准，《联邦法律公报I》，第10页）修订，自2015年1月27日起生效。

[102] 同上注。

第 132 条　（非法从事公务）

非法从事公务或实施只能由公职人员实施的行为的，处 2 年以下自由刑或罚金刑。

第 132 条 a　（滥用头衔、职业标志和徽章）

1. 非法为下列行为之一的，处 1 年以下自由刑或罚金刑：

（1）使用本国或外国的公职或职务名称、学位、头衔或公开的身份的，

（2）使用医师、牙医、兽医、药剂师、律师、专利代理人、会计师以及经宣誓忠于职守的审计员、税务顾问或税务全权代表职业标志的，

（3）使用公开聘任的专家称号的，

（4）穿戴本国或外国制服、官服或徽章的。

2. 与第 1 款所规定名称、学位、头衔、身份、制服或公职徽章相似的易混同之物，同样适用第 1 款的规定。

3. 第 1 款和第 2 款的规定同样适用于教会和其他公法上规定的宗教团体的职业称号、头衔、身份、官服及徽章。

4. 第 1 款第 4 项单独涉及之物，或与第 2 款或第 3 款共同涉及之物，可予以没收。

第 133 条　（侵害保管物）

1. 将存放在保管场所的或交由行为人或他人保管的文书或其他动产加以毁弃、损坏，使其不能使用或挪作他用的，处 2 年以下自由刑或罚金刑。

2. 对于教会和公法上规定的宗教团体保管的或交由行为人或他人保管的文书或其他动产，适用第 1 款的规定。

3. 公职人员或受委托对公务负有特别义务的人员将受委托保管或他能够控制的物品予以毁弃、损坏，使之不能使用或挪作他用的，处 5 年以下自由刑或罚金刑。

第 134 条 （毁坏官方布告）

明知为官方张贴之布告或陈列之文书，而加以毁弃、去除、涂改，使其无法辨认或意图进行篡改歪曲的，处 1 年以下自由刑或罚金刑。

第 135 条 （废除）

第 136 条 （毁坏查封物；毁坏封印）

1. 对公务上扣押或没收的物品加以毁弃、损坏，使其不能使用，或以其他方式使其全部或部分地失去效用的，处 1 年以下自由刑或罚金刑。

2. 对没收之物、公务上查封或标明查封的封印予以损坏、去除或使其不能使用，或使查封全部或部分失去效用的，处与第 1 款相同之刑罚。

3. 如扣押、没收之物或加盖之封印不属于合法进行的职务行为，则不依第 1 款和第 2 款处罚。如行为人误认为该职务行为是合法的，亦同。

4. 相应适用第 113 条第 4 款的规定。

第 137 条 （废除）

第 138 条 （对犯罪的计划知情不举）

1. 对下列犯罪的计划或实施，在犯罪的实施或犯罪结果仍可避免时，已确实知道而不及时向官署或受威胁者告发的，处 5 年以下自由刑或罚金刑：

（1）（废除），

（2）第 81 条至第 83 条第 1 款规定的叛乱，

（3）第 94 条至第 96 条、第 97 条 a 或第 100 条规定的叛国或外患，

（4）第 146 条、第 151 条、第 152 条规定的伪造货币或有价证券，或第 152 条 b 第 1 款至第 3 款规定的伪造具有担保功能的支付卡和欧洲支票，

（5）预谋杀人（第 211 条）、故意杀人（第 212 条）、种族灭绝（《国际刑法》第 6 条）、反人类犯罪（《国际刑法》第 7 条）、战争犯罪

(《国际刑法》第 8 条、第 9 条、第 10 条、第 11 条或第 12 条），或侵略战争罪（《国际刑法》第 13 条），

（6）第 232 条第 3 款第 2 句，第 232 条 a 第 3 款、第 4 款或第 5 款，第 232 条第 3 款或第 4 款，第 233 条 a 第 3 款或第 4 款，第 234 条、第 234 条 a，第 239 条 a 或第 239 条 b 规定的侵害人身自由的犯罪，

（7）抢劫和抢劫性勒索（第 249 条至第 251 条或第 255 条）或，

（8）第 306 条至第 306 条 c 或第 307 条第 1 款至第 3 款、第 308 条第 1 款至第 4 款，第 309 条第 1 款至第 5 款、第 310 条、第 313 条、第 314 条或第 315 条第 3 款、第 315 条 b 第 3 款或第 316 条 a 或第 316 条 c 规定的危害公共安全的犯罪。

2. 对下列犯罪的计划或实施，在犯罪的实施或犯罪结果仍可避免时，已确实知道而不及时向官署告发的，处与第 1 款相同之刑罚：

（1）第 89 条 a 规定的犯罪的实施，或

（2）对第 129 条 a 以及相联系的第 129 条 b 第 1 款第 1 句和第 2 句规定的犯罪的计划或实施。

在第 2 项情形下，相应适用第 129 条 b 第 1 款第 3 句至第 5 句的规定。

3. 确实知道违法行为的计划或实施，因疏忽而未向官署告发的，处 1 年以下自由刑或罚金刑。[103]

第 139 条　（对犯罪不告发的免刑）

1. 在第 138 条情形下行为未实施的，免除刑罚。
2. 因其身份而知悉他人秘密的神职人员，不负告发义务。
3. 对其亲属的犯罪行为虽未告发，如已真诚努力阻止犯罪的实施或避免犯罪结果产生的，不负刑事责任，但下列各种犯罪行为除外：

（1）预谋杀人或故意杀人（第 211 条或第 212 条），

---

[103] 根据 2016 年 12 月 22 日颁布的《修改国际刑法的法律》（《联邦法律公报 I》，第 3150 页）修订，自 2017 年 1 月 1 日起生效。

（2）《国际刑法》第 6 条第 1 款第 1 项规定的种族灭绝罪或《国际刑法》第 7 条第 1 款第 1 项规定的反人类罪或者《国际刑法》第 8 条第 1 款第 1 项规定的战争罪，或

（3）由恐怖组织（第 129 条 a 及相联系的第 129 条 b 第 1 款）实施的掳人勒索（第 239 条 a 第 1 款）、绑架人质（第 239 条 b）或劫持飞机和船舶（第 316 条 c 第 1 款），

在同等条件下，律师、辩护人、医师、心理治疗师、儿童和青少年治疗师因其身份而知悉他人秘密的，不负有告发义务。第 2 句所述人员业务上的助手和为从事此等职业做准备之人其因职业特征而知悉他人秘密的，不负有告发义务。

4. 以告发以外的方式避免犯罪的实施或犯罪结果产生的，免除刑罚。犯罪的实施或犯罪结果并非因负有告发义务之人的告发而未发生，只要该人真诚努力阻止犯罪结果发生的，免除其刑罚。[104]

第 140 条　（对犯罪行为的酬报或赞同）

对第 138 条第 1 款第 2 项至第 4 项和第 5 项及第 126 条第 1 款规定的违法行为，或第 176 条第 3 款、第 176 条 a 和第 176 条 b、第 177 条第 4 款至第 8 款和第 178 条规定的违法行为，在其实施后或以应受处罚的方法实施而未遂后，

（1）酬报犯罪人，或

（2）以足以危害公共安宁的方式，公开在集会中或通过散发文书（第 11 条第 3 款），对犯罪行为表示赞同的，处 3 年以下自由刑或罚金刑。[105]

第 141 条　（废除）

---

[104] 根据 2003 年 12 月 27 日颁布的《修改针对性自决权的规定及其他规定的法律》(《联邦法律公报 I》，第 3007 页）修订，自 2004 年 4 月 1 日起生效。

[105] 根据 2016 年 12 月 22 日颁布的《修改国际刑法的法律》(《联邦法律公报 I》，第 3150 页）修订，自 2017 年 1 月 1 日起生效。

第 142 条　（擅自离开肇事现场）

1. 交通肇事参与人在发生交通事故后，在下列情况下就离开肇事现场的，处 3 年以下自由刑或罚金刑：

（1）行为人的在场和对他所参与的交通事故的说明，可以使他的身份、车辆情况和参与方式的确认成为可能时，为了有利于其他肇事参与人和受害人，他应在场或说明而未在场或未说明的，

（2）在没有人确认之前，根据实际情况应等待相当时间而未等待的。

2. 肇事参与人

（1）等待期间经过后（第 1 款第 2 项），或

（2）自认为无责任或可原谅而逃离肇事现场，且事后未立即使确认成为可能的，依第 1 款处罚。

3. 交通肇事参与人立即将事故通知权利人（第 1 款第 1 项）或附近警察机关，并告知通信地址、居留地及车辆牌照和停放地点，即已履行了事后确认身份、车辆的义务。故意使确认无法进行的，不适用本规定。

4. 如并未造成重大财产损失的交通肇事参与人，在事故后 24 小时之内，自愿于事后为上述确认行为的（第 3 款），在第 1 款和第 2 款情形下，法庭可酌情减轻刑罚（第 49 条第 1 款），或依本规定免除刑罚。

5. 根据情况，如行为人的行为对造成交通事故起到了促进作用，均视为交通肇事的参与人。

第 143 条　（废除）[109]

第 144 条　（废除）

---

[109] 因 2006 年 4 月 19 日颁布的《联邦司法部主管范围联邦法律清理法》（《联邦法律公报 I》，第 866 页）废除，自 2006 年 4 月 25 起生效。

第 145 条　（滥用警报及事故预防设备和急救设备）

1. 故意或明知地实施下列行为之一的，处 1 年以下自由刑或罚金刑：

（1）滥用警报或遇难求救信号，或

（2）虚构不幸事件或公共危险或紧急事件而要求他人予以救援的，

2. 故意或明知而实施下列行为之一的，如该行为未在第 303 条或第 304 条规定刑罚，处 2 年以下自由刑或罚金刑：

（1）将用于防止不幸事件或公共危险的警告或禁止标志加以拆除、使之不能辨认或篡改歪曲其内容的，或

（2）将用于防止不幸事件或公共危险防护设备或准备用于不幸事故或公共危险的救生器材或其他物品加以拆除、变更或使之不能使用的。

第 145 条 a　（行为监督期间违反指示）

在行为监督期间，违反第 68 条 b 第 1 款所述特定的指示，使处分的目的受到危害的，处 1 年以下自由刑或罚金刑。本行为非经行为监督机构的告诉（第 68 条 a）不得追诉。[107]

第 145 条 b　（废除）

第 145 条 c　（违反职业禁止）

违反法庭禁止从事一定的营业或职业的规定，而为自己或他人从事该职业、营业的，或让他人为自己从事的，处 1 年以下自由刑或罚金刑。

第 145 条 d　（虚构犯罪）

1. 违背良知，向当局或主管接受告发的机关虚构实施

（1）违法行为，或

---

[107] 根据 2007 年 4 月 13 日颁布的《改革行为监督和修改事后保安监督规定的法律》（《联邦法律公报 I》，第 513 页）修订，自 2007 年 4 月 18 日起生效。

第 145 条 d

（2）即将实施第 126 条第 1 款所述违法行为，

如该行为在第 164 条、第 258 条或第 258 条 a 未规定处罚的，处 3 年以下自由刑或罚金刑。

2. 违背良知，向第 1 款所述机关虚构下列事实，意图得到减轻处罚，或根据本法第 46 条 b 或《麻醉品法》第 31 条的规定免除处罚的，处与第 1 款相同之刑罚：

（1）参与违法行为的事实，或

（2）即将参与第 126 条第 1 款所述违法行为的事实。

3. 具备下列情形之一的，处 3 个月以上 5 年以下自由刑：

（1）实施第 1 款第 1 项或第 2 款第 1 项规定的犯罪，或

（2）违背良知，向第 1 款所述机关虚构存在实施本法第 46 条 b 第 1 款第 1 句第 2 项或《麻醉品法》第 31 条第 1 句第 2 项所规定的违法行为，或

（3）违背良知，向上述机关之一虚构参与第 2 项所述违法行为的事实，

（4）实施第 3 款规定的犯罪情节较轻的，处 3 年以下自由刑或罚金刑。[108]

---

[108] 根据 2009 年 7 月 29 日颁布的《第 43 部刑法修改法》（帮助破案和犯罪预防的量刑，《联邦法律公报 I》，第 2288 页）修订，自 2009 年 9 月 1 日起生效。

第八章　伪造货币和有价证券的犯罪

第146条　（伪造货币）

1. 实施下列行为之一的，处1年以下自由刑：

（1）意图供流通之用，或有流通可能而伪造或变造货币，或为使票面具有较高价值而伪造或变造货币，

（2）以此种意图来获取或出售伪造或变造的货币，或

（3）将在第1项或第2项条件下伪造、变造的货币或获取的伪造、变造货币作为真币使用。

2. 行为人以此为职业或作为为继续实施伪造货币犯罪而组成的犯罪集团成员犯此罪的，处2年以上自由刑。

3. 犯第1款之罪情节较轻的，处3个月以上5年以下自由刑，犯第2款之罪情节较轻的，处1年以上10年以下自由刑。[109]

第147条　（使用伪币）

1. 除第146条外，将伪币作为真币使用的，处5年以下自由刑或罚金刑。

2. 犯本罪未遂的，也应处罚。

第148条　（伪造有价票证）

1. 具备下列情形之一的，处5年以下自由刑或罚金刑：

（1）意图供作为真实的有价票证使用或流通之用，或有使用或流通可能而伪造有价票证，或变造有价票证，使其具有较高价值的，

---

[109] 根据2003年12月22日颁布的《第35部刑法修改法》（贯彻2001年5月28日欧洲议会关于与诈骗和伪造非现金支付手段作斗争的框架决定，《联邦法律公报I》，第2838页）修订，自2003年12月28日起生效。

（2）以此种意图获取伪造或变造的有价票证，或

（3）将伪造或变造的有价票证作为真实的有价票证使用、待售或流通的。

2. 将已使用过的已作废的官方有价票证作为有效之有价票证使用或流通的，处1年以下自由刑或罚金刑。

3. 犯本罪未遂的，也应处罚。

第149条　（预备伪造货币和有价票证）

1. 为预备伪造货币或有价票证而制造下列物品，为自己或他人获取、待售、保管或转让给他人，预备伪造货币的，处5年以下自由刑或罚金刑；预备伪造有价票证的，处2年以下自由刑或罚金刑：

（1）适合于实施上述犯罪的印版、模型、印刷组版、活字组版、影印负片、字模或类似工具，

（2）为伪造货币或官方有价票证而特制的纸张或类似纸张，或

（3）用于防伪的全息照片或其他组成部分。

2. 具备下列情形的，不依第1款处罚：

（1）主动放弃预备行为的实施，避免了由其引起的他人继续预备或实施该行为的危险，或阻止行为完成的，且

（2）将尚存的且可用于伪造的工具销毁、使其不能使用，向当局报告伪造工具的存放处或将伪造工具交给当局。

3. 并非因行为人的作用避免了他人继续预备或实施行为的危险，或阻止行为完成的，只要行为人为达此目的而真诚努力阻止他人继续预备或实施行为，即视为已具备第2款第1项所述之先决条件。

第150条　（没收）

犯本章之罪的，伪造的货币、伪造的或已作废的有价票证，以及第

149 条所述的伪造工具，应当予以没收。⑩

第 151 条 （有价证券）

下列有价证券，如为防止伪造而以特殊方法印制和选用特殊纸张印制的，视同第 146 条、第 147 条、第 149 条和第 150 条所指货币：

（1）注明一定金额，可作支付手段的记名或不记名债券，

（2）股票，

（3）投资公司发行的股份证明，

（4）第 1 项至第 3 项有价证券的利息、红利证明、延期证明及有关交付此类有价证券的保证书，

（5）旅行支票。⑪

第 152 条 （外国货币、有价票证及有价证券）

第 146 条至第 151 条的规定，同样适用于外国货币、有价票证及有价证券。

第 152 条 a （伪造支付卡、支票和汇票）

1. 为下列行为，意图在法律交往中进行欺骗，或使此等欺骗成为可能的，处 5 年以下自由刑或罚金刑：

（1）伪造或变造本国或外国的支付卡、支票或汇票，或

（2）为自己或他人获取、出售、转让或使用此等伪造的支付卡、支票或汇票。

2. 犯本罪而未遂的，也应处罚。

3. 行为人以此为职业或作为为继续实施第 1 款之罪而组成的犯罪团伙成员实施此等犯罪的，处 6 个月以上 10 年以下自由刑。

---

⑩ 根据 2017 年 4 月 13 日颁布的《关于改革刑法中财产差价税的法律》（《联邦法律公报 I》，第 872 页）修订，自 2017 年 7 月 1 日起生效。

⑪ 根据 2013 年 7 月 4 日颁布的《实施 2011/61/EU 可供选择的投资基金管理者方针的法律》（《联邦法律公报 I》，第 1981 页）修订，自 2013 年 7 月 22 日起生效。

4. 本条第 1 款意义上的支付卡是指：

（1）由信贷机构或金融机构发放的证卡，且

（2）经过设计和加密防止伪造。

5. 涉及伪造有价票证的，相应适用第 149 条和第 150 条的规定。[112]

第 152 条 b （伪造具有担保功能的支付卡和欧洲支票的样张）

1. 实施第 152 条 a 第 1 款所述行为，涉及具有担保功能的支付卡或欧洲支票的样张的，处 1 年以上 10 年以下自由刑。

2. 犯罪人以此为职业，或作为为继续实施第 1 款之罪而成立的集团成员实施此等犯罪的，处 2 年以上自由刑。

3. 实施第 1 款之罪情节较轻的，处 3 个月以上 5 年以下自由刑，实施第 2 款之罪情节较轻的，处 1 年以上 10 年以下自由刑。

4. 第 1 款意义上的具有担保功能的支付卡，是指信用卡、欧洲支票卡和其他证卡，其能

（1）确保出票人在支付往来中享有安全的支付，且

（2）经过设计和加密防止伪造。

5. 涉及伪造货币的，相应适用第 149 条和第 150 条的规定。[113]

---

[112] 根据 2017 年 4 月 13 日颁布的《关于改革刑法中财产差价税的法律》（《联邦法律公报 I》，第 872 页）修订，自 2017 年 7 月 1 日起生效。
[113] 同上注。

第九章 虚伪的未经宣誓的陈述和伪誓罪

第 153 条　（虚伪的未经宣誓的陈述）

（1）以证人或鉴定人的身份，在法庭或接受证人或鉴定人宣誓的主管机关面前，未经宣誓而作虚伪陈述的，处 3 个月以上 5 年以下自由刑。

（2）联邦或州的立法机关的调查委员会视同第 1 款所述机关。[14]

第 154 条　（虚伪宣誓）

1. 在法庭或接受宣誓的主管机关面前作虚伪宣誓的，处 1 年以上自由刑。

2. 情节较轻的，处 6 个月以上 5 年以下自由刑。

第 155 条　（等同宣誓的证明）

视同宣誓的为：

1. 代替宣誓的证明，
2. 援用以前的宣誓或证明。

第 156 条　（虚伪的代替宣誓的保证）

在接受代替宣誓的保证的主管机关面前作虚伪保证，或在援用此类保证时虚假地进行陈述的，处 3 年以下自由刑或罚金刑。

第 157 条　（具有紧急避险性质的陈述）

1. 证人或鉴定人有责地实施了虚伪宣誓或未经宣誓的陈述，如行为人是为了避免其亲属或本人受刑罚处罚或剥夺自由的矫正与保安处分而

---

[14] 根据 2008 年 10 月 31 日颁布的《贯彻欧盟关于与对儿童性剥削和儿童色情作斗争的框架决定的法律》(《联邦法律公报 I》，第 2149 页) 修订，自 2008 年 11 月 5 日起生效。

说出虚假事实的，法庭可根据其裁量减轻其刑罚（第49条第2款），未经宣誓而陈述的，则全部免除其刑罚。

2. 未达宣誓年龄之人未经宣誓而作虚伪陈述的，法庭可根据其裁量减轻其刑罚（第49条第2款）或全部免除其刑罚。

第158条　（对虚假的说明的更正）

1. 作虚伪宣誓、虚伪的代替宣誓的保证或未经宣誓的虚伪陈述，如行为人将这些虚假的说明及时予以更正的，法庭可根据其裁量减轻其刑罚（第49条第2款）或免除其刑罚。

2. 如更正在判决时不能被利用，或其行为已对他人带来不利，或行为人已被告发或已进行审讯的，均属更正迟误。

3. 更正可在作虚假说明的机关，或在程序上审查此等说明的机关以及法庭、检察院或警察局进行。

第159条　（教唆虚伪陈述的未遂）

教唆他人作虚伪的未经宣誓的陈述（第153条）和虚伪的代替宣誓的保证（第156条）的，相应适用第30条第1款及第31条第1款第1项和第2款的规定。

第160条　（诱骗他人作虚伪陈述）

1. 诱骗他人作虚伪宣誓的，处2年以下自由刑或罚金刑；诱骗他人作虚伪的代替宣誓的保证或未经宣誓的虚伪陈述的，处6个月以下自由刑或180单位日额金以下的罚金刑。

2. 犯本罪未遂的，也应处罚。

第161条　（过失虚伪宣誓、过失虚假保证代替宣誓）

1. 过失实施第154条至第156条规定行为之一的，处1年以下自由刑或罚金刑。

2. 行为人及时更正虚假说明的，免于处罚。相应适用第158条第2

款和第 3 款的规定。⑮

第 162 条　（国际法庭；国际调查委员会）

1. 第 153 条至第 161 条也可适用于在因对联邦德国有约束力的法律行为建立的国际法庭程序中的虚假说明。

2. 只要涉及虚假的未经宣誓的虚伪说明，第 153 条和第 157 条至第 160 条也可适用于在联邦或州立法机关的调查委员会所做的虚假说明。⑯

第 163 条　（废除）⑰

---

⑮ 根据 2008 年 10 月 31 日颁布的《贯彻欧盟关于与对儿童性剥削和儿童色情作斗争的框架决定的法律》（《联邦法律公报 I》，第 2149 页）修订，自 2008 年 11 月 5 日起生效。
⑯ 同上注。
⑰ 同上注。

第十章 诬 告 罪

第164条 （诬告）

1. 意图使他人受有关当局的调查或处分，而违背良知地向有关当局、有权接受告发的官员、军队长官或公众，告发他人有违法行为或违背职务义务行为的，处5年以下自由刑或罚金刑。

2. 以同样意图，违背良知，向第1款所述当局或公众告发他人有其他犯罪事实，致使他人受到当局调查或处分的，处与前款相同之刑罚。

3. 实施诬告行为，意图依据本法第46条b或《麻醉品法》第31条获得减轻处罚或免除处罚的，处6个月以上10年以下自由刑。情节较轻的，处3个月以上5年以下自由刑。[118]

第165条 （判决的公布）

1. 公开地或通过散发文书（第11条第3款）实施第164条之行为而被判处刑罚的，被害人有权请求公布因诬告而作的判决。被害人死亡的，第77条第2款所述亲属有请求权。相应适用第77条第2款至第4款的规定。

2. 公布方式适用第200条第2款的规定。

---

[118] 根据2009年7月29日颁布的《第43部刑法修改法》（帮助破案和犯罪预防的量刑）（《联邦法律公报I》，第2288页）修订，自2009年9月1日起生效。

第十一章 有关宗教和世界观的犯罪

第 166 条 （侮辱教派、宗教团体和世界观联合体）

1. 公开地或通过散发文书（第 11 条第 3 款），以扰乱公共安宁的方式侮辱他人宗教教义或世界观的，处 3 年以下自由刑或罚金刑。

2. 公开地或散发文书（第 11 条第 3 款），以扰乱公共安宁的方式侮辱国内教会或其他宗教团体或世界观联合体及其活动安排和习惯的，处与前款相同之刑罚。

第 167 条 （扰乱宗教活动）

1. 实施下列行为之一的，处 3 年以下自由刑或罚金刑：

（1）故意以粗暴方式扰乱国内教会或其他宗教团体的礼拜仪式或其他礼拜行为的，

（2）在礼拜或其他宗教团体聚会场所实施侮辱行为的。

2. 国内世界观联合体相应的庆典活动视同礼拜。

第 167 条 a （扰乱葬礼）

故意扰乱葬礼的，处 3 年以下自由刑或罚金刑。

第 168 条 （扰乱死者安宁）

1. 非法夺走权利人保管的尸体、尸体的一部分或者骨灰，或侮辱尸体或坟地，或破坏、毁损坟地的，处 3 年以下自由刑或罚金刑。

2. 扰乱安放灵柩场所、火化场所或公共纪念场所，污损或在上述场所为应受指责的干扰公共秩序的行为的，处与前款相同之刑罚。

3. 犯本罪未遂的，也应处罚。

第十二章 妨害身份、婚姻和家庭的犯罪

第169条 （伪造身份）

1. 偷换儿童，或向登记身份或有权确定身份的当局，虚假地申报或隐瞒他人身份的，处2年以下自由刑或罚金刑。

2. 犯本罪未遂的，也应处罚。⑲

第170条 （违背扶养义务）

1. 逃避法定扶养义务，从而危害权利人生活需要，或没有他人帮助权利人的生活将受到危害的，处3年以下自由刑或罚金刑。

2. 对怀孕之妇女负有扶养义务，以应受指责的方式不予扶养，致使权利人被迫堕胎的，处5年以下自由刑或罚金刑。

第171条 （违背监护和教养义务）

严重违背对未满16岁之人所负监护和教养义务，致使受监护人身心发育受到重大损害，或致使该人进行犯罪或卖淫的，处3年以下自由刑或罚金刑。

第172条 （重婚；重伴侣）

已婚或已有生活伴侣，有下列情形之一的，处3年以下自由刑或罚金刑：

（1）与第三人结婚，或

（2）依据《生活伴侣法》第1条第1款的规定，向主管建立生活伴侣关系的机关声明，想与第三人建立生活伴侣关系。

---

⑲ 根据2007年2月19日颁布的《改革户籍登记法的法律》（《联邦法律公报I》，第122页）修订，自2009年1月1日起生效。

与已婚之人结婚，或依据《生活伴侣法》第 1 条第 1 款的规定，向主管建立生活伴侣关系的机关声明，想与已婚之人建立生活伴侣关系的，处相同刑罚。[120]

第 173 条　（亲属间的性交）

1. 与有血缘关系的直系卑亲属性交的，处 3 年以下自由刑或罚金刑。

2. 与有血缘关系的直系尊亲属性交的，处 2 年以下自由刑或罚金刑。即使亲属关系被解除，仍适用本规定。有血缘关系的兄弟姐妹性交的，处相同之刑罚。

3. 直系卑亲属和兄弟姐妹在行为时不满 18 岁的，不依本规定处罚。

---

[120] 根据 2015 年 11 月 20 日颁布的《关于澄清生活伴侣权利的法律》（《联邦法律公报 I》，第 2010 页）修订，自 2015 年 11 月 26 日起生效。

第十三章　妨害性自决权的犯罪

第 174 条　（对被保护人的性滥用）

1. 与下列人员实施性行为，或让其与行为人自己实施性行为的，处 3 个月以上 5 年以下自由刑：
   (1) 与受自己教育、培训或监护的未满 16 岁的人，
   (2) 滥用教养、培训、照料、职务或劳动关系，与受自己教育、培训或监护的未满 18 岁的人，或在职务或工作上与自己有从属关系的不满 18 岁的人，或
   (3) 与自己、配偶、伴侣或者与婚姻或生活共同体相似之人的未满 18 岁的亲生子女或养子女。

2. 教育、培训或照料机构的工作人员与下列人员实施性行为，或让其与行为人自己实施性行为的，处 3 个月以上 5 年以下自由刑：
   (1) 与因教育、培训或照料进入此类机构的不满 18 岁之人实施性行为，或让其与行为人自己实施性行为的，或
   (2) 利用其地位，与因教育、培训或照料进入此类机构的不满 18 岁之人实施性行为，或让其与行为人自己实施性行为的。

3. 在第 1 款或第 2 款条件下，为使自己或受保护人得到性刺激而实施下列行为的，处 3 年以下自由刑或罚金刑：
   (1) 在受保护人面前实施性行为的，或
   (2) 让受保护人在自己面前实施性行为的。

4. 犯本罪未遂的，也应处罚。

5. 在第 1 款第 1 项、第 2 款第 1 项或与之相关的第 3 款情况下，法庭在考虑受保护人的行为后，若认为其行为的不法情节轻微的，可免除其刑罚。[120]

---

[120] 根据 2015 年 1 月 21 日颁布的《第 49 部刑法修改法》（贯彻性刑法的欧洲标准，《联邦法律公报 I》，第 10 页）修订，自 2015 年 1 月 27 日起生效。

第 174 条 a （对犯人、官方拘禁之人和医院中病人的性滥用）

1. 滥用职权，对下列受自己教养、培训、看管、监护的人实施性行为的，或让其与自己实施性行为的，处 3 个月以上 5 年以下自由刑：

   （1）犯人，或

   （2）因官方命令受监禁之人。

2. 对医院中的病人或受自己看管或照料的人，利用其患病或有求于自己而实施性行为或让其与自己实施性行为的，处与前款相同之刑罚。

3. 犯本罪未遂的，也应处罚。[122]

第 174 条 b （利用职位所为的性滥用）

1. 从事刑事诉讼或剥夺自由的保安处分或看押命令程序的公职人员，滥用因此等程序而构成的从属关系，对当事人实施性行为或让其与自己实施性行为的，处 3 个月以上 5 年以下自由刑。

2. 犯本罪未遂的，也应处罚。[123]

第 174 条 c （利用咨询、治疗或照料关系所为的性滥用）

1. 滥用咨询、治疗或照料而构成的关系，对患精神或心理疾病或障碍、包括瘾癖者进行咨询、治疗或照料之人实施性行为或让其与自己实施性行为的，处 3 个月以上 5 年以下自由刑。

2. 滥用心理治疗而构成的关系，对接受心理治疗之人实施性行为或让其与自己实施性行为的，处与前款相同之刑罚。

3. 犯本罪未遂的，也应处罚。[124]

第 175 条 （废除）

---

[122] 根据 2003 年 12 月 27 日颁布的《修改针对性自决权的规定及其他规定的法律》（《联邦法律公报 I》，第 3007 页）修订，自 2004 年 4 月 1 日起生效。

[123] 同上注。

[124] 同上注。

第 176 条 （对儿童的性滥用）

1. 对不满 14 岁之人（儿童）实施性行为或让其与自己实施性行为的，处 6 个月以上 10 年以下自由刑。

2. 让儿童与第三人实施性行为或让第三人与儿童实施性行为的，处与前款相同之刑罚。

3. 情节特别严重的，处 1 年以上自由刑。

4. 为下列行为之一的，处 3 个月以上 5 年以下自由刑：

（1）在儿童面前实施性行为的，

（2）让儿童与自己实施性行为的，但以行为不按第 1 款或第 2 款处罚为限，或

（3）借助文书（第 11 条第 3 款）或借助于信息和通信技术对儿童施加影响，以便

a. 促使儿童与行为人自己实施性行为，在行为人或第三人面前实施性行为，或行为人或第三人与儿童实施性行为，或

b. 实施第 184 条 a 第 1 款第 3 项或第 184 条 b 第 3 项规定之罪，或

（4）向儿童展示淫秽图片或模型，播放具有淫秽内容的录音，借助于信息和通信技术传播淫秽内容，或通过相应的谈话对儿童施加影响。

5. 为实施第 1 款至第 4 款之罪而提供、承诺介绍或与他人约定实施此等行为的，处 3 个月以上 5 年以下自由刑。

6. 犯本罪未遂的，也应处罚；为第 4 款第 3 项和第 4 项以及第 5 款之行为的，不适用本款之规定。[125]

第 176 条 a （严重的对儿童的性滥用）

1. 行为人在过去的 5 年里曾因对儿童的性滥用行为被作有罪判决，又实施第 176 条第 1 款和第 2 款规定的对儿童的性滥用行为的，处 1 年以上自由刑。

---

[125] 根据 2015 年 1 月 21 日颁布的《第 49 部刑法修改法》（贯彻性刑法的欧洲标准，《联邦法律公报 I》，第 10 页）修订，自 2015 年 1 月 27 日起生效。

2. 具备下列情形之一，实施第 176 条第 1 款和第 2 款规定的对儿童的性滥用行为的，处 2 年以上自由刑：

（1）18 岁以上之人与儿童实施性交，或与其实施类似之性行为，或让儿童与自己实施此等以奸入为限的性行为的，

（2）数人共同实施此等性行为的，或

（3）行为人因其行为致被害儿童的健康有遭受严重伤害的危险，或致使儿童身体或心理发育有遭受严重损害的危险。

3. 在第 176 条第 1 款至第 3 款、第 4 款第 1 项或第 2 项或第 176 条第 6 款情形下，行为人或其他参与人意图将此等行为制作成依第 184 条第 3 款或第 4 款方式散发的淫秽文书（第 11 条第 3 款）的，处 2 年以上自由刑。

4. 为本条第 1 款之罪，情节较轻的，处 3 个月以上 5 年以下自由刑，为本条第 2 款之罪，情节较轻的，处 1 年以上 10 年以下自由刑。

5. 为第 176 条第 1 款至第 3 款之罪，行为时对儿童造成严重的身体伤害，或致儿童有死亡危险的，处 5 年以上自由刑。

6. 行为人因官方命令被看管于某一机构的时间，不算入本条第 1 款所述期间。在国外被判刑的行为，如果依《德国刑法典》属于第 176 条第 1 款或第 2 款规定的行为，视为本条第 1 款情形下的在国内被判刑的行为。[120]

第 176 条 b （致儿童死亡的性滥用）

行为人因强奸儿童（第 176 条和第 176 条 a）至少过失地导致儿童死亡的，处终身自由刑或 10 年以上自由刑。

第 177 条 （性侵害；强制猥亵；强奸）

1. 违背他人可辨认的意愿，与该他人为性行为或让该他人与行为人

---

[120] 根据 2015 年 1 月 21 日颁布的《第 49 部刑法修改法》（贯彻性刑法的欧洲标准，《联邦法律公报 I》，第 10 页）修订，自 2015 年 1 月 27 日起生效。

为性行为，或让该他人与第三人为性行为或让第三人与该他人为性行为的，处6个月以上5年以下自由刑。

2. 与他人为性行为或让该人与行为人发生性行为，或让该人与第三人发生性行为或让第三人与该人发生性行为，具备下列情形之一，处与第1款相同之刑罚：

（1）行为人利用他人不能形成或者表达反对意愿的情形，

（2）行为人利用他人因身体或心理状态在形成和表达其意愿受到明显限制的情形，但行为人确信得到该他人同意的除外，

（3）行为人利用突发情况，

（4）行为人利用被害人在反抗时感受到明显的暴力威胁，或

（5）行为人以明显的恶行相威胁强制他人与其为性行为。

3. 犯本罪未遂的，也应处罚。

4. 被害人是因疾病或障碍而不能形成或表达自己的意愿的，处1年以上自由刑。

5. 行为人有下列情形之一的，处1年以上自由刑：

（1）对被害人使用暴力，

（2）对被害人以立即危及其身体或生命相威胁，或

（3）利用被害人无助地听凭行为人摆布。

6. 情节特别严重的，处2年以上自由刑。情节特别严重一般是指：

（1）行为人与被害人性交或让被害人与其性交，或对被害人实施了类似的性行为或让被害人去实施类似性行为，且此等性行为已奸入的（强奸），或

（2）数人共同为此等性行为的。

7. 行为人具备下列情形之一的，处3年以上自由刑：

（1）携带武器或其他危险器械，

（2）为以暴力或暴力威胁阻止或克服他人反抗而携带其他器械或工具，或

（3）使被害人有遭受严重的健康损害的危险。

8. 行为人具备下列情形之一的，处5年以上自由刑：

（1）行为时使用武器或其他危险器械，或

（2）致被害人

a. 在行为时受到身体上的严重虐待，或

b. 有死亡危险。

9. 犯本条第 1 款和第 2 款之罪，情节较轻的，处 3 个月以上 3 年以下自由刑；犯本条第 4 款和第 5 款之罪，情节较轻的，处 6 个月以上 10 年以下自由刑；犯本条第 7 款和第 8 款之罪，情节较轻的，处 1 年以上 10 年以下自由刑。[127]

第 178 条 （性侵害；强制猥亵；强奸致人死亡）

行为人因其性侵害、强制猥亵或强奸行为（第 177 条），至少过失地导致被害人死亡的，处终身自由刑或 10 年以上自由刑。[128]

第 179 条 （废除）[129]

第 180 条 （促使未成年人为性行为）

1. 以下列方式怂恿不满 16 岁的人对第三人或在第三人面前实施性行为，或让第三人对不满 16 岁的人实施性行为的，处 3 年以下自由刑或罚金刑：

（1）介绍，或

（2）给予或设法提供机会。

有权对不满 16 岁的人进行照料者，不适用第 1 句第 2 项的规定；但有权照料者的怂恿行为严重违背其教养义务的，不在此限。

2. 让不满 18 岁的人为获利而与第三人或在第三人面前实施性行为，或让第三人与自己实施性行为，或通过介绍怂恿上述行为的，处 5 年以

---

[127] 根据 2016 年 11 月 4 日颁布的《第 50 部刑法修改法》（完善对性自决权的保护，《联邦法律公报 I》，第 2460 页）修订，自 2016 年 11 月 10 日起生效。

[128] 同上注。

[129] 同上注。

下自由刑或罚金刑。

3. 滥用教育、培训、监护、职务或工作上的从属关系，让受其教育、培训、监护，或在职务或工作上从属于他的不满 18 岁的人与第三人或在第三人面前实施性行为，或让第三人与自己实施性行为的，处 5 年以下自由刑或罚金刑。

4. 犯第 2 款和第 3 款之罪未遂的，也应处罚。

第 180 条 a （剥削卖淫人）

1. 职业性地经营或领导妓院，容留因人身或经济上的从属性而从事卖淫活动之人的，处 3 年以下自由刑或罚金刑。

2. 有下列情形之一的，处与前款相同之刑罚：

（1）为使不满 18 岁的人从事卖淫活动而向其提供住宅、职业性的寄宿处、职业性的居留处的，或

（2）向他人提供卖淫场所，容留其卖淫或对其剥削的。[130]

第 180 条 b （废除）[131]

第 181 条 （废除）[132]

第 181 条 a （介绍娼妓）

1. 意图保持与卖淫人的特定关系而实施下列行为之一的，处 6 个月以上 5 年以下自由刑：

（1）剥削他人卖淫所得的，或

（2）为财产利益而监视他人卖淫，规定卖淫的地点、时间、范围或

---

[130] 根据 2001 年 12 月 20 日颁布的《调整卖淫者法律关系的法律》（《联邦法律公报 I》，第 3983 页）修订，自 2002 年 1 月 1 日起生效。

[131] 因 2005 年 2 月 11 日颁布的《第 37 部刑法修改法》（《联邦法律公报 I》，第 239 页）废除，自 2005 年 2 月 19 日起生效。

[132] 同上注。

其他情况，或采取措施防止他人放弃卖淫的。

2. 意图保持与卖淫人的稳定关系，职业性地以介绍与他人性交的方法促进他人卖淫，因此而影响他人人身或经济上的独立性的，处3年以下自由刑或罚金刑。

3. 对其配偶实施第1款第1项和第2项所述行为或第2款所述促进行为的，同样依第1款和第2款处罚。⑬

第 181 条 b （行为监督）

在第174条至第174条c、第176条至第180条、第181条a和第182条情况下，法庭可命令行为监督（第68条第1款）。⑭

第 181 条 c （废除）⑮

第 182 条 （对少年的性滥用）

1. 强奸不满18岁之人，利用其困境而为下列行为之一的，处5年以下自由刑或罚金刑：

（1）与其实施性行为或让其与行为人自己实施性行为，或

（2）迫使其与第三人实施性行为或让第三人与其实施性行为。

2. 18岁以上者有偿地与不满18岁之人实施性行为，或让后者与行为人实施性行为的，处与第1款相同之刑罚。

3. 年满21岁之人对不满16岁之人为下列行为之一，或利用被害人缺乏性自决能力的，处3年以下自由刑或罚金刑：

（1）对其实施性行为或让其与自己实施性行为，或

---

⑬ 根据2015年11月20日颁布的《澄清生活伴侣权利的法律》(《联邦法律公报I》，第2010页)修订，自2015年11月26日起生效。

⑭ 根据2005年2月11日颁布的《第37部刑法修改法》(《联邦法律公报I》，第239页)修改，自2005年2月19日起生效。

⑮ 因2017年4月13日颁布的《改革刑法中差价税的法律》(《联邦法律公报I》，第872页)废除，自2017年7月1日起生效。

（2）迫使其与第三人实施性行为或让第三人与其实施性行为。

4. 犯本罪而未遂的，也应处罚。

5. 犯第3款之罪的，告诉的才处理，但刑事追诉当局认为对此等犯罪依职权进行追诉符合特别的公共利益的，不在此限。

6. 在斟酌了行为所针对之人的态度后，若认为行为之不法程度轻微的，在第1款至第3款情形下，法庭可根据本规定免除刑罚。[136]

第 183 条 （露阴行为）

1. 男子以暴露生殖器行为骚扰他人的，处1年以下自由刑或罚金刑。

2. 本罪告诉的才处理，但刑事追诉当局认为对此等犯罪依职权进行追诉符合特别的公共利益的，不在此限。

3. 如行为人经过较长时间的治疗，可期望其不再实施露阴行为的，法庭可对自由刑的执行宣告缓刑。

4. 第3款的规定同样适用于因露阴行为而受到下列处罚的男女：

（1）根据其他条款规定，判处最高刑为1年以下自由刑或罚金刑的，

（2）依第174条第3款第1项或第176条第4款第1项受处罚的。[137]

第 183 条 a （激起公愤）

公开地实施性行为，故意地或明知地引起公众厌恶，且第183条未规定刑罚的，处1年以下自由刑或罚金刑。

第 184 条 （散发淫秽文书）

1. 利用淫秽文书（第11条第3款）从事下列行为之一的，处1年

---

[136] 根据2015年1月21日颁布的《第49部刑法修改法》(《联邦法律公报 I》，第10页) 修订，自2015年1月27日起生效。

[137] 同上注。

以下自由刑或罚金刑：

（1）提供、出让给不满 18 岁的人或以其他方法使其获得的，

（2）在不满 18 岁的人允许进入或看阅的场所陈列、张贴、放映或以其他方法使其获得的，

（3）在营业场所以外个别零售、在书报亭或其他顾客不经常去的出售处出售、以邮寄方法出售或以出租或集体租阅方式提供或让予他人的，

（3a）以职业性的出租或类似职业性地提供使用的方法，向他人提供或让与的，但不满 18 岁的人不得进入且不得看阅的商店除外，

（4）以邮寄方式进口的，

（5）公开在不满 18 岁的人允许进入或看阅的场所或以在交易场所以外散发有关交易的文书的方式提供、预告或宣传的，

（6）未经他人要求而送予他人的，

（7）意图获得报酬或主要是为了获得报酬，在公开放映的电影中展示的，

（8）意图使淫秽文书或其节录供第 1 项至第 7 项犯罪行为之用，或使他人有可能为此种使用而制造、购买、提供、保存或进口的，或

（9）意图将淫秽文书或其节录输出国外，在违反当地有效之刑事法规情况下加以散发、公开出售或使类似的使用成为可能的。

2. 有权对未成年人进行监护之人不适用第 1 款第 1 项之规定；监护权利人通过提供、转让或以其他方式使他人获得，因而严重违反其监护义务的，同样不适用第 1 款第 1 项的规定。如行为是在与行业的租用者的交易中共同实施的，不适用第 1 款第 3 项 a 的规定。[138]

第 184 条 a （散布暴力或动物色情文书）

对以暴力或兽交为内容的色情文书（第 11 条第 3 款），为下列行为之一的，处 3 年以下自由刑或罚金刑：

---

[138] 根据 2015 年 1 月 21 日颁布的《第 49 部刑法修改法》（《联邦法律公报 I》，第 10 页）修订，自 2015 年 1 月 27 日起生效。

第 184 条 b

（1）散发、以其他方式使他人获得，或

（2）制作、购买、供应、储存、提供、预告、宣扬，或者输入或输出此等文书，以便在第 1 项或第 184 条 d 第 1 款第 1 句意义上使用文书或其节录，或者使他人的使用成为可能。

在第 1 句第 1 项情形下，犯本罪未遂的，也应处罚。[139]

第 184 条 b （散发、获取和持有儿童色情文书）

1. 实施下列行为之一的，处 3 个月以上 5 年以下自由刑：

（1）散发儿童色情文书，或者使公众获得此等儿童色情文书（第 11 条第 3 款）；以下列内容为色情文书对象的，是本法意义上的儿童色情，

a. 不满 14 岁之人的性行为、对不满 14 岁之人为性行为，或在不满 14 岁之人（儿童）面前为性行为，

b. 反映非自然的性行为身体姿势的全裸或半裸儿童，或

c. 刺激性欲地展示儿童的没有衣服遮掩的生殖器或臀部，

（2）使他人持有反映事实或者接近事实真相的儿童色情文书成为可能，

（3）制作反映事实真相的儿童色情文书，或

（4）制作、购买、供应、储存、提供、预告、宣扬，或者输入或输出此等文书，以便在第 1 项、第 2 项或第 184 条 d 第 1 款第 1 句意义上使用文书或其节录，或者使他人的使用成为可能，但以行为没有依据第 3 项处罚为限。

2. 在第 1 款情形下，行为人以此为职业，或者作为为继续实施此等犯罪而成立的犯罪团伙之成员为此等行为，且第 1 款第 1 项、第 2 项和第 4 项情形下的文书反映了事实或接近事实真相的，处 6 个月以上 10 年以下自由刑。

3. 为设法获得反映事实或接近事实真相的儿童色情文书，或持有此

---

[139] 根据 2015 年 1 月 21 日颁布的《第 49 部刑法修改法》（《联邦法律公报 I》，第 10 页）修订，自 2015 年 1 月 27 日起生效。

等文书的，处 3 年以下自由刑或罚金刑。

4. 犯罪未遂的，也应处罚；本规定不适用于第 1 款第 2 项和第 4 项以及第 3 款规定的犯罪。

5. 第 1 款第 2 项和第 3 款不适用于仅为依法完成下列任务的行为，
（1）国家任务，
（2）产生于与主管的国家机关达成的协议的任务，或
（3）职务上的或职业上的义务。

6. 第 1 款第 2 项、第 3 项或第 3 款所述犯罪涉及之对象，得予以没收。可适用第 74 条 a 的规定。[140]

第 184 条 c （散发、获取和持有少年色情文书）

1. 为下列行为之一的，处 3 年以下自由刑或罚金刑：

（1）散发少年色情文书，或者使公众获得的；以下列内容为色情文书对象的，是本法意义上的少年色情，

a. 14 岁以上不满 18 岁之人的性行为，对 14 岁以上不满 18 岁之人为性行为，或在 14 岁以上不满 18 岁之人面前为性行为，

b. 反映非自然的性行为身体姿势的全裸或半裸 14 岁以上不满 18 岁之人，或

（2）使他人持有反映事实或者接近事实真相的少年色情文书成为可能，

（3）制作反映事实真相的少年色情文书，或

（4）制作、购买、供应、储存、提供、预告、宣扬，或者输入或输出少年色情文书，以便在第 1 项、第 2 项或第 184 条 d 第 1 款第 1 句意义上使用文书或其节录，或者使他人的使用成为可能，但以行为没有依据第 3 项处罚为限。

2. 在第 1 款情形下，行为人职业性的行为，或者作为为继续实施此

---

[140] 根据 2017 年 4 月 13 日颁布的《关于改革刑法中财产差价税的法律》（《联邦法律公报 I》，第 872 页）修订，自 2017 年 7 月 1 日起生效。

等犯罪而成立的犯罪团伙之成员为此等行为，且第 1 款第 1 项、第 2 项和第 4 项情形下的文书反映了事实或接近事实真相的，处 3 个月以上 5 年以下自由刑。

3. 为设法获得反映事实或接近事实真相的少年色情文书，或持有此等文书的，处 2 年以下自由刑或罚金刑。

4. 在征得被反映之人同意的情况下仅限于个人使用而制作少年色情文书之人，不适用第 1 款第 3 项、相关的第 5 项和第 3 款的规定。

5. 犯罪未遂的，也应处罚；本规定不适用于第 1 款第 2 项和第 4 项以及第 3 款规定的犯罪。

6. 相应适用第 184 条 b 第 5 款和第 6 款的规定。⑭

第 184 条 d （借助无线电或电媒获取色情内容；通过电媒获取儿童和少年色情内容）

1. 借助无线电或电媒使他人或公众获取色情文书的内容的，依照第 184 条至第 184 条 c 的规定处罚。在第 184 条第 1 款情形下，借助电媒散布经技术或其他预防措施，确保 18 岁以下之人不可能获得色情内容的，不适用第 1 句的规定。相应适用第 184 条 b 第 5 款和第 6 款的规定。

2. 借助电媒获取儿童色情内容的，依照第 184 条 b 第 3 款的规定处罚。借助电媒获取少年色情内容的，依照第 184 条 c 第 3 款的规定处罚；相应适用第 184 条 c 第 4 款的规定。相应适用第 184 条 b 第 5 款和第 6 款第 1 句的规定。⑭

第 184 条 e （举办和观看儿童和少年色情表演）

1. 举办儿童色情表演的，依据第 184 条 b 第 1 款处罚。举办少年色情表演的，依据第 184 条 c 第 1 款处罚。

---

⑭ 根据 2015 年 1 月 21 日颁布的《第 49 部刑法修改法》(《联邦法律公报 I》，第 10 页) 修订，自 2015 年 1 月 27 日起生效。
⑭ 根据 2017 年 4 月 13 日颁布的《关于改革刑法中财产差价税的法律》(《联邦法律公报 I》，第 872 页) 修订，自 2017 年 7 月 1 日起生效。

2. 观看儿童色情表演的，依据第 184 条 b 第 3 款处罚。观看少年色情表演的，依据第 184 条 c 第 3 款处罚。相应适用第 184 条 b 第 5 款第 1 项和第 3 项的规定。[143]

第 184 条 f （触犯卖淫禁令）

屡次违背禁止在特定地点或特定时间从事卖淫活动的规定，处 6 个月以下自由刑或 180 单位日额金以下的罚金刑。[144]

第 184 条 g （危害少年的卖淫）

在下列场所以在道德上危害少年的方式卖淫的，处 1 年以下自由刑或罚金刑：

（1）在学校附近或专门允许不满 18 岁的人光顾的场所附近，或

（2）在不满 18 岁的人居住的房屋内。[145]

第 184 条 h （概念规定）

本法所谓的：

（1）性行为，仅指对受保护的法益有重大影响的性行为。

（2）在他人面前实施性行为，仅指性行为是当着能观察到行为全过程的他人之面实施的。[146]

第 184 条 i （性骚扰）

1. 以与性相关的特定方式触碰他人身体并因此而骚扰他人，如果其他条款未规定更重的刑罚，处 2 年以下自由刑或罚金刑。

2. 犯本罪情节严重的，处 3 个月以上 5 年以下自由刑。情节严重一

---

[143] 根据 2017 年 4 月 13 日颁布的《关于改革刑法中财产差价税的法律》（《联邦法律公报 I》，第 872 页）修订，自 2017 年 7 月 1 日起生效。
[144] 同上注。
[145] 同上注。
[146] 同上注。

般是指行为是由多人共同实施的。

3. 行为告诉乃论，但刑事追诉机关因特殊的公共利益依职权进行刑事追诉的除外。⑭⑦

第184条j　（群体实施的犯罪行为）

行为人在他人胁迫下参与群体实施的犯罪行为，群体成员实施第177条或第184条i规定之罪，且行为未被其他条款规定更重的刑罚，处2年以下自由刑或罚金刑。⑭⑧

---

⑭⑦　根据2016年11月4日颁布的《第50部刑法修改法》（完善对性自决权的保护，《联邦法律公报I》，第2460页）新增加，自2016年11月10日起生效。

⑭⑧　同上注。

第十四章　侮　辱　罪

第 185 条　（侮辱）
　　犯侮辱罪的，处 1 年以下自由刑或罚金刑；以实施行为进行侮辱的，处 2 年以下自由刑或罚金刑。

第 186 条　（恶言中伤）
　　断言或散布足以使他人受到公众蔑视或贬低的事实，而不能证明其为真实的，处 1 年以下自由刑或罚金刑；公开或以散发文书（第 11 条第 3 款）的方式实施本行为的，处 2 年以下自由刑或罚金刑。

第 187 条　（诽谤）
　　明知为不真实的事实而故意加以断言或散布，因而使他人受到公众蔑视或贬低或有损其信誉的，处 2 年以下自由刑或罚金刑；公开或在集会中或以散发文书（第 11 条第 3 款）的方式实施本行为的，处 5 年以下自由刑或罚金刑。

第 188 条　（对政界人士的中伤和诽谤）
　　1. 出于损害与受侮辱者的公开生活地位有关的动机，公开在集会中或通过散发文书（第 11 条第 3 款），对政界人士进行恶言中伤（第 186 条），足以严重损害其在民众中的影响力的，处 3 个月以上 5 年以下自由刑。
　　2. 在同等条件下进行诽谤（第 187 条）的，处 6 个月以上 5 年以下自由刑。

第 189 条　（诋毁死者的纪念品）
　　诋毁死者的纪念品的，处 2 年以下自由刑或罚金刑。

第 190 条 （经刑事判决的事实证明）

主张或散布的事实确实是犯罪行为，如受侮辱人因此受到有罪判决的，视为事实证明。如受侮辱人被判处无罪的，不认为是事实证明。

第 191 条 （废除）

第 192 条 （虽有事实证明仍成立侮辱）

如果侮辱是根据断言或散布的形式或根据侮辱发生的情况来认定的，即使其所断言或散布的事实有事实证明，也不排除适用第 185 条规定的刑罚。

第 193 条 （正当权益的维护）

有关科学、艺术、职业上的成就所进行的批评，或与此相类似的为履行或保护权益，或维护其正当权益所发表的言论，以及上级对下属的训诫和责备，官员职务上的告发或判断，以及诸如此类的情况，只在根据其陈述方式或侮辱发生的当时情况，认为已构成侮辱罪的，始受处罚。

第 194 条 （告诉）

1. 侮辱，告诉的才处理。该行为是通过散发或公开地使他人获得文书（第 11 条第 3 款）在集会或以无线电散发文书的方式实施的，如果被害人作为居民中的一部分的成员受到纳粹或其他专制统治的迫害，且侮辱行为与迫害有关的，则无需告诉。但如果被害人反对追诉的，可不依职权进行追诉。该反对不得撤回。被害人死亡的，告诉权和反对权转移给第 77 条第 2 款所述之亲属。

2. 诋毁死者的纪念品的，第 77 条第 2 款所述之亲属有告诉权。该行为是通过散发或公开地使他人获得文书在集会或以无线电散发文书的方式实施的，如果死者是纳粹或其他暴力专制统治的牺牲品，且侮辱行为与此等事实有关的，则无需告诉。但如果有告诉权人反对追诉的，可不依职权进行追诉。该反对不得撤回。

3. 在公职人员、对公务负有特别义务的人员、联邦国防军士兵履行职务或与职务有关的事宜时受到侮辱的，其上司有告诉权。直接对当局或履行公共管理任务的机关进行侮辱的，该当局之首长或其监督机关的首长告诉的，始可进行追诉。上述规定同样适用于教会或其他公法上的宗教团体的执事和机构。

4. 对联邦或各州的立法机关或本法空间效力范围内的其他政治团体进行侮辱的，具备上述团体的授权始可追诉。[149]

第 195～198 条　（废除）

第 199 条　（彼此实施的侮辱）

对他人的侮辱当场以侮辱还击的，法官可宣告侮辱双方或一方不负刑事责任。

第 200 条　（判决的公布）

1. 公开或以散发文书（第 11 条第 3 款）的方式进行侮辱因而被判处刑罚的，被害人或其他有告诉权之人有权要求公布因侮辱而作出的判决。

2. 公布的方式在判决中予以规定。侮辱行为是通过报纸或杂志进行的，判决也应在报纸或杂志中公布，而且如果可能，应在同一报纸或杂志中公布；这一规定同样适用于通过无线电进行的侮辱。

---

[149] 根据 2015 年 1 月 21 日颁布的《第 49 部刑法修改法》（《联邦法律公报 I》，第 10 页）修订，自 2015 年 1 月 27 日起生效。

第十五章　侵害私人生活和秘密的犯罪

第201条　（侵害言论秘密）

1. 非法为下列行为之一的，处3年以下自由刑或罚金刑：
（1）将他人不公开的言论加以录音的，或
（2）使用此类录音或使第三人取得的。

2. 非法为下列行为之一的，处与前款相同之刑罚：
（1）用窃听器窃听自己无权知悉的他人不公开的言论，或
（2）将第1款第1项之录音或第2款第1项所窃听的言论予以公开通告第三人的。

只有当公开通告使得他人的合法权益受到侵害时，第1句第2项的行为，始受处罚。公开通告是为了维护重大的公共利益的，行为不违法。

3. 公职人员或对公务负有特别义务的人员侵害他人言论秘密的（第1款和第2款），处5年以下自由刑或罚金刑。

4. 犯本罪未遂的，也应处罚。

5. 行为人或参与人用于犯罪行为的录音机和窃听器得予以没收。相应适用第74条a的规定。

第201条a　（以拍照方式侵害私人生活领域）

1. 实施下列行为之一的，处2年以下自由刑或罚金刑：
（1）对身处住宅或为防止窥视而做特别防护的空间之人，未经许可拍摄照片或者复制照片，从而侵害被拍摄之人的私人生活领域，
（2）对展示他人处于无助状态的照片，未经许可制作或复制，从而侵害被拍摄之人的私人生活领域，
（3）将因第1项或第2项规定之行为制作的照片，加以使用或使第三人获得，或
（4）经许可而制作的第1项或第2项所述种类的照片，未经许可使

第三人获得，从而侵害被拍摄之人的私人生活领域。

2. 未经许可使得第三人获取可能严重侵害被拍摄之人声誉的照片的，处与前款相同的刑罚。

3. 以不满 18 岁之人的裸体为内容的照片，实施下列行为之一的，处 2 年以下自由刑或罚金刑：

（1）制作或提供，意图使第三人有偿地获取，或

（2）为自己或第三人有偿地获取。

4. 实施上述行为是为了正当利益，尤其是为了艺术或科学、研究或学术、对事件过程进行报道、历史或相似目的，不适用第 1 款第 2 项、相关的第 1 款第 3 项和第 4 项、第 2 款和第 3 款的规定。

5. 犯罪人或其共犯使用的照片存储器以及照相机或其他技术工具，可予以没收。可适用第 74 条 a 的规定。⑩

第 202 条　（侵害通信秘密）

1. 非法为下列行为之一，如行为未在第 206 条规定处罚的，处 1 年以下自由刑或罚金刑：

（1）非法开拆无权知悉的他人封缄信件或其他文件的，或

（2）虽未开拆但以技术手段非法探知此类文件内容的。

2. 非法开拆他人经特别密封处理的文件并探知无权知悉的内容的，处与第 1 款相同之刑罚。

3. 图片视为第 1 款和第 2 款意义上的文件。

第 202 条 a　（探知数据）

1. 未经准许为自己或他人探知不属于自己的为防止被他人非法获得而作了特殊安全处理的数据的，处 3 年以下自由刑或罚金刑。

2. 第 1 款所述数据，仅指以电子的磁性的或其他不能直接提取的方

---

⑩ 根据 2015 年 1 月 21 日颁布的《第 49 部刑法修改法》（《联邦法律公报 I》，第 10 页）修订，自 2015 年 1 月 27 日起生效。

法储存或传送的数据。[151]

第 202 条 b （截获数据）

未经准许利用技术手段，为自己或他人从不公开的数据传递或从数据处理设备的电磁辐射中截获不属于自己的数据（第 202 条 a 第 2 款），处 2 年以下自由刑或罚金刑，但以行为未在其他条款中受到更重的处罚为限。[152]

第 202 条 c （探知和截获数据的预备）

1. 为第 202 条 a 和第 202 条 b 规定的犯罪进行预备，对下列对象加以制作，为自己或他人获取、出售、转让他人，散布或以其他方式公之于众的，处 1 年以下自由刑或罚金刑：

（1）成功获取数据（第 202 条 a）所需要的口令或其他安全密码，或

（2）实施此等犯罪之一的计算机程序。

2. 相应适用第 149 条第 2 款和第 3 款的规定。[153]

第 202 条 d （数据窝藏）

1. 将不向公众开放的数据（第 202 条 a 第 2 款）以违法行为使得他人得到、为自己或他人设法获取、转让给他人、传播或以其他方式使他人得到的，处 3 年以下自由刑或罚金刑。

2. 处罚不得重于其上游犯罪所得之刑罚。

3. 本条第 1 款的规定不适用于为履行合法的公务或职务义务所为之行为。属于此等合法行为的尤其有：

---

[151] 根据 2007 年 8 月 7 日颁布的《第 41 部刑法修改法》（与恐怖主义犯罪作斗争，《联邦法律公报 I》，第 1786 页）修订，自 2007 年 8 月 11 日起生效。

[152] 同上注。

[153] 根据 2015 年 11 月 20 日颁布的《与腐败作斗争的法律》（《联邦法律公报 I》，第 2025 页）修订，自 2015 年 11 月 26 日起生效。

（1）公职人员及其受委托人的行为，其获知的数据仅是用于税务程序、刑事罚程序或秩序罚程序，以及

（2）《刑事诉讼法》第53条第1款第1句第5项所述之人的职务行为，其接收、使用或公开数据。[154]

第203条 （侵害他人隐私）

1. 因下列各种身份而被告知或知悉他人的秘密，尤其是私生活秘密或企业、商业秘密未被授权而加以泄露的，处1年以下自由刑或罚金刑：

（1）医师、牙医、兽医、药剂师或其他需要经过国家规定的培训始可执业的医护人员，

（2）国家承认的科学的结业考试合格的职业心理学家，

（3）律师、办理专利问题的律师、公证人、诉讼程序中的辩护人、经济审查人、宣誓的账簿审查人、税务顾问、税务代理人或者律师公司、专利代理公司、经济审查公司、账簿审查公司或税务顾问公司的机关或其成员，

（4）婚姻顾问、家庭顾问、教育顾问或青年问题顾问，以及由官方或团体、其他机构或公法上的财团法人所承认而设立的咨询机构之成员或顾问，

（5）《怀孕冲突法》第3条和第8条规定的被承认的咨询机构的成员或受委托人，

（6）国家承认的社会工作人员或社会教育人员，或

（7）私营的疾病、事故或人寿保险机构的职员，或私人医生的结算机构的职员。

2. 因下列各种身份而被告知或获悉他人的秘密，尤其是私生活秘密或企业、商业秘密，未经授权而加以泄露的，处与第1款相同之刑罚：

（1）公职人员，

---

[154] 根据2015年12月10日颁布的《关于对交通数据引入储存义务和最高储存期限的法律》（《联邦法律公报I》，第2218页）新增加，自2015年12月18日起生效。

（2）对公务负有特别义务的人员，

（3）依《职务代理法》执行任务或职权的人员，

（4）联邦立法机关或州立法机关所属调查委员会的成员，或其他委员会或参议会中不具有立法机关成员身份的人员，或该委员会或参议会的协助人员，或

（5）依法负有忠诚履行其职位上义务的公开聘任的专家，

（6）在执行科学研究计划中依法正式负有认真履行保密义务的人员。

因履行公共管理任务而知晓有关他人的人或物的个别资料视同第1句意义上的秘密；将该个别资料交付其他当局或其他履行公共管理任务的机构，且法律不加禁止的，不适用第1句的规定。

3. 如果本条第1款和第2款所述之人将其知晓的秘密告知其职业助手，或者为其工作做准备之人，不属于本条意义上的泄露他人秘密。本条第1款和第2款所述之人，可以将其知晓的秘密告知与其一起工作的人，但以后者知悉此秘密乃完成工作之必需为限；本规定同样适用于其他为本条第1款和第2款所述之人工作之人的助手。

4. 在履行职务或作为本条第1款和第2款所述之人的助手或被委托人而知晓他人秘密未被授权而泄露该秘密的，处1年以下自由刑或罚金刑。具备下列情形之一的，处与前句相同之刑罚：

（1）作为第1款和第2款所述之人未加注意而将其在从事工作时知晓的他人秘密告知本不该知悉的其他协助工作之人的；其他协助工作之人本身就属于第1款和第2款所述之人的，不适用本规定，

（2）作为第3款所述协助工作之人未被经授权将其从事工作时知悉的他人秘密告知其他协助工作之人，且未要求后者保守秘密的；其他协助工作之人本身就属于第1款和第2款所述之人的，不适用本规定，或

（3）本款第1句所述之人或本条第1款或第2款所述之人死亡后，从死者或从其遗物中获得秘密的人，未被授权加以公开的。

5. 行为人在关系人死亡后，未经授权而公开其秘密的，适用第1款至第3款的规定。

6. 行为人为获得报酬或意图使自己或他人获利，或意图损害他人的利益而公开此等秘密的，处 2 年以下自由刑或罚金刑。[153]

第 204 条 （利用他人的秘密）

1. 依第 203 条的规定有义务为他人保密之人，未经授权而利用他人秘密，尤其是利用企业或商业秘密的，处 2 年以下自由刑或罚金刑。

2. 相应适用第 203 条第 5 款的规定[154]。

第 205 条 （告诉）

1. 实施第 201 条第 1 款和第 2 款、第 202 条、第 203 条和第 204 条之行为的，告诉的才处理。实施第 201 条 a、第 202 条 a、第 202 条 b 和第 202 条 d 之行为的，同样告诉的才处理，但刑事追诉机关认为因特殊的公共利益应当依职权进行追诉的除外。

2. 被害人死亡的，告诉权依第 77 条第 2 款转移给其亲属。本规定不适用于第 202 条 a、第 202 条 b 和第 202 条 d 规定之情形。秘密不属于被害人的私生活范围的，则犯罪行为的告诉权依第 203 条和第 204 条由其继承人行使。行为人在关系人死亡后犯第 203 条和第 204 条公开或利用他人秘密之罪的，相应适用本款第 1 句和第 2 句的规定[155]。

第 206 条 （侵害邮政或电讯秘密）

1. 未经授权，将那些由于从事邮政或电讯业务企业的所有人或雇员而获悉的，属于邮政或电讯秘密的事实告知他人的，处 5 年以下自由刑或罚金刑。

2. 作为第 1 款所述企业的所有人或雇员，未经授权而为下列行为之

---

[153] 根据 2017 年 10 月 30 日颁布的《重新规定保守秘密的法律》(《联邦法律公报 I》，第 3618 页)修订，自 2017 年 11 月 9 日起生效。

[154] 同上注。

[155] 根据 2015 年 12 月 10 日颁布的《关于对交通数据引入储存义务和最高储存期限的法律》(《联邦法律公报 I》，第 2218 页)新增加，自 2015 年 12 月 18 日起生效。

一的，处与前款相同之刑罚：

（1）开拆他人交由此等企业邮寄的经封缄的邮件，或虽未开拆但以技术手段探知其内容的，

（2）扣留他人交由此等企业邮寄的邮件的，

（3）对第1款或本款第1项或第2项所述行为予以批准或促使的。

3. 下列人员实施此等行为的，同样适用第1款和第2款的处罚规定：

（1）对第1款所述企业的业务进行监督之人，

（2）受此等企业委托或经其授权，从事邮政或电讯业务之人，

（3）制造为经营此等企业所需的设备或参与工作之人。

4. 非从事邮政或电讯业务之公职人员，将其经授权或未经授权而知悉的邮政或电讯秘密，非法告知他人的，处2年以下自由刑或罚金刑。

5. 特定之人之间的邮政交往的详细情况以及邮件的内容均属邮政秘密。电讯内容及其详细情况，尤其是有关某人是否参与或是否曾经参与通话的事实，均属电讯秘密。电讯秘密还及于未成功的通讯的详细情况。

第207~210条　（废除）

第十六章　侵害他人生命的犯罪

第211条　（预谋杀人）

1. 谋杀者处终身自由刑。
2. 谋杀者是指出于杀人嗜好、性欲的满足、贪财或其他卑劣动机，以阴险、残暴或危害公共安全的方法，或意图实现或掩盖其他犯罪行为而杀人的人。

第212条　（故意杀人）

1. 非谋杀而故意杀人的，处5年以上自由刑。
2. 情节特别严重的，处终身自由刑。

第213条　（故意杀人的减轻情节）

非因故意杀人者的责任，而是因为被害人对其个人或家属进行虐待或重大侮辱，致故意杀人者当场义愤杀人，或具有其他减轻情节的，处1年以上10年以下自由刑。

第214条　（废除）

第215条　（废除）

第216条　（受嘱托杀人）

1. 受被害人明示且真诚之要求而将其杀死的，处6个月以上5年以下自由刑。
2. 犯本罪未遂的，也应处罚。

第 217 条　（商业性的促进他人自杀）

1. 意图促进他人自杀，商业性地为其提供、设法创造或帮助获得自杀的机会的，处 3 年以下自由刑或罚金刑。

2. 作为参与人，且要么是第 1 款所述自杀者的近亲属，要么是其亲近之人，并非商业性地为上述行为的，不处罚。[153]

第 218 条　（中止妊娠）

1. 中止妊娠者，处 3 年以下自由刑或罚金刑。为阻止受精卵在子宫着床的行为，不属于本法意义上的中止妊娠。

2. 情节特别严重的，处 6 个月以上 5 年以下自由刑。情节特别严重一般是指行为人：

（1）违背孕妇的意愿而使其中止妊娠的，或

（2）因轻率中止妊娠致孕妇有死亡或重伤危险的。

3. 孕妇实施中止妊娠行为的，处 1 年以下自由刑或罚金刑。

4. 犯本罪未遂的，也应处罚。孕妇犯本罪未遂的，不处罚。

第 218 条 a　（中止妊娠不处罚）

1. 具备下列情形之一的，第 218 条规定的犯罪构成要件不实现：

（1）孕妇要求中止妊娠，且向医师出具了第 219 条第 2 款第 2 句所述证明，表明至少在手术前三天接受过咨询，

（2）中止妊娠是由医师进行的，且

（3）怀孕不超过 12 周的。

2. 鉴于孕妇当前的或将来的生活关系，如果医师认为中止妊娠是为防止孕妇遭受生命或严重的身体伤害或心理健康危险，且此等危险不可能以其他方式避免，经孕妇同意且由医师实施中止妊娠的，不违法。

3. 如果医师认为孕妇受到第 176 条至第 178 条的违法行为的侵害，

---

[153] 根据 2015 年 12 月 3 日颁布的《商业性地促进自杀的可罚性的法律》（《联邦法律公报 I》，第 2177 页）新增加，自 2015 年 12 月 10 日起生效。

有迫切的理由认为，其怀孕是因此等行为所致，且受孕不超过12周的，孕妇同意且由医师实施的中止妊娠，视同已经具备了第2款所述之条件。

4. 如果中止妊娠是基于医师的建议（第219条），且由医师实施，受孕不超过22周的，孕妇不依第218条处罚。如果孕妇在手术时处于特别之困境，法庭可免除第218条之刑罚。[159]

第218条b （无医师证明的中止妊娠；不正确的医师证明）

1. 在没有出示非来自实施中止妊娠的医师关于是否具备第218条a第2款或第3款的条件的书面证明之情形下，实施了第218条a第2款或第3款规定之中止妊娠行为，若该行为未在第218条规定刑罚的，处1年以下自由刑或罚金刑。医师违背良知，为本款第1句出示之用，就第218条a第2款或第3款的条件而作不真实的证明，若该行为未在第218条规定处罚的，处2年以下自由刑或罚金刑。孕妇不依第1句或第2句处罚。

2. 行为人实施了第1款规定的违法行为以及第218条、第219条a或第219条b规定的违法行为，或因其他的与中止妊娠有关的违法行为，而受到有罪判决的，如主管机关因此禁止医师作出证明的，则该医师不得作出第218条a第2款和第3款意义上的证明。如果因怀疑某医师实施了第1款规定的违法行为而已开始主审程序的，主管机关可暂时禁止其为第218条a第2款或第3款所述之证明。

第218条c （医师违背中止妊娠义务）

1. 具备下列情形之一而为中止妊娠，如果该行为未在第218条规定刑罚，处1年以下自由刑或罚金刑：

（1）不给孕妇解释中止妊娠要求的机会，

---

[159] 根据2016年11月4日颁布的《第50部刑法修改法》（完善对性自决权的保护，《联邦法律公报I》，第10页）修订，自2016年11月10日起生效。

（2）不向孕妇说明有关手术的意义，尤其是关于手术的过程、结果、风险、可能的生理和心理影响等的医师之咨询意见，

（3）没有事先在第218条a第1款和第3款情形下根据医师的检查，对受孕时间产生确信，或

（4）尽管其对孕妇在第218条a第1款情形下作了第219条之咨询。

2. 孕妇不依第1款处罚。

第219条　（孕妇在困境中的咨询）

1. 咨询的目的在于保护未出生的生命。它应当致力于鼓励孕妇继续妊娠并展望有孩子的生活；它应当帮助孕妇作出负责任的和认真的决定。通过咨询必须使孕妇明白，她未出生的孩子在怀孕的任何阶段都独自享有生存的权利。因此，法律规定中止妊娠只是在例外情况下允许予以考虑，即如果孕妇怀孕足月生产，将使其增加了如此严重且不寻常的负担，以至于该负担超过了可期待的牺牲极限。咨询应通过建议和帮助有助于克服与怀孕有关的冲突状态和消除困境。《怀孕冲突法》对之有详细规定。

2. 根据《怀孕冲突法》的规定，咨询只能由得到承认的怀孕冲突咨询机构作出。咨询结束后，咨询机构要按照《怀孕冲突法》的标准，给孕妇开具包括最后一次咨询谈话日期和孕妇姓名等内容的证明。为孕妇做中止妊娠手术之医师，不得任咨询师。

第219条a　（中止妊娠宣传）

1. 公开地在集会中或为获得财产利益以散发文书（第11条第3款）的方式，从事下列活动之一的，处2年以下自由刑或罚金刑：

（1）为实施中止妊娠或促进中止妊娠而对自己或他人的劳务予以提供、告知、吹嘘，或

（2）将标明为中止妊娠的工具、物品或方法予以提供、告知、吹嘘或公布这种内容的解释的。

2. 告知医师或依法被确认的咨询机构，在第218条a第1款至第3

款情况下，为他人中止妊娠的医师、医院或其他医疗机构名单的，不适用第1款第1项的规定。

3. 向医师或其他被授权使用之人提供第1款第2项所列工具、物品，或在供医师、药剂师阅览的专业书报中公开此类物品的，不适用第1款第2项的规定。

第219条b　（销售中止妊娠工具）

1. 故意为促成第218条的违法行为，销售中止妊娠工具或物品的，处2年以下自由刑或罚金刑。

2. 妇女参与中止妊娠的准备的，不依第1款处罚。

3. 该行为所涉及之工具或物品应予以没收。

第220条　（废除）

第220条a　（废除）[160]

第221条　（遗弃）

1. 遗弃他人，有下列情形之一，致被遗弃人有死亡或严重损害健康危险的，处3个月以上5年以下自由刑：

（1）使被遗弃人处于无助状态，或

（2）置受行为人监护或有义务帮助之人处于无助状态。

2. 行为人为下列行为之一的，处1年以上10年以下自由刑：

（1）遗弃其孩子或受其教育或照料之人的，或

（2）实施致被害人的健康遭受严重损害的行为的。

3. 行为人因其行为致被害人死亡的，处3年以上自由刑。

---

[160] 因2002年6月26日颁布的《贯彻国际刑法的法律》（《联邦法律公报I》，第2254页）废除，自2002年6月30日起生效。

4. 犯第 2 款之罪情节较轻的，处 6 个月以上 5 年以下自由刑，犯第 3 款之罪情节较轻的，处 1 年以上 10 年以下自由刑。

第 222 条　（过失杀人）

过失导致他人死亡的，处 5 年以下自由刑或罚金刑。

第十七章　侵害他人身体完整性的犯罪

第223条　（身体伤害）

1. 不法伤害他人身体或损害其健康的，处5年以下自由刑或罚金刑。
2. 犯本罪未遂的，也应处罚。

第224条　（危险的身体伤害）

1. 以下列方式伤害他人身体的，处6个月以上10年以下自由刑，情节较轻的，处3个月以上5年以下自由刑：
   （1）投放毒物或其他危险物质，
   （2）使用武器或其他危险工具，
   （3）阴险地突然袭击，
   （4）与他人共同实施伤害行为，或
   （5）以危害生命的方式伤害他人。
2. 犯本罪未遂的，也应处罚。

第225条　（虐待被保护人）

1. 行为人对不满18岁之人或因残疾、疾病而无防卫能力之人，他们
   （1）处于行为人的照料或保护之下，
   （2）属于行为人的家庭成员，
   （3）被照料义务人将照料义务转让给行为人，或
   （4）在职务或工作关系范围内之下属。
   实施虐待行为，或恶意地疏忽其照料义务，以致损害被害人健康的，处6个月以上10年以下自由刑。
2. 犯本罪未遂的，也应处罚。

3. 行为人因其行为致被保护人有下列危险的,处 1 年以上自由刑:
(1) 死亡或严重之健康损害,或
(2) 身体或心理发育上的严重损害。
4. 犯第 1 款之罪情节较轻的,处 3 个月以上 5 年以下自由刑,犯第 3 款之罪未遂的,处 6 个月以上 5 年以下自由刑。

第 226 条　(严重的身体伤害)

1. 实施伤害行为,给被害人造成下列后果的,处 1 年以上 10 年以下自由刑:
(1) 单眼或双眼的视力、听力、语言或生殖能力的丧失,
(2) 某一重要肢体的丧失或不能再使用,或
(3) 长期严重毁容,或常卧病榻、残疾或使其患精神疾病或精神障碍。
2. 行为人在故意或明知的情况下造成第 1 款所述后果的,处 3 年以上自由刑。
3. 犯第 1 款之罪情节较轻的,处 6 个月以上 5 年以下自由刑,犯第 2 款之罪情节较轻的,处 1 年以上 10 年以下自由刑。

第 226 条 a　(毁损女性生殖器)

1. 毁损女性的外生殖器的,处 1 年以上自由刑。
2. 情节较轻的,处 6 个月以上 5 年以下自由刑。[161]

第 227 条　(伤害致死)

1. 行为人因其伤害行为(第 223 条至第 226 条 a)致被害人死亡的,处 3 年以上自由刑。

---

[161] 根据 2013 年 9 月 24 日颁布的《第 47 部刑法修改法》(使女性生殖器残废的可罚性,《联邦法律公报 I》,第 3671 页)新增加,自 2013 年 9 月 28 日起生效。

2. 情节较轻的，处 1 年以上 10 年以下自由刑。⑩

第 228 条 （同意）

在被害人同意的情况下所为之伤害行为，仅在尽管被害人同意该行为也违背公序良俗时，才是违法行为。

第 229 条 （过失伤害）

过失伤害他人身体的，处 3 年以下自由刑或罚金刑。

第 230 条 （告诉）

1. 第 223 条的故意伤害罪和第 229 条的过失伤害罪告诉的才处理，但刑事追诉机关认为依职权进行追诉符合特别之公共利益的除外。被害人死亡的，故意伤害罪的告诉权依第 77 条第 2 款的规定，由其家属行使。

2. 伤害执行公务或与其职务有关的公职人员、对公务负有特别义务的人员或联邦国防军士兵的，其长官有告诉权。本规定相应适用于教会或公法上的宗教团体的执事。

第 231 条 （参与斗殴）

1. 参与斗殴或参与由多人实施的攻击行为，如果其斗殴或攻击行为致他人死亡或重伤害（第 226 条）的，处 3 年以下自由刑或罚金刑。

2. 参与斗殴或攻击行为不归责于行为人的，不依第 1 款处罚。

---

⑩ 根据 2013 年 9 月 24 日颁布的《第 47 部刑法修改法》（使女性生殖器残废的可罚性，《联邦法律公报 I》，第 3671 页）新增加，自 2013 年 9 月 28 日起生效。

第十八章　侵害他人人身自由的犯罪

第232条　（为性剥削目的之人口贩卖）

1. 利用他人人身的或经济的困境或身处国外的无助状态，或招募、运送、转手、容留或接收不满21岁者为下列行为之一的，处6个月以上5年以下自由刑：

（1）对其加以剥削

　a. 在从事卖淫或为性行为时，或在行为人或第三人面前为性行为，或让其与行为人或第三人为性行为，

　b. 通过工作，

　c. 在乞讨时，或

　d. 在实施应当受刑罚处罚的行为时

（2）使其成为奴隶、农奴、债奴或类似关系之人，或

（3）违法摘取其器官。

基于无所顾忌的获利动机雇佣他人在与从事相同或相似工作的极不相称的劳动条件下工作，即属于第1款第1句第1项字母b意义上的工作（剥削性工作）。

2. 以下列方式对第1款第1句第1项至第3项所述之人为下列行为之一的，处6个月以上10年以下自由刑：

（1）以暴力、明显的恶行相威胁或以诡计，招募、运送、转手、容留或接收，或

（2）诱拐、霸占或怂恿第三人霸占。

3. 具备下列情形之一的，在第1款情形下处1年以上10年以下自由刑：

（1）被害人不满18岁，

（2）行为人在犯罪时严重虐待被害人，或犯罪行为或在犯罪过程中实施的行为至少过失地导致死亡的危险或严重的身体伤害的危险，或

(3) 行为人职业性地或者作为继续实施此等犯罪的团伙成员实施犯罪的。

具备本款第 1 句第 1 项至第 3 项所述情况的，在第 2 款情况下处 1 年以上 10 年以下自由刑。

4. 实施第 1 款、第 2 款和第 3 款第一句之罪未遂的，也应处罚。[163]

第 232 条 a （强迫卖淫）

1. 利用他人人身的或经济的困境或身处国外的无助状态，或者促使不满 21 岁之人为下列行为之一的，处 6 个月以上 10 年以下自由刑：

（1）从事卖淫或继续卖淫，或

（2）让其与行为人为性行为、在行为人或第三人面前为性行为，或让行为人或第三人与其为性行为。

2. 犯本罪未遂的，也应处罚。

3. 以暴力、明显的恶行相威胁或以诡计，强迫不满 21 岁之人从事卖淫或继续卖淫，或促使其为第 1 款第 2 项所述之性行为的，处 1 年以上 10 年以下自由刑。

4. 具备第 232 条第 3 款第 1 句第 1 项至第 3 项所述情形之一的，在本条第 1 款情况下处 3 个月以上 5 年以下自由刑，在本条第 3 款情况下处 1 年以上自由刑。

5. 在第 1 款情况下情节较轻的，处 3 个月以上 5 年以下自由刑；在第 3 款和第 4 款情况下情节较轻的，处 6 个月以上 10 年以下自由刑。

6. 为获利而对下列犯罪行为的被害人为性行为、让其与行为人为性行为，且行为人利用被害人人身的或经济的困境或身处国外的无助状态的，处 3 个月以上 5 年以下自由刑：

（1）第 232 条第 1 款第 1 句第 1 项字母 a 规定的人口贩卖以及相关的第 232 条第 2 款的被害人，或

---

[163] 根据 2016 年 10 月 11 日颁布的《改善与人口贩卖作斗争和修改联邦统计法以及社会法典第八编的法律》（《联邦法律公报 I》，第 2226 页）修订，自 2016 年 10 月 15 日起生效。

（2）本条第 1 款至第 5 款意义上的从事卖淫的被害人。

实施第 1 句第 1 项或第 2 项规定的不利于第 1 句意义上从事卖淫之人的犯罪行为，自愿在主管当局告发，或自愿促成这样的告发，如果此时犯罪行为尚未全部或部分被发现，且行为人也知道此点，或在专业评价情况下案件事实必须这样认定的，不以第 1 句处罚。[164]

第 232 条 b　（强迫劳动）

1. 利用他人人身的或经济的困境或身处国外的无助状态，或者促使不满 21 岁之人为下列行为之一的，处 6 个月以上 10 年以下自由刑：

（1）从事或继续从事剥削性质的工作（第 232 条第 1 款第 2 句），

（2）使其成为奴隶、农奴、债奴或类似关系之人，或

（3）吸纳其从事或继续从事剥削性质的乞讨。

2. 犯本罪未遂的，也应处罚。

3. 以暴力、明显的恶行相威胁，或以诡计强迫他人为行为之一的，处 1 年以上 10 年以下自由刑：

（1）从事或继续从事剥削性质的工作（第 232 条第 1 款第 2 句），

（2）使其成为奴隶、农奴、债奴或类似关系之人，或

（3）吸纳其从事或继续从事剥削性质的乞讨。

4. 相应适用第 232 条 a 第 4 项和第 5 项的规定。[165]

第 233 条　（剥削劳动力）

1. 利用他人人身的或经济的困境或身处国外的无助状态，或剥削不满 21 岁之人，有下列行为之一的，处 3 年以下自由刑或罚金刑：

（1）通过第 232 条第 1 款第 2 句意义上的工作，

（2）在乞讨过程中，或

---

[164] 根据 2016 年 10 月 11 日颁布的《改善与人口贩卖作斗争和修改联邦统计法以及社会法典第八编的法律》（《联邦法律公报 I》，第 2226 页）修订，自 2016 年 10 月 15 日起生效。

[165] 同上注。

（3）在由该人实施应受刑法处罚的行为时。

2. 具备下列情形之一的，处6个月以上10年以下自由刑：

（1）被害人行为时不满18岁的，

（2）行为人在犯罪时严重虐待被害人，犯罪行为，或在犯罪过程中实施的行为至少过失地导致死亡的危险或严重的身体伤害的危险，

（3）行为人全部或者部分扣留被害人的劳动收入，使其陷入经济困境，或使得已经形成的经济困境明显恶化的，或

（4）行为人作为继续实施此等犯罪的团伙的成员实施犯罪的。

3. 犯本罪未遂的，也应处罚。

4. 在本条第1款情况下情节较轻的，处2年以下自由刑或罚金刑；在第2款情况下情节较轻的，处3个月以上5年以下自由刑。

5. 以下列方式之一助长本条第1款第1项意义上的行为的，处2年以下自由刑或罚金刑：

（1）介绍剥削性质的工作的（第232条第1款第2句），

（2）出租营业场所的，或

（3）出租住房给为剥削之人的。

行为已经根据其他规定科处较重刑罚的，不适用本条第1句的规定。[169]

第233条a （利用被剥夺自由进行剥削）

1. 拘禁他人或以其他方式剥夺他人自由，并在此情形下剥削被害人，有下列情形之一的，处6个月以上10年以下自由刑：

（1）在他人从事卖淫时，

（2）通过第232条第1款第2句规定的工作，

（3）在他人乞讨时，或

（4）在该人实施应受刑法处罚的行为时。

---

[169] 根据2016年10月11日颁布的《改善与人口贩卖作斗争和修改联邦统计法以及社会法典第八编的法律》（《联邦法律公报I》，第2226页）修订，自2016年10月15日起生效。

2. 犯本罪未遂的，也应处罚。

3. 具备第 233 条第 2 款第 1 项至第 4 项规定情形之一的，在本条第 1 款情形下，处 1 年以上 10 年以下自由刑。

4. 在本条第 1 款情况下情节较轻的，处 3 个月以上 5 年以下自由刑，在本条第 3 款情况下情节较轻的，处 6 个月以上 10 年以下自由刑。[167]

第 233 条 b　（行为监督）

在第 232 条、第 232 条 a 第 1 款至第 5 款、第 232 条 b、第 233 条第 1 款至第 4 款和第 233 条 a 情形下，法庭可命令行为监督（第 68 条第 1 款）。[168]

第 234 条　（掳人勒索）

1. 用暴力、明显的恶行相威胁或以诡计劫持他人，将其置于无助状态或沦为奴隶、农奴或送往外国军事机构或与军事机构相似之机构服役的，处 1 年以上 10 年以下自由刑。

2. 情节较轻的，处 6 个月以上 5 年以下自由刑。[169]

第 234 条 a　（绑架）

1. 以诡计、胁迫或暴力绑架他人至本法效力范围以外地区，或使他人前往该地区或阻止其从该地区返回，因而致他人有因政治原因被追诉之虞，且用暴力或其他专制措施加害其身体、生命，剥夺其自由或使其职业或经济地位受到严重损害，违背法治国家的基本原则的，处 1 年以

---

[167] 根据 2016 年 10 月 11 日颁布的《改善与人口贩卖作斗争和修改联邦统计法以及社会法典第八编的法律》（《联邦法律公报 I》，第 2226 页）修订，自 2016 年 10 月 15 日起生效。

[168] 根据 2017 年 4 月 13 日颁布的《关于改革刑法中财产差价税的法律》（《联邦法律公报 I》，第 872 页）修订，自 2017 年 7 月 1 日起生效。

[169] 根据 2005 年 2 月 11 日颁布的《第 37 部刑法修改法》（《联邦法律公报 I》，第 239 页）修订，自 2005 年 2 月 19 日起生效。

上自由刑。

2. 情节较轻的，处 3 个月以上 5 年以下自由刑。

3. 准备实施这种行为的，处 5 年以下自由刑或罚金刑。

第 235 条　（诱拐未成年人）

1. 具有下列情形的，使下列人员脱离其父母双亲、其父亲或母亲、监护人或保护人的，处 5 年以下自由刑或罚金刑：

（1）用暴力、明显的恶行相威胁或以诡计诱拐不满 18 岁之人，或

（2）诱拐不属于其亲属的儿童。

2. 为下列之目的而将儿童诱拐，使之脱离其父母双亲、其父亲或母亲、监护人或保护人的，处与前款相同之刑罚：

（1）带往国外，

（2）带往国外后扣留在国外。

3. 犯第 1 款第 2 项和第 2 款第 1 项之罪而未遂的，也应处罚。

4. 如行为人因其行为导致下列结果之一的，处 1 年以上 10 年以下自由刑：

（1）致被害人有死亡或重伤害危险，或有身体或心理发育上的严重损害危险，或

（2）为获取报酬而行为，或故意为此等行为，意图使自己或他人获利的。

5. 行为人因其行为致被害人死亡的，处 3 年以上自由刑。

6. 犯第 4 款之罪情节较轻的，处 6 个月以上 5 年以下自由刑；犯第 5 款之罪情节较轻的，处 1 年以上 10 年以下自由刑。

7. 第 1 款至第 3 款规定之诱拐未成年人，告诉的才处理，刑事追诉机关认为依职权进行追诉符合特别之公共利益的，不在此限。

第 236 条　（买卖儿童）

1. 犯罪人严重违背照料或教养义务，将其不满 18 岁之儿童或不满 18 岁之被监护人、养子女长期交由他人，为获取报酬或使自己或他人获

利的，处 5 年以下自由刑或罚金刑。在第 1 句之情形下，将儿童、被监护人或养子女长期置于自己身边，为此提供报酬的，处与第 1 句相同之刑罚。

2. 非法为下列行为之一，为获取报酬或意图使自己或他人获利的，处 3 年以下自由刑或罚金刑：

（1）介绍收养不满 18 岁之人，或

（2）为介绍行为，意图使第三人长期将不满 18 岁之人置于身边，

作为收养不满 18 岁之人的介绍人，对同意收养给予报酬的，处相同之刑罚。在第 1 句情形下，致被介绍之人被带往本国或外国的，处 5 年以下自由刑或罚金刑。

3. 犯本罪未遂的，也应处罚。

4. 如行为人实施下列行为之一的，处 6 个月以上 10 年以下自由刑：

（1）出于获利目的、职业性或作为为继续实施买卖儿童犯罪而成立的犯罪团伙成员为此等行为的，或

（2）儿童或被介绍之人因犯罪行为而有严重损害其身体或心理发育危险的。

5. 在考虑儿童或被介绍之人身体或心理健康后，如认为在第 1 款和第 3 款情形下共犯的责任轻微，以及第 2 款和第 3 款情形下共犯的责任轻微，法庭可酌情减轻处罚（第 49 条第 2 款）或免除第 1 款至第 3 款之刑罚。[170]

第 237 条　（强迫婚姻）

1. 违法以暴力、明显的恶行相威胁，强制他人缔结婚姻的，处 6 个月以上 5 年以下自由刑。行为违法是指，为所追求目的而使用暴力或明显的恶行应受谴责。

---

[170] 根据 2008 年 10 月 31 日颁布的《关于贯彻欧盟议会的与对儿童的性剥削和儿童色情作斗争的框架决定的法律》（《联邦法律公报 I》，第 2419 页）修订，自 2008 年 11 月 5 日起生效。

2. 为实施第 1 款之罪，以暴力、明显的恶行或诡计相威胁，将他人带往本法空间效力范围以外的地区，或迫使其前往该地区，或阻止其从该地区返回的，处与第 1 款相同之刑罚。

3. 犯本罪未遂的，也应处罚。

4. 犯本罪情节较轻的，处 3 年以下自由刑或罚金刑。[171]

第 238 条　（追求）

1. 以下列方式不懈地苦苦追求他人，致使该人的生活受到严重影响的，处 3 年以下自由刑或罚金刑：

（1）近身探访，

（2）使用电信手段或其他通信手段，或通过第三人与其建立联系，

（3）滥用他人的个人数据，

　　a. 为其订购物品或服务，或

　　b. 通过第三人与其建立联系，或

（4）以自杀、自残、损害自己或其亲近之人的健康或自由的方式对其进行威胁的，或

（5）为其他类似行为的。

2. 行为人的行为给被害人、被害人的亲属或亲近之人造成生命或严重的健康危险的，处 3 个月以上 5 年以下自由刑。

3. 行为人的行为导致被害人、其亲属或亲近之人死亡的，处 1 年以上 10 年以下自由刑。

4. 在第 1 款情形下告诉的才处理，但刑事追诉机关认为依职权进行追诉具有特别之公共利益的除外。[172]

---

[171] 根据 2011 年 6 月 23 日颁布的《与强迫婚姻作斗争和更好地保护强迫婚姻的被害人及进一步修改居留和避难权规定的法律》（《联邦法律公报 I》，第 1266 页）修订，自 2011 年 7 月 1 日起生效。

[172] 根据 2017 年 3 月 1 日颁布的《完善保护被追求人法》（《联邦法律公报 I》，第 386 页）修订，自 2017 年 3 月 10 起生效。

第 239 条 （剥夺他人自由）

1. 非法拘禁他人或以其他方式剥夺他人自由的，处 5 年以下自由刑或罚金刑。

2. 犯本罪未遂的，也应处罚。

3. 行为人具备下列情形之一的，处 1 年以上 10 年以下自由刑：

（1）剥夺被害人自由的期限超过 1 周的，或

（2）因犯罪行为或在犯罪行为的实施过程中的行为致被害人的健康遭受严重损害的。

4. 行为人因其犯罪行为或在犯罪行为实施过程中的其他行为致被害人死亡的，处 3 年以上自由刑。

5. 犯第 3 款之罪情节较轻的，处 6 个月以上 5 年以下自由刑，犯第 4 款之罪情节较轻的，处 1 年以上 10 年以下自由刑。

第 239 条 a （掳人勒索）

1. 诱拐或绑架他人，利用被害人对被抓之人的健康或第三人对被害人的健康的担心进行勒索（第 253 条）的，或利用他人造成的此等情状勒索他人的，处 5 年以上自由刑。

2. 情节较轻的，处 1 年以上自由刑。

3. 行为人因其行为轻率地导致被害人死亡的，处终身自由刑或 10 年以上自由刑。

4. 行为人又将被害人带回其生活环境的，法庭可依第 49 条第 1 款减轻处罚。被害人回到其生活环境并非因行为人所致，只要行为人真诚努力追求此结果，即可视为已具备第 1 句之条件。

第 239 条 b （扣作人质）

1. 诱拐或抓住他人，意图以杀死或伤害（第 226 条）被绑架人相威胁，或剥夺其一周以上时间的自由，强制被害人或第三人为一定行为、容忍或不为一定行为的，或利用由其行为给某人造成的状况为上述强制的，处 5 年以上自由刑。

2. 相应适用第 239 条 a 第 2 款至第 4 款的规定。

第 239 条 c （行为监督）

在第 239 条 a 和第 239 条 b 情形下，法庭可命令行为监督（第 68 条第 1 款）。

第 240 条 （强制）

1. 非法使用暴力或以明显的恶行相威胁，强制他人为一定行为、容忍或不为一定行为的，处 3 年以下自由刑或罚金刑。

2. 使用暴力或以恶行相威胁迫使他人达到所追求的目的被认为应受谴责的，该行为即属违法。

3. 犯本罪未遂的，也应处罚。

4. 情节特别严重的，处 6 个月以上 5 年以下自由刑。情节特别严重一般是指，行为人

（1）强制孕妇中止妊娠，或

（2）滥用其作为公职人员的职权或地位。[173]

第 241 条 （胁迫）

1. 以对被害人本人或与其亲近者犯重罪相威胁的，处 1 年以下自由刑或罚金刑。

2. 违背良知，谎称即将对被害人本人或与其亲近者犯重罪的，处与第 1 款相同之刑罚。

第 241 条 a （政治嫌疑）

1. 为使他人基于政治原因受追诉或使其处于嫌疑危险状态，且违反法治国家的原则，使用暴力或其他专制手段加害他人身体、生命、剥夺他人自由或严重损害其职业、经济地位，对其告密或使其受嫌疑的，处 5 年以下自由刑或罚金刑。

---

[173] 根据 2016 年 11 月 4 日颁布的《第 50 部刑法修改法》（完善对性自决权的保护，《联邦法律公报 I》，第 2460 页）修订，自 2016 年 11 月 10 日起生效。

2. 告发他人或介绍告发他人，致其受到第 1 款所述政治嫌疑之危险的，处与前款相同之刑罚。

3. 犯本罪未遂的，也应处罚。

4. 以不真实的主张告发他人，使其受到嫌疑，或意图引起第 1 款所述结果之一，或具备其他特别严重情节的，处 1 年以上 10 年以下自由刑。

第十九章 盗窃和侵占犯罪

第 242 条 （盗窃）

1. 意图使自己或第三人不法占有，盗窃他人动产的，处 5 年以下自由刑或罚金刑。

2. 犯本罪未遂的，也应处罚。

第 243 条 （盗窃的特别严重情形）

1. 犯盗窃罪，情节特别严重的，处 3 个月以上 10 年以下自由刑。具备下列情形之一的，一般为情节特别严重：

（1）为实施犯罪，侵入、爬越、用假钥匙或其他不属于正当开启的工具进入大楼、住宅、办公或商业场所或其他封闭场所，或藏匿于该场所的，

（2）从封闭的容器或其他防盗设备中盗窃物品的，

（3）职业盗窃的，

（4）从教堂或其他宗教场所内窃取礼拜用或宗教敬奉用物品的，

（5）窃取展览或公开陈列的科学、艺术、历史或技术发展上有重大价值之物品的，

（6）利用他人无助、遭遇不幸事件或处于公共危险时行窃的，或

（7）窃取根据《武器法》应有许可证始可持有的手持武器、步枪、手枪、自动或半自动步枪，或《战争武器控制法》意义上的战争武器或炸药的。

2. 所盗窃的物品价值甚微的，不属于第 1 款第 2 句第 1 项至第 6 项所述情节特别严重。

第 244 条 （携带武器盗窃、结伙盗窃、入室盗窃）

1. 有下列情形之一的，处 6 个月以上 10 年以下自由刑：

（1）行为人或其他参与人在实施盗窃时，

a. 携带武器或其他危险工具的，

b. 携带其他工具，意图以暴力或以暴力威胁阻止或制服被害人的反抗的，

（2）作为为继续实施抢劫或盗窃犯罪而成立的犯罪团伙成员，与团伙中其他成员合伙盗窃的，或

（3）为实施盗窃侵入、爬越他人住宅，用假钥匙或其他不属于正当开启的工具进入他人住宅或藏匿于该住宅的。

2. 犯本罪未遂的，也应处罚。

3. 实施第1款第1项至第3项规定的行为情节较轻的，处3个月以上5年以下自由刑。

4. 第1款第1项至第3项规定的入户盗窃涉及他人长期使用中的私人住宅的，处1年以上10年以下自由刑。[174]

第244条a （严重的结伙盗窃）

1. 在第243条第1款第2句的条件下，或在第244条第1款第1项或第3项情形下，作为为继续实施抢劫或盗窃而成立的犯罪团伙成员，与团伙成员结伙盗窃的，处1年以上10年以下自由刑。

2. 情节较轻的，处6个月以上5年以下自由刑。[175]

第245条 （行为监督）

在第242条至第244条a情形下，法庭可命令行为监督（第68条第1款）。

---

[174] 根据2017年7月17日颁布的《第55部刑法修改法》（入户盗窃，《联邦法律公报 I》，第2442页）修订，自2017年7月22日起生效。

[175] 根据2017年4月13日颁布的《关于改革刑法中财产差价税的法律》（《联邦法律公报 I》，第872页）修订，自2017年7月1日起生效。

第246条　（侵占）

1. 为自己或第三人侵占他人动产，如行为在其他条款未规定更重之刑罚的，处3年以下自由刑或罚金刑。

2. 在第1款情形下，所侵占之物为行为人受托保管的，处5年以下自由刑或罚金刑。

3. 犯本罪未遂的，也应处罚。

第247条　（家庭成员间的盗窃）

盗窃或侵占家属、监护人、照料人的财物，或被害人与行为人同居一室的，告诉的才处理。

第248条　（废除）

第248条a　（盗窃和侵占价值甚微的物品）

犯第242条盗窃罪和第246条侵占罪，所盗窃或侵占之物价值甚微的，告诉的才处理，但刑事追诉机关基于特别的公共利益，认为有依职权进行追诉之必要的，不在此限。

第248条b　（未经许可使用交通工具）

1. 违背权利人的意愿，擅自使用其汽车或自行车的，若该行为未在其他条款规定更为严厉的刑罚的，处3年以下自由刑或罚金刑。

2. 犯本罪未遂的，也应处罚。

3. 本行为告诉的才处理。

4. 本条所谓之汽车是指以机械力驱动的车辆，凡不行驶于轨道上的陆上车辆，均属本条意义上的汽车。

第248条c　（盗用电力）

1. 为自己或他人不法获取电力，以不符合规定的导线，从电力设备或设施中盗用他人电力的，处5年以下自由刑或罚金刑。

2. 犯本罪未遂的，也应处罚。

3. 相应适用第 247 条和第 248 条 a 的规定。

4. 以不法损害他人为目的而实施第 1 款行为的，处 2 年以下自由刑或罚金刑。本行为告诉的才处理。

第二十章 抢劫和敲诈勒索犯罪

第249条 （抢劫）

1. 意图使自己或第三人不法占有他人财物，用暴力或以身体或生命受到现实危险相威胁抢劫他人动产的，处1年以上自由刑。

2. 情节较轻的，处6个月以上5年以下自由刑。

第250条 （严重的抢劫）

1. 有下列行为之一的，处3年以上自由刑：

（1）行为人或参与人在实施抢劫时，

a. 携带武器或其他危险工具的，

b. 携带其他器械或工具，用暴力或以暴力相威胁阻止或制服被害人的反抗的，

c. 抢劫行为有致被害人的健康遭受严重损害危险的，或

（2）行为人作为为继续实施抢劫或盗窃而成立的犯罪团伙成员，与团伙成员结伙抢劫的。

2. 行为人或参与人具备下列情形之一的，处5年以上自由刑：

（1）在行为时使用武器或其他危险器械的，

（2）在第1款第2项情形下携带武器的，或

（3）行为导致他人

a. 身体被严重残酷对待的或

b. 有死亡危险的。

3. 在第1款和第2款情形下，如情节较轻的，处1年以上10年以下自由刑。

第251条 （抢劫致死）

通过抢劫（第249条和第250条）至少过失致他人死亡的，处终身

自由刑或 10 年以上自由刑。

第 252 条　（窃后抢劫）

行为人盗窃时当场被人发现，为占有所窃之物，对他人实施暴力或以身体、生命受到现实危险相威胁的，以抢劫罪论处。

第 253 条　（勒索）

1. 为自己或第三人非法获利，非法以暴力或明显的恶行相威胁，强制他人为一定行为、容忍或不为一定行为，因而使被强制人或他人遭受财产损失的，处 5 年以下自由刑或罚金刑。

2. 非法是指，为达到所追求的目的而使用的暴力或者以恶行相威胁被视为应当受谴责的。

3. 犯本罪未遂的，也应处罚。

4. 情节特别严重的，处 1 年以上自由刑。情节特别严重一般是指，行为人以此为职业或作为为继续实施勒索行为而成立的犯罪团伙成员实施此等行为。

第 254 条　（废除）

第 255 条　（抢劫性勒索）

以对他人人身实施暴力或立即危害其身体或生命相胁迫的方式进行勒索的，依抢劫罪论处。

第 256 条　（行为监督）

在第 249 条至第 255 条情形下，法庭可命令行为监督（第 68 条第 1 款）。⑰

---

⑰ 根据 2017 年 4 月 13 日颁布的《关于改革刑法中财产差价税的法律》（《联邦法律公报 I》，第 872 页）修订，自 2017 年 7 月 1 日起生效。

第二十一章　包庇和窝赃犯罪

第 257 条　（包庇）

1. 为保护实施违法行为的人因其行为所得的利益而向其提供帮助的，处 5 年以下自由刑或罚金刑。

2. 本罪之刑罚不得重于被包庇之罪行的刑罚。

3. 参与被包庇之犯罪的人，不因包庇行为而受处罚。教唆其他未参与被包庇之犯罪的人进行包庇的，不适用此规定。

4. 被包庇之作为前罪的正犯或共犯仅在告诉、授权或要求判刑情况下才予以追究的，包庇行为也仅在告诉、授权或要求判刑时才予以追究。相应适用第 248 条 a 的规定。

第 258 条　（阻挠刑罚执行）

1. 有意地或明知地阻挠，使他人依据刑法应受的刑罚或处分（第 11 条第 1 款第 8 项）全部或部分不被追究的，处 5 年以下自由刑或罚金刑。

2. 有意地或明知地阻挠，使对他人宣告的刑罚或处分的执行全部或部分无法进行的，处与第 1 款相同之刑罚。

3. 本罪的刑罚不得重于被其阻挠之刑罚。

4. 犯本罪未遂的，也应处罚。

5. 为使对其本人所判处的刑罚或措施的执行全部或部分无法进行的，不因阻挠刑罚而处罚。

6. 为使家属免于刑罚处罚而为上述行为的，不处罚。

第 258 条 a　（利用职务阻挠刑罚执行）

1. 在刑事诉讼程序中或在宣告保安处分（第 11 条第 1 款第 8 项）的程序中协助工作的公职人员犯第 258 条第 1 款之罪，或在刑罚或保安处分的执行中协助工作的公职人员犯第 258 条第 2 款之罪的，处 6 个月以上 5 年以下自由刑，情节较轻的，处 3 年以下自由刑或罚金刑。

2. 犯本罪未遂的，也应处罚。

3. 不得适用第 258 条第 3 款、第 6 款的规定。

第 259 条　（窝赃）

1. 为自己或第三人的利益，购买或者使用自己或第三人取得、出售或帮助出售他人盗窃的或实施其他财产性违法行为所得的赃物的，处 5 年以下自由刑或罚金刑。

2. 相应适用第 247 条和第 248 条 a 的规定。

3. 犯本罪未遂的，也应处罚。

第 260 条　（职业性窝赃；结伙窝赃）

1. 具备下列情形之一的，处 6 个月以上 10 年以下自由刑：

（1）以窝赃为职业的，或

（2）作为为继续实施抢劫、盗窃或窝赃犯罪而成立的犯罪团伙成员实施此等犯罪的。

2. 犯本罪未遂的，也应处罚。⑰

第 260 条 a　（职业性结伙窝赃）

1. 作为为继续实施抢劫、盗窃或窝赃犯罪而成立的犯罪团伙成员，职业性地实施上述犯罪的，处 1 年以上 10 年以下自由刑。

2. 情节较轻的，处 6 个月以上 5 年以下自由刑。⑱

---

⑰ 根据 2017 年 4 月 13 日颁布的《关于改革刑法中财产差价税的法律》（《联邦法律公报 I》，第 872 页）修订，自 2017 年 7 月 1 日起生效。

⑱ 同上注。

第 261 条　（洗钱、隐瞒非法获得的财产价值）

1. 对第 2 句所述违法行为所得之物品加以隐藏、隐瞒其来源，或对调查其来源、探寻、追缴、没收或查封此等物品加以阻挠或危害的，处 3 个月以上 5 年以下自由刑。第 1 句意义上的违法行为是指：

（1）重罪，

（2）下列各条款之轻罪：

a. 与第 335 条 a 相联系的第 108 条 e、第 332 条第 1 款和第 3 款，以及第 334 条，

b.《麻醉品法》第 29 条第 1 款第 1 句第 1 项和《原材料监督法》第 19 条第 1 款第 1 项，

（3）与《共同市场组织和直接支付实施法》第 12 条第 1 款有关的《税法》第 373 条和第 374 条第 2 款规定之轻罪，

（4）以实施下列轻罪为职业，或作为为继续实施此等轻罪而成立的犯罪团伙成员实施下列轻罪：

a. 第 152 条 a，第 181 条 a，第 232 条第 1 款至第 3 款第 1 句和第 4 款，第 232 条 a 第 1 款和第 2 款，第 232 条 b 第 1 款和第 2 款，第 233 条第 1 款至第 3 款，第 233 条 a 第 1 款和第 2 款，第 242 条，第 246 条，第 253 条，第 259 条，第 263 条至第 264 条，第 265 条 c，第 266 条，第 267 条，第 269 条，第 271 条，第 284 条，第 299 条，第 326 条第 1 款、第 2 款和第 4 款，第 328 条第 1 款、第 2 款和第 4 款以及第 348 条规定的轻罪，

b.《居留法》第 96 条，《政治避难程序法》第 84 条，《税法》第 370 条，《证券交易法》第 38 条第 1 款至第 4 款，《商标法》第 143 条、第 143 条 a 和第 144 条，《著作权法》第 106 条至第 108 条 b，《实用造型法》第 25 条，《设计法》第 51 条和第 65 条，《专利法》第 142 条，《半导体保护法》第 10 条和《品种保护法》第 39 条规定的轻罪，

（5）第 89 条 a 和第 89 条 c、与第 129 条 b 第 1 款相联系的第 129 条

和第 129 条 a 第 3 款和第 5 款规定的轻罪。

职业性地或团伙性地为实施《税法》第 370 条规定的逃税行为的，第 1 句的规定同样适用于因逃税而节省的费用和非法获得的退税款和补偿款，在第 2 句第 3 项情形下，第 1 句的规定同样适用于应予没收之物品。

2. 将第 1 款所述物品为下列行为之一的，处与前款相同之刑罚：

（1）为自己或为第三人获取，或

（2）保管，为自己或为第三人使用，如果行为人在得到该物品时已经知悉其来源的。

3. 犯本罪未遂的，也应处罚。

4. 情节特别严重的，处 6 个月以上 10 年以下自由刑。情节特别严重一般是指，行为人以此为常业，或作为为继续实施洗钱犯罪而成立的犯罪团伙成员实施该罪的。

5. 在第 1 款或第 2 款情形下，因过失而不知悉第 1 款所述物品来源的，处 2 年以下自由刑或罚金刑。

6. 第三人事前已经获得该物品，未用于犯罪的，不依第 2 款处罚。

7. 犯罪涉及之物品，应予以没收。相应适用第 74 条 a 的规定。

8. 以第 1 款所述方式在外国犯罪所得之物，如该行为在行为地同样应受处罚，视同第 1 款、第 2 款和第 5 款之物。

9. 具备下列情形之一的，不依第 1 款至第 5 款处罚：

（1）主动向主管当局告发，或在犯罪行为全部或部分未被发现，且行为人知道此等情况，或在专业评估情况下应当知道此等情况，而为此等告发的，且

（2）在第 1 款或第 2 款第 2 项情形下，犯罪行为所涉及之物品已被保全的。

参与实施此等上游犯罪应受处罚的，不依第 1 款至第 5 款处罚。正犯或共犯将本条第 1 款第 2 句所述违法行为获得之物用于流通，因此而

使得该物的违法来源被掩盖的，第2句的不受处罚性被排除。[179]

第262条　（行为监督）

在第259条至第261条情形下，法庭可命令行为监督（第68条第1款）。

---

[179] 根据2017年6月23日颁布的《第2部金融市场修改法》(《联邦法律公报I》, 第1693页) 修订，自2018年1月3日起生效。

第二十二章　诈骗和背信犯罪

第 263 条　（诈骗）

1. 意图为自己或第三人获得不法财产利益，以欺诈、歪曲或隐瞒事实的方法，使他人陷于错误之中，因而损害其财产的，处 5 年以下自由刑或罚金刑。

2. 犯本罪未遂的，也应处罚。

3. 情节特别严重的，处 6 个月以上 10 年以下自由刑。情节特别严重一般是指，行为人

（1）以此为职业或作为为继续实施伪造文书或诈骗而成立的犯罪团伙成员实施此等犯罪的，

（2）造成重大财产损失，或意图继续实施诈骗，使不特定多数之人有遭受财产损失危险的，

（3）致他人处于经济困境的，

（4）滥用其作为公职人员的职权或地位的，或

（5）为诈骗保险金目的，行为人或他人故意将有重大价值之物予以烧毁，或因纵火而使其全部或部分毁损，或将船舶弄沉或触礁而谎报保险事故的。

4. 相应适用第 243 条第 2 款以及第 247 条和第 248 条 a 的规定。

5. 作为为继续实施第 263 条至第 264 条或第 267 条至第 269 条所列犯罪行为而成立的犯罪团伙成员，职业性地实施犯罪的，处 1 年以上 10 年以下自由刑，情节较轻的，处 6 个月以上 5 年以下自由刑。

6. 法庭可命令行为监督（第 68 条第 1 款）。[180]

---

[180] 根据 2017 年 4 月 13 日颁布的《关于改革刑法中财产差价税的法律》（《联邦法律公报 I》，第 872 页）修订，自 2017 年 7 月 1 日起生效。

第263条a （计算机诈骗）

1. 意图使自己或第三人获得不法财产利益，以对他人的计算机程序作不正确的调整，通过使用不正确的或不完全的数据，非法使用数据，或以其他手段对他人的计算机程序作非法影响，致他人的财产因此遭受损失的，处5年以下自由刑或罚金刑。

2. 相应适用第263条第2款至第6款的规定。

3. 以制作实施此等犯罪的计算机程序，为自己或他人获取、出售、储存或转让给他人的手段实施第1款犯罪之预备行为的，处3年以下自由刑或罚金刑。

4. 在第3款情形下适用第149条第2款和第3款的规定。[180]

第264条 （补助金诈骗）

1. 有下列行为之一的，处5年以下自由刑或罚金刑：

（1）为自己或他人的利益，对有关补助金的重要事实作不真实的或不完全的陈述，致主管补助金的当局或参与补助金发放程序的机构或人员（补助金发放人）发给其补助金，

（2）违背法律规定的或由补助金发放人规定的使用限制，使用补助金或支付的款项，

（3）致补助金发放人不知悉补助金的重要事实，因而违法发放，或

（4）在补助金的发放过程中，就受救济的理由或其他重要事实，使用以不真实或不完全的陈述所取得的证明的。

2. 情节特别严重的，处6个月以上10年以下自由刑。具备下列情形之一的，一般认为情节特别严重：

（1）因严重谋取私利意图或使用伪造或变造的证明，为自己或他人谋取大量补助金的，

（2）滥用公职人员职权或地位的，或

---

[180] 根据2017年4月13日颁布的《关于改革刑法中财产差价税的法律》（《联邦法律公报I》，第872页）修订，自2017年7月1日起生效。

（3）借助公职人员滥用职权或地位的。

3. 相应适用第 263 条第 5 款的规定。

4. 过失实施第 1 款第 1 项至第 3 项之行为的，处 3 年以下自由刑或罚金刑。

5. 自动阻止基于其犯罪行为而发给补助金的，不依第 1 款和第 4 款处罚。非因行为人的行为不发给其补助金的，只要其主动且真诚努力阻止发放补助金，不处罚。

6. 除依第 1 款至第 3 款判处行为人 1 年以上自由刑外，法庭还可剥夺其担任公职的资格或从公开选举中获得权利的资格（第 45 条第 2 款）。与行为有关之物品应予以没收，相应适用第 74 条 a 的规定。

7. 本条所说之补助金是指：

（1）依联邦法律或州法律，从公共利益金中给经营体或企业支付的款项，它至少包括以下内容：

a. 不依市场上的对等给付而获得，

b. 应当能够促进经济的发展。

（2）依欧洲共同体法律，从公共利益金中支付的款项，它至少部分不依市场上的对等给付而获得。

第 1 句第 1 项所谓之经营体或企业是指公营企业。

8. 第 1 款所述补助金的重要事实是指：

（1）补助金发放人依法或基于某一法律，认为重要的事实，或

（2）经济金或补助金利益的批准、给予、要求返还、继续给予或保留所依据的事实。[182]

第 264 条 a （投资诈骗）

1. 与推销有价证券或应当获得的企业收益的红利份额，或增加此等份额的投资相联系，在广告或关于财产状况的描述或展望中，对购进或

---

[182] 根据 2015 年 11 月 20 日颁布的《与腐败作斗争的法律》（《联邦法律公报 I》，第 2025 页）修订，自 2015 年 11 月 26 日起生效。

增加份额的决定具有意义的重要情况，向不特定多数之人为不正确的有利的陈述，或隐瞒不利的事实的，处3年以下自由刑或罚金刑。

2. 如果行为涉及以企业自己的名义为他人管理的财产部分的，同样适用第1款的规定。

3. 自动阻止基于犯罪行为而获得或提高附条件之给付的，不依第1款和第2款处罚。给付非因行为人的行为而不可能获得的，只要其主动且真诚努力阻止给付取得的，不处罚。

第265条　（保险的滥用）

1. 为使自己或第三人从保险中获得好处，对防止灭失、损坏、影响使用、损失或盗窃而投保之保险标的物加以毁损、损坏，使其不能使用，或弃之不用或转让他人，如行为未依第263条规定较重刑罚，处3年以下自由刑或罚金刑。

2. 犯本罪未遂的，也应处罚。

第265条 a　（骗取给付）

1. 意图无偿地骗取自动售货机或公用通讯网的给付，骗取无偿使用交通工具，或骗取无偿进入某一活动场所或某一机构的入场券的，若在其他规定中未规定更为严厉的刑罚，处1年以下自由刑或罚金刑。

2. 犯本罪未遂的，也应处罚。

3. 相应适用第247条和第248条 a 的规定。

第265条 b　（信贷诈骗）

1. 一经营体或企业就另一经营体或企业，或虚设的经营体或企业，关于信贷条件的许可、放弃或变更的申请，有下列行为之一的，处3年以下自由刑或罚金刑：

（1）就有利于贷款人且对其申请的决定具有重要意义的经济关系

a. 提出不真实或不完全的资料，诸如收支平衡表、盈利及亏损账目、资产摘要或鉴定书，或

b. 以书面形式作不真实的或不完全的报告。

（2）未在附件中说明资料或报告所表明的经济关系的恶化，而其对申请的判断又非常重要的。

2. 自动阻止债权人基于行为人的行为提供给付的，不依第 1 款处罚。非因行为人的行为而不给付的，只要其主动且真诚努力阻止提供给付的，不处罚。

3. 第 1 款中的概念：

（1）经营体或企业是指与标的物无关，而根据经营方式和范围需要依商业经营方式成立的商业企业，

（2）信贷是指一切方式的金钱借贷、承兑借贷、金钱债权的有偿借贷及延期，票据贴现、担保、保证及其他担保。

第 265 条 c　（体育欺诈）

1. 运动员或教练员为自己或第三人获利，向比赛对方索取、让其允诺或接受不法财产利益，作为回报，其对有组织的体育竞赛的过程或结果做有利于对方的影响，从而获得与有组织的体育竞赛有关的不法财产利益的，处 3 年以下自由刑或罚金刑。

2. 向运动员、教练员或第三人提供、承诺或保证利益，作为回报，其对有组织的体育竞赛的过程或结果做有利于对方的影响，从而获得与有组织的体育竞赛有关的不法财产利益的，处与第 1 款相同的刑罚。

3. 仲裁员、计分裁判或裁判员为自己或第三人获利，向他人索取、让其允诺或接受不法财产利益，作为回报，其以非法方式影响有组织的体育竞赛的过程或结果，从而获得与有组织的体育竞赛有关的不法财产利益的，处 3 年以下自由刑或罚金刑。

4. 向仲裁员、计分裁判、裁判员或第三人提供、承诺或保证利益，作为回报，其以非法方式影响有组织的体育竞赛的过程或结果，从而获得与有组织的体育竞赛有关的不法财产利益的，处与第 3 款相同的刑罚。

5. 本条意义上的有组织的竞赛是指，在国内或国外举办的下列体育比赛：

(1) 由国内或国际体育组织举办的或受前者委托举办的体育比赛，和

(2) 遵守由国内或国际体育组织为其成员国通过的有约束力的规则。

6. 本条意义上的教练员是指，在体育竞赛中对运动员的使用和指导有决定权者。基于其职业或者经济地位，对运动员的使用和指导能够进行实质影响之人，视同教练员。[183]

第 265 条 d （操纵职业体育竞赛）

1. 运动员或教练员为自己或第三人获利，向他人索取、让其允诺或接受不法财产利益，作为回报，其以违背竞赛精神的方式对职业体育竞赛的过程或结果做有利于竞赛对方的影响的，处 3 年以下自由刑或罚金刑。

2. 向运动员、教练员或第三人提供、允诺或保证利益，作为回报，其以违背竞赛精神的方式对职业体育竞赛的过程或结果做有利于竞赛对方的影响的，处与前款相同的刑罚。

3. 仲裁员、计分裁判或裁判员为自己或第三人获利，向他人索取、让其允诺或接受不法财产利益，作为回报，其以非法方式影响职业体育竞赛的过程或结果的，处 3 年以下自由刑或罚金刑。

4. 向仲裁员、计分裁判、裁判员或第三人提供、承诺或保证利益，作为回报，其以非法方式影响职业体育竞赛的过程或结果的，处与第 3 款相同的刑罚。

5. 本条意义上的职业体育竞赛是指，在国内或国外举办的下列任一种体育比赛：

(1) 由体育联盟或国际体育组织举办的或受其委托举办的或其认可的体育比赛，

---

[183] 根据 2017 年 4 月 11 日颁布的《第 51 部刑法修改法》(《联邦法律公报 I》，第 815 页) 新增加，自 2017 年 4 月 19 日起生效。

（2）遵守由国内或国际体育组织为其成员国通过的有约束力的规则，和

（3）大多数运动员参与的通过其体育活动获得高额的直接或间接收入的体育比赛。

6. 相应适用第 265 条 c 第 6 款的规定。[184]

第 265 条 e　（体育欺诈和操纵职业体育竞赛的特别严重情形）

实施第 265 条 c 和第 265 条 d 规定之罪情节特别严重的，处 3 个月以上 5 年以下自由刑。情节特别严重一般是指：

（1）行为涉及的数额巨大，或

（2）行为人以此为职业或属于继续实施此等行为的团伙成员。[185]

第 266 条　（背信）

1. 行为人滥用其依据法律、官方委托或法律行为所取得的处分他人财产或使他人负有义务的权限，或者违反其依据法律、官方委托、法律行为及信托关系而负有的管理他人财产利益的义务，致委托人的财产利益遭受损害的，处 5 年以下自由刑或罚金刑。

2. 相应适用第 243 条第 2 款、第 247 条、第 248 条 a 和第 263 条第 3 款的规定。

第 266 条 a　（截留和侵占劳动报酬）

1. 雇主截留应当为其雇员向社会保险机构或联邦劳工机构交付的保险金的，处 5 年以下自由刑或罚金刑。

2. 雇主

（1）就社会保险的有关重要事实向负责收取保险金的主管机构提供

---

[184] 根据 2017 年 4 月 11 日颁布的《第 51 部刑法修改法》(《联邦法律公报 I》，第 815 页）新增加，自 2017 年 4 月 19 日起生效。

[185] 同上注。

虚假的或不全面的数据，或

（2）就社会保险的有关重要事实违背义务不告知负责收取保险金的主管机构，

因此，雇主将应当向社会保险机构支付的款项包括劳动促进费予以截留的，不管是否支付了劳动报酬，处与第1款相同的刑罚。

3. 雇主将受委托代其雇员从其工资中扣付给他人的款项予以截留而不交给该他人的，但最迟在期限届满时或到期后立即将此事通知他人的，处5年以下自由刑或罚金刑。第1句不适用于作为工资税而扣留之劳动报酬。

4. 实施第1款和第2款之罪情节特别严重的，处6个月以上10年以下自由刑。情节特别严重一般是指下列情形之一：

（1）行为人出于严重的私利截留大额保险金的，

（2）使用仿造的或伪造的凭据持续截留保险金的，

（3）持续截留保险金，并为了掩盖事实上的业务关系而伪造不真实的、模仿的或伪造的第三人职业性地提供的单据，

（4）作为为持续截留保险金而成立的团伙成员而行为，并为了掩盖事实上的业务关系而保留不真实的、模仿的或伪造的单据，或

（5）利用公职人员滥用其权限或其地位所提供的协助的。

5. 与从事家务劳动者、手工业者签订劳务合同之人，或等同于《家庭手工业法》意义上之人以及居间人，均视为雇主。

6. 在第1款和第2款情形下，雇主最迟在期限届满时或到期后立即向收款机构为下列行为的，法庭可根据本规定免除其刑罚：

（1）书面告知其截留的款项数额的，且

（2）以书面形式说明虽经真诚努力但仍不能如期支付的理由。

具备第1句的先决条件，且行为人于事后在收款机构规定的期间内偿还此等款项的，不处罚。在第3款情形下，相应适用第1句和第2句

的规定。⑱

第 266 条 b　（滥用支票和信用卡）

1. 滥用接受支票或信用卡的机会，诱使签发者支付并造成其遭受损失的，处 3 年以下自由刑或罚金刑。

2. 相应适用第 248 条 a 的规定。

---

⑱ 根据 2017 年 8 月 17 日颁布的《关于有效和实践导向的刑事诉讼程序的法律》(《联邦法律公报 I》，第 3202 页) 修订，自 2017 年 8 月 24 日起生效。

第二十三章　伪造文书犯罪

第 267 条　（伪造文书）

1. 为在法律事务交往中进行欺骗而制作不真实的文书、变造真实的文书或使用不真实的文书、变造的文书的，处 5 年以下自由刑或罚金刑。

2. 犯本罪未遂的，也应处罚。

3. 情节特别严重的，处 6 个月以上 10 年以下自由刑。情节特别严重一般是指：

（1）以此为职业或作为为继续实施诈骗或伪造文书而成立的犯罪团伙成员实施本罪的，

（2）造成重大财产损失的，

（3）由于大量使用不真实的或伪造的文书，致使法律事务交往安全受到严重危害的，或

（4）滥用其作为公职人员的职权或地位的。

4. 作为为实施第 263 条至第 264 条或第 267 条至第 269 条所列犯罪行为而成立的犯罪团伙成员，职业性地为此等行为的，处 1 年以上 10 年以下自由刑；情节较轻的，处 6 个月以上 5 年以下自由刑。[187]

第 268 条　（伪造技术图样）

1. 为在法律事务交往中进行欺骗而实施下列行为的，处 5 年以下自由刑或罚金刑：

（1）制造不真实的技术图样或变造技术图样，或

（2）使用不真实的或变造的技术图样。

2. 技术图样是指全部或部分由技术仪器自动就有关数据、测量及计

---

[187] 根据 2015 年 11 月 20 日颁布的《与腐败作斗争的法律》（《联邦法律公报 I》，第 2025 页）修订，自 2015 年 11 月 26 日起生效。

算数值、状态或事件发生过程所作的记载,图样上的物体能被一般人或专家识别,它被确定作为法律上重要事实的证明,不论这种确定是在制作图样时还是在其后。

3. 行为人在制作图样过程中进行干扰,影响图样结果的,视同制造不真实的技术图样。

4. 犯本罪未遂的,也应处罚。

5. 相应适用第 267 条第 3 款和第 4 款的规定。

第 269 条　（伪造具有证据价值的资料）

1. 为在法律事务交往中进行欺骗,储存或变更具有证据价值的数据,以至于在使用时提供不真实的或伪造的文书,或使用此等储存的或变更的数据的,处 5 年以下自由刑或罚金刑。

2. 犯本罪未遂的,也应处罚。

3. 相应适用第 267 条第 3 款和第 4 款的规定。

第 270 条　（在数据处理时进行法律交往中的欺骗）

在法律事务交往中对数据处理施加错误的影响的,视同在法律事务交往中的欺骗。

第 271 条　（间接伪造文书）

1. 对权利或权利关系有重大影响的声明、谈判或事实根本未发生,或以其他方式发生,或由不符合身份的人或他人发表或发生,而故意在公共的文书、账簿、数据库或登记簿内作已发表或已发生记载的,处 3 年以下自由刑或罚金刑。

2. 为在法律事务交往中进行欺骗而使用第 1 款所标明种类的虚假文书或数据储存的,处与前款相同之刑罚。

3. 为获取报酬,或意图使自己或第三人获利或损害他人利益而为该行为的,处 3 个月以上 5 年以下自由刑。

4. 犯本罪未遂的,也应处罚。

第 272 条 （废除）

第 273 条 （变更官方证件）

1. 为在法律事务交往中进行欺骗而为下列行为之一，如果行为未在第 267 条或第 274 条规定刑罚的，处 3 年以下自由刑或罚金刑：

（1）将官方证件中的记载予以去除、使其不能辨认、掩盖或扣压，或将其撕除数页的，或

（2）使用此等变更过的官方证件的。

2. 犯本罪未遂的，也应处罚。

第 274 条 （改变文书；改变边界标志）

1. 有下列行为之一的，处 5 年以下自由刑或罚金刑：

（1）为了损害他人，将根本不属于自己或不完全属于自己的文书或技术图样毁弃、损坏或扣压的，

（2）为了损害他人，将行为人不可处分或不可单独处分的具有证据价值的证据（第 202 条 a 第 2 款）去除、扣压、使之不可使用或变更，或

（3）为了损害他人，将界石或其他用于标明边界和水位的标志去除、毁弃，使其不能辨认或移动，或立于不正确场所。

2. 犯本罪未遂的，也应处罚。

第 275 条 （预备伪造官方证明）

1. 行为人采取制造、为自己或他人取得、出售、保管、转让给他人、进口或出口，

（1）根据其性质适合于实施该行为的印版、模型、活字印版、负片、铸模或类似的根据其性质适合实施此等犯罪行为的设备，

（2）与用于制作官方证明且经防伪而特制的纸张相同或类似的纸张，或

（3）官方证明的样张

方法为伪造官方证明做准备的,处 2 年以下自由刑或罚金刑。

2. 以该犯罪为职业或作为为继续实施第 1 款犯罪而成立的犯罪团伙成员犯该罪的,处 3 个月以上 5 年以下自由刑。

3. 相应适用第 149 条第 2 款和第 3 款的规定。

第 276 条　(获取伪造的官方证明)

1. 将不真实的或伪造的官方证明或第 271 条和第 348 条所述虚假文书

(1) 进口或出口,或

(2) 为在法律事务交往中进行欺骗而使用、为自己或他人获取、保管或转让给他人,

处 2 年以下自由刑。

2. 以该犯罪为职业或作为为继续实施第 1 款犯罪而成立的犯罪团伙成员实施该行为的,处 3 个月以上 5 年以下自由刑或罚金刑。

第 276 条 a　(合法居留证件,机动车证件)

第 275 条和第 276 条同样适用于合法居留证件,尤其是居留批准书和允许书,以及机动车证件,尤其是机动车驾驶证和机动车持有证。[18]

第 277 条　(伪造健康证明)

非医师或未经批准开业的医护人员,或擅自以上述人员名义,为自己或他人出具健康证明,或变造真实的健康证明,并加以使用,以欺骗官方或保险公司的,处 1 年以下自由刑或罚金刑。

第 278 条　(出具不真实的健康证明)

医师及其他被批准开业的医护人员,为供官方或保险公司使用,违

---

[18] 根据 2004 年 7 月 30 日颁布的《控制和限制迁移及调整逗留和吸纳欧盟居民和外国人的法律》(《迁移法》)(《联邦法律公报I》,第 1950 页) 修订,自 2005 年 1 月 1 日起生效。

背良知出具不真实的健康证明的，处 2 年以下自由刑或罚金刑。

第 279 条　（使用不真实的健康证明）

使用第 277 条和第 278 条所述不真实的健康证明，就自己的或他人的健康状况欺骗官方或保险公司的，处 1 年以下自由刑或罚金刑。

第 280 条　（废除）

第 281 条　（滥用证明文书）

1. 为了在法律事务交往中进行欺骗而使用为他人出具的证明文件，或为了在法律交往中进行欺骗将非为他人出具的证明文件出让于他人的，处 1 年以下自由刑或罚金刑。犯本罪未遂的，也应处罚。

2. 法律事务交往中作为证件使用的证书或其他文书，视同本条款之证明文件。

第 282 条　（没收）

犯第 267 条、第 268 条、第 271 条第 2 款和第 3 款、第 273 条或与第 276 条 a 相联系的第 276 条，或第 279 条所列犯罪所涉及之物，应予以没收。在与第 276 条 a 相联系的第 275 条情形下，所述的伪造工具应予以没收。[189]

---

[189] 根据 2017 年 4 月 13 日颁布的《关于改革刑法中财产差价税的法律》(《联邦法律公报 I》，第 872 页) 修订，自 2017 年 7 月 1 日起生效。

第二十四章　破　产　犯　罪

第283条　（破产）

1. 资不抵债或濒临无支付能力或已经无支付能力，为下列行为之一的，处5年以下自由刑或罚金刑：

（1）对宣告破产程序中属于破产人的财产部分，加以转移或隐匿，或以违反通常经济的要求的方式加以毁弃、损坏或使其不能使用的，

（2）以违反通常经济的要求的方式进行货物或有价证券的亏本交易、投机交易或差额交易，或以非经济的支出、赌博、打赌而大量损耗或负债的，

（3）赊欠货物或有价证券，将赊欠的货物或有价证券及其衍生物，以违反通常经济的要求的方式，以明显低于其价值让与他人或作其他处置的，

（4）虚构他人的权利或承认虚构的权利的，

（5）依法有义务记载商业账簿而不记载，或将商业账簿作如此记载或变更，以至于使人很难查阅其财产状况的，

（6）商人将其依商法有义务保管的商业账簿或其他资料，在保管期限届满前，予以转移、隐匿、毁弃或损坏，由此而增加查阅其财产状况困难的，

（7）违反商法的规定

a. 为增加查阅其财产状况的困难而提出资产负债表，或

b. 对其财产的资产负债表或财产清单，不在规定的期限内提出的，或

（8）以其他违反通常经济的要求的方式减少其财产，或隐匿或掩盖其真实的经营情况的。

2. 因第1款所述行为之一，导致资不抵债或无支付能力的，处与第1款相同之刑罚。

3. 犯本罪未遂的，也应处罚。

4. 有下列行为之一的，处 2 年以下自由刑或罚金刑：

（1）在第 1 款情形下，因疏忽大意不知悉资不抵债或濒临无支付能力或已经无支付能力的，或

（2）在第 2 款情形下，因轻率造成资不抵债或无支付能力的。

5. 有下列行为之一的，处 2 年以下自由刑或罚金刑：

（1）因疏忽大意为第 1 款第 2 项、第 5 项或第 7 项行为，且至少是因为疏忽大意而不知悉其资不抵债、濒临无支付能力或已经无支付能力的，或

（2）因疏忽大意为与第 1 款第 2 项、第 5 项或第 7 项有关的第 2 款的行为，且至少是因为疏忽大意致资不抵债或无支付能力的。

6. 该行为仅在停止支付，或就其财产宣告破产程序或宣告破产的申请因缺乏破产人财产而被驳回时，始可处罚。

第 283 条 a　（破产的特别严重情节）

在第 283 条第 1 款至第 3 款的特别严重的情形下，处 6 个月以上 10 年以下自由刑。情节特别严重一般是指行为人

（1）基于营利目的而为上述行为的，或

（2）明知使多人遭受财产价值损失的危险或使多人穷困的。

第 283 条 b　（违反账簿记载义务）

1. 有下列行为之一的，处 2 年以下自由刑或罚金刑：

（1）依法有义务记载商业账簿而不记载，将商业账簿如此记载或变更，以至于使人很难查阅其财产状况的，

（2）将依商法有义务保管的商业账簿或其他资料，在法定保管期限届满前加以转移、隐匿、毁弃或损坏，因而增加查阅其财产状况困难的，

（3）违反商法的规定

a. 为增加查阅其财产状况的困难而提出资产负债表，或

b. 对其财产的资产负债表或财产清单，不在规定的期限内提出的。

2. 因疏忽大意而为第 1 款第 1 项或第 3 项行为的，处 1 年以下自由刑或罚金刑。

3. 相应适用第 283 条第 6 项的规定。

第 283 条 c （优待债权人）

1. 知悉自己无支付能力，在某个债权人未要求或不以此种方式要求或不在此时要求的情况下，对该债权人提供担保或满足其债权，因而故意地或明知地使其优先于其他债权人受偿的，处 2 年以下自由刑或罚金刑。

2. 犯本罪未遂的，也应处罚。

3. 相应适用第 283 条第 6 款的规定。

第 283 条 d （庇护债务人）

1. 如果行为人

（1）知悉他人濒临无支付能力，或

（2）在他人停止支付后，在破产程序中，或在他人的宣告破产程序的裁决程序中，将他人所有的、在宣告破产程序中属于破产人的财产部分，经其同意或为了其利益，加以转移或隐匿，或以违反通常经济的要求的方式毁弃、损坏或使其不能使用，

处 5 年以下自由刑或罚金刑。

2. 犯本罪未遂的，也应处罚。

3. 情节特别严重的，处 6 个月以上 10 年以下自由刑。情节特别严重一般是指，行为人

（1）基于营利目的而为上述行为的，或

（2）明知使多人遭受财产价值损失的危险或使多人穷困的。

4. 该行为仅在他人停止支付、就其财产宣告破产程序或宣告破产的申请因缺乏破产人财产而被驳回时，始受处罚。

第二十五章 应处罚的利己行为的犯罪

第284条 （举办未经许可的赌博活动）

1. 未经官方许可而公开举办赌博活动、经营赌场或为此提供赌博工具的，处2年以下自由刑或罚金刑。

2. 在经常举办赌博的社团或内部聚会中进行的赌博，视为公开举办。

3. 在第1款情形下，行为人
（1）职业性地或者，
（2）作为为继续实施此等行为而成立的团伙成员而行为的，
处3个月以上5年以下自由刑。

4. 为公开赌博（第1款和第2款）作宣传的，处1年以下自由刑或罚金刑。

第285条 （参加未经许可的赌博）

参加公开赌博（第284条）的，处6个月以下自由刑或180单位日额金以下的罚金刑。

第286条 （没收）

1. 在第284条第3款第2项情形下，可适用第43条a和第73条d的规定。在第284条第3款第1项情形下，也可适用第73条d的规定。

2. 在第284条和第285条情形下，赌博工具以及赌桌上的或赌博机内于裁决时属于正犯或共犯的金钱，应予以没收。其他相关物品亦可予以没收；适用第 74 条 a 的规定。⑲

第 287 条　（未经许可发行彩票或举办有奖销售活动）

1. 未经官方许可公开发行彩票或举办动产或不动产的有奖销售活动，尤其是为缔结公开的彩票或有奖销售的赌博合同而提出要约的，或接受缔结此等赌博合同的要约的，处 2 年以下自由刑或罚金刑。

2. 为公开发行彩票或举办有奖销售活动（第 1 款）作宣传的，处 1 年以下自由刑或罚金刑。

第 288 条　（阻挠强制执行）

1. 在自己即将受到强制执行之际，为了阻挠债权人债权的实现，而出让或转移其财产的，处 2 年以下自由刑或罚金刑。

2. 本行为告诉的才处理。

第 289 条　（非法强行取回质物）

1. 为了所有人的利益，而以违法的意图从用益权人、质权人、使用权人或留置权人处取回他自己的或他人的动产的，处 3 年以下自由刑或罚金刑。

2. 犯本罪未遂的，也应处罚。

3. 本行为告诉的才处理。

第 290 条　（非法使用质物）

公开以质押为业者，非法使用质物的，处 1 年以下自由刑或罚金刑。

第 291 条　（暴利）

1. 利用他人处于困境、缺乏经验、缺乏判断能力或严重的意志薄

---

⑲ 根据 2017 年 4 月 13 日颁布的《关于改革刑法中财产差价税的法律》（《联邦法律公报 I》，第 872 页）修订，自 2017 年 7 月 1 日起生效。

弱,让他人向自己或第三人就

(1) 住房的出租或与此相关的从给付,
(2) 提供信贷,
(3) 其他给付,或
(4) 上述给付之一的中介

而允诺或给予财产利益,而该财产利益与给付的中介显失公平的,处3年以下自由刑或罚金刑。数人以给付人、中介人或以其他方式,共同造成全部财产利益与对待给付之间显失公平的,第一句的规定适用于每个为自己或第三人取得高额财产利益而利用他人处于困境或其他弱点的行为人。

2. 情节特别严重的,处6个月以上10年以下自由刑。具备下列情形之一的,一般认为情节特别严重:

(1) 行为致他人陷于穷困的,
(2) 以实施本行为为职业的,
(3) 使自己获得通过汇票获取暴利性财产利益的允诺。

第292条 （非法狩猎）

1. 违反他人的狩猎权或狩猎行使权,为下列行为之一的,处3年以下自由刑或罚金刑:

(1) 追捕、捕获或击毙,或使自己或他人占有猎物,或
(2) 将处于狩猎权之下的物占为己有或使他人占有,或加以损坏或毁灭。

2. 情节特别严重的,处3个月以上5年以下自由刑。情节特别严重一般是指:

(1) 行为人以本行为为职业或常业,
(2) 在夜间、禁猎期、使用圈套或以其他不符合狩猎规则的方法狩猎,或
(3) 数人持射击武器同时围猎。

3. 第1款和第2款的规定不适用于有权在练习狩猎区,以及根据

《联邦狩猎法》第 6 条 a 的规定属于该区域的地面狩猎之人。[199]

第 293 条　（非法捕鱼）

侵害他人的捕鱼权或捕鱼行使权，为下列行为之一的，处 2 年以下自由刑或罚金刑：

（1）捕鱼，或

（2）将处于渔业权之下的物占为己有或使他人占有，或加以损坏或毁灭。

第 294 条　（告诉）

第 292 条第 1 款和第 293 条之罪，如为亲属所犯，或行为人在某地有限定的捕鱼权、狩猎权，因越权而犯此罪的，被害人告诉的才处理。

第 295 条　（没收）

正犯或共犯狩猎或捕鱼所携带或使用的工具、猎狗或其他动物应予以没收。相应适用第 74 条 a 的规定。

第 296 条　（废除）

第 297 条　（禁运品对船舶、机动车和飞机的危害）

1. 行为人在船主或船长不知道的情况下，或者作为船长在船主不知道的情况下，将某个物品携带至或装载于德国船舶上，该物品的运输

（1）使船舶或货物遭受被扣押或没收（第 74 条至第 74 条 f）的危险，或

（2）使船主或船长面临处罚危险的，

处 2 年以下自由刑或罚金刑。

---

[199] 根据 2013 年 5 月 29 日颁布的《修订狩猎规定的法律》（《联邦法律公报 I》，第 1386 页）修订，自 2013 年 12 月 6 日起生效。

2. 船主在船长不知道的情况下，将某个物品带入或装载于德国船舶上，而该物品的运输将使船长面临处罚危险的，处与前款相同之刑罚。

3. 第1款第1项的规定同样适用于其货物全部或部分是在国内装载的外国船舶。

4. 将上述危险物品携带上机动车或飞机的，同样适用第1款至第3款的规定。机动车或飞机的所有人或驾驶员视同船主和船长。[192]

---

[192] 根据2017年4月13日颁布的《关于改革刑法中财产差价税的法律》（《联邦法律公报 I》，第872页）修订，自2017年7月1日起生效。

第二十六章　妨碍竞争的犯罪

第298条　（在广告中为限制竞争的约定）

1. 行为人在有关商品或职业性服务的广告中提出基于违法约定的要约，该约定的目的在于迫使他人接受特定的要约的，处5年以下自由刑或罚金刑。

2. 根据以前的参与竞争情况私下分配订单，视同第1款意义上的广告。

3. 主动阻止他人承诺基于违法约定之要约，或阻止该人提供其服务的，不依第1款以及与之有关的第2款处罚。不承诺此等要约或未提供其服务非因行为人所致的，只要行为人主动且真诚努力阻止承诺此等要约或提供服务的，也不处罚。[193]

第299条　（商业活动中的索贿与行贿）

1. 在商业交往中，商业企业的雇员或受托人实施下列行为之一的，处3年以下自由刑或罚金刑：

（1）为自己或第三人向他人索要、让其允诺或接受他人好处，作为回报，其在与国内或国外有关商品或商业服务的竞争中，以不法方法优惠他人的，或

（2）未经企业同意，为自己或第三人向他人索要、让其允诺或接受他人好处，作为回报，其在有关商品或商业服务的竞争中，为一定的行为或不为一定的行为，因此而违背其对于企业的义务的。

2. 在商业交往中，向企业的雇员或受托者为下列行为之一的，处与第1款相同之刑罚：

---

[193] 根据2015年11月20日颁布的《与腐败作斗争的法律》（《联邦法律公报I》，第2025页）修订，自2015年11月26日起生效。

（1）提供、允诺或保证给予好处，作为回报，其在与国内或国外有关商品或商业服务的竞争中，以不法方法优惠他人的，或

（2）未经企业同意，为上述人员或第三人向他人提供、允诺或保证给予好处，作为回报，其在有关商品或商业服务的竞争中，为一定的行为或不为一定的行为，因此而违背其对于企业的义务的。[194]

第 299 条 a （卫生事业中的索贿）

履行职业或使用职业名称需要具备国家规定的职业训练的医疗职业从业人员，在从业过程中为自己或第三人向他人索要、让其允诺或接受他人好处，作为回报，就下列事项，在与国内或国外的竞争中，以未经允许的方式优惠他人的，处 3 年以下自由刑或罚金刑：

（1）药品、治疗或辅助器械的处方或医疗产品处方，

（2）由医疗职业从业人员或其助手决定直接使用的药品、辅助器械或医疗产品，或

（3）病人或检查器材的运输。[195]

第 299 条 b （卫生事业中的行贿）

第 299 条 a 规定的医疗职业从业人员在从业过程中，就下列事项，让他人为自己或第三人提供、允诺或保证给予好处，作为回报，在与国内或国外的竞争中，以未经允许的方式优惠他人或第三人的，处 3 年以下自由刑或罚金刑：

（1）药品、治疗或辅助器械的处方或医疗产品处方，

（2）由医疗职业从业人员或其助手决定直接使用的药品、辅助器械或医疗产品，或

---

[194] 根据 2015 年 11 月 20 日颁布的《与腐败作斗争的法律》（《联邦法律公报 I》，第 2025 页）修订，自 2015 年 11 月 26 日起生效。

[195] 根据 2016 年 5 月 30 日颁布的《与卫生事业中的腐败作斗争的法律》（《联邦法律公报 I》，第 1254 页）新增加，自 2016 年 6 月 4 日起生效。

(3) 病人或检查器材的运输。[196]

第 300 条　（商业活动中情节特别严重的索贿和行贿）

犯第 299 条、第 299 条 a 和第 299 条 b 之罪情节特别严重的，处 3 个月以上 5 年以下自由刑。具备下列情形之一的，一般认为是情节特别严重：

(1) 行为涉及重大利益的，或

(2) 行为人以此为职业或作为为继续实施此等行为而成立的团伙成员实施的。[197]

第 301 条　（告诉）

1. 第 299 条规定的在商业活动中索贿和行贿告诉的才处理，但刑事追诉机关基于重大的公共利益，认为有依职权进行追诉之必要的，不在此限。

2. 除被害人有权为第 1 款之告诉权外，《反不正当竞争法》第 8 条第 3 款第 1 项、第 2 项和第 4 项规定之经营者、社团和同业协会，均有告诉权。[198]

第 302 条　（废除）[199]

---

[196] 根据 2016 年 5 月 30 日颁布的《与卫生事业中的腐败作斗争的法律》（《联邦法律公报 I》，第 1254 页）新增，自 2016 年 6 月 4 日起生效。

[197] 同上注。

[198] 根据 2015 年 11 月 20 日颁布的《与腐败作斗争的法律》（《联邦法律公报 I》，第 2025 页）修订，自 2015 年 11 月 26 日起生效。

[199] 根据 2017 年 4 月 13 日颁布的《关于改革刑法中财产差价税的法律》（《联邦法律公报 I》，第 872 页）修订，自 2017 年 7 月 1 日起生效。

第二十七章 损坏财物的犯罪

第 303 条 （损坏财物）

1. 非法损坏或毁坏他人的财物的，处 2 年以下自由刑或罚金刑。

2. 擅自对他人物品的面貌进行重大和永久性改变的，处与前款相同之刑罚。

3. 犯本罪未遂的，也应处罚。[200]

第 303 条 a （变更数据）

1. 非法消除、扣押、使其不能使用或变更数据的（第 202 条 a 第 2 款），处 2 年以下自由刑或罚金刑。

2. 犯本罪未遂的，也应处罚。

3. 为实施第 1 款规定之罪做准备的，相应适用第 202 条 c 的规定。[201]

第 303 条 b （破坏计算机）

1. 为下列行为之一，严重干扰对他人具有重要意义的数据处理的，处 3 年以下自由刑或罚金刑：

（1）实施第 303 条 a 第 1 款之行为的，

（2）意图使他人遭受损失而输入或传输数据（第 202 条 a 第 2 款），或

（3）对数据处理设施或数据载体加以毁坏、损坏、使其不能使用、消除或变更的。

2. 行为涉及对他人经营、企业或机关具有重要意义的数据处理的，

---

[200] 根据 2005 年 9 月 1 日颁布的《第 39 部刑法修改法》（《联邦法律公报 I》，第 2674 页）修订，自 2005 年 9 月 8 日起生效。

[201] 根据 2007 年 8 月 7 日颁布的《第 41 部刑法修改法》（打击计算机犯罪，《联邦法律公报 I》，第 1786 页）修订，自 2007 年 8 月 11 日起生效。

处5年以下自由刑或罚金刑。

3. 犯本罪未遂的，也应处罚。

4. 实施第2款之罪情节特别严重的，处6个月以上10年以下自由刑。情节特别严重一般是指，行为人
(1) 导致了重大财产损失的，
(2) 职业性地或作为为继续实施破坏计算机犯罪而成立的犯罪团伙成员实施该行为的，或
(3) 行为导致居民重要生活用品的供应、服务受到影响，或使德国的安全受到影响的。

5. 为实施第1款规定之罪做准备的，相应适用第202条c的规定。[202]

第303条c （告诉）

犯第303条、第303条a第1款和第2款以及第303条b第1款至第3款之罪的，告诉的才处理，但刑事追诉机关基于重大公共利益，认为有必要依职权进行追诉的除外。[203]

第304条 （损坏公共财物）

1. 非法损坏或毁坏德国境内的宗教团体的崇拜物品、礼拜物品、墓碑、公共纪念碑、重点保护的自然遗迹、公共博物馆保管或公开陈列的艺术、学术或手工物品，或公用或美化公共道路、广场或公园的物品的，处3年以下自由刑或罚金刑。

2. 擅自对他人物品的面貌进行重大和永久性改变的，处与前款相同之刑罚。

3. 犯本罪未遂的，也应处罚。[204]

---

[202] 根据2007年8月7日颁布的《第41部刑法修改法》（打击计算机犯罪，《联邦法律公报I》，第1786页）修订，自2007年8月11日起生效。

[203] 同上注。

[204] 根据2005年9月1日颁布的《第39部刑法修改法》（《联邦法律公报I》，第2674页）修订，自2005年9月8日起生效。

第 305 条 （毁坏建筑物）

1. 非法完全或部分毁坏建筑物、船舶、桥梁、堤坝、公路、铁路或他人的其他建筑物的，处 5 年以下自由刑或罚金刑。

2. 犯本罪未遂的，也应处罚。

第 305 条 a （毁弃重要的生产资料）

1. 行为人违法地全部或部分毁坏

（1） 他人用于建造第 316 条 b 第 1 款第 1 项或第 2 项规定的设施或企业，或用于经营或供应此等设施或企业所需的重要的技术生产器材，

（2） 对警察、联邦军队、消防、灾害保护或救护投入的具有重大价值的重要技术器材，或

（3） 警察、联邦军队、消防、灾害保护或救护的机动车，

处 5 年以下自由刑或罚金刑。

2. 犯本罪未遂的，也应处罚。[205]

---

[205] 根据 2011 年 11 月 1 日颁布的《第 44 部刑法修改法》（反抗执行官员，《联邦法律公报 I》，第 2130 页）修订，自 2011 年 11 月 5 日起生效。

第二十八章　危害公共安全的犯罪

第306条　（纵火）

1. 将他人的下列物品予以纵火，或因纵火而将其全部或部分毁损的，处1年以上10年以下自由刑：
   （1）建筑物或房舍，
   （2）经营场所或技术设施，尤其是机器，
   （3）仓库、储藏室，
   （4）机动车、轨道车辆、飞机或水上交通工具，
   （5）森林、荒野或沼泽，或
   （6）农业、饮食业、林业的设施或产品。

2. 情节较轻的，处6个月以上5年以下自由刑。

第306条a　（严重的纵火）

1. 将他人的下列物品予以纵火，或因纵火而将其全部或部分毁损的，处1年以上自由刑：
   （1）居住用的建筑物、船舶或房舍以及其他空间，
   （2）礼拜或其他宗教活动场所，或
   （3）有时供人居住、纵火时适逢有人居住的场所。

2. 将第306条第1款第1项至第6项所述之物纵火，或因纵火将其全部或部分烧毁，并因而使他人有危害健康之危险的，处与前款相同之刑罚。

3. 犯第1款和第2款之罪情节较轻的，处6个月以上5年以下自由刑。

第306条b　（情节特别严重的纵火）

1. 实施第306条或第306条a之罪致他人健康遭受严重危害，或致

不特定多数人的健康遭受危害的，处2年以上自由刑。

2. 实施第306条a之罪，有下列情形之一的，处5年以上自由刑：

（1）行为致他人有死亡危险的；

（2）故意实施该犯罪，意图实施其他犯罪行为或掩盖其他犯罪行为的，或

（3）阻碍灭火或增加灭火困难的。

第306条c （纵火致人死亡）

行为人因实施第306条至第306条b规定的行为，至少轻率地致他人死亡的，处终身自由刑或10年以上自由刑。

第306条d （失火）

1. 过失引起第306条第1款或第306条a第1款所述火灾，或过失导致第306条a第2款之危险的，处5年以下自由刑或罚金刑。

2. 过失为第306条a第2款之行为，且过失导致此等危险的，处3年以下自由刑或罚金刑。

第306条e （主动悔罪）

1. 实施第306条、第306条a和第306条b之行为，行为人在严重损失产生之前主动将所纵之火扑灭，法庭可依其裁量减轻处罚（第49条第2款）或免除刑罚。

2. 实施第306条d之行为，行为人在严重损失产生之前主动将所纵之火扑灭，不处罚。

3. 所纵之火非因行为人的行为而扑灭，只要行为人真诚努力灭火的，视为主动悔罪。

第306条f （引起火灾危险）

1. 因吸烟、使用明火、将正在燃烧或余烬未熄的物品丢弃，或以其他方法致下列场所产生火灾危险的，处3年以下自由刑或罚金刑：

(1) 有发生火灾危险的工场及设备,

(2) 存有农产品或食品的设施或企业,

(3) 森林、草原或沼泽地,或

(4) 已耕农田或存放在农田里的易燃烧的农产品。

2. 使第1款第1项至第4项所述之物有被纵火危险,因而致他人的身体、生命或他人的贵重财物受到威胁的,处与第1款相同之刑罚。

3. 过失为第1款之行为,或过失致第2款之危险的,处1年以下自由刑或罚金刑。

第307条　（引起核能爆炸）

1. 排放核能引起爆炸,因而危及他人身体、生命或贵重财物的,处5年以上自由刑。

2. 排放核能引起爆炸,过失危及他人身体、生命或贵重财物的,处1年以上10年以下自由刑。

3. 行为人因其行为至少轻率地导致他人死亡的,

(1) 在第1款情形下,处终身自由刑或10年以上自由刑,

(2) 在第2款情形下,处5年以上自由刑。

4. 过失实施第2款之行为,且过失引起危险的,处3年以下自由刑或罚金刑。

第308条　（引爆炸药）

1. 行为人非以排放核能的方法,而是通过引爆炸药,因而危及他人身体、生命或贵重财物的,处1年以上自由刑。

2. 行为人因其行为严重危害他人健康,或危害不特定多数人的健康的,处2年以上自由刑。

3. 行为人因其行为至少轻率地导致他人死亡的,处终身自由刑或10年以上自由刑。

4. 实施第1款之行为情节较轻的,处6个月以上5年以下自由刑;实施第2款之行为情节较轻的,处1年以上10年以下自由刑。

5. 在第 1 款情形下过失引起危险的，处 5 年以下自由刑或罚金刑。

6. 过失实施第 1 款之行为，且过失造成危险的，处 3 年以下自由刑或罚金刑。

第 309 条　（滥用电离射线）

1. 意图损害他人健康，将他人置于足以损害其健康的电离射线下的，处 1 年以上 10 年以下自由刑。

2. 将不特定多数人置于上述电离射线下的，处 5 年以上自由刑。

3. 实施第 1 款之行为，严重损害他人健康或严重损害不特定多数人健康的，处 2 年以上自由刑。

4. 行为人因其行为至少轻率地导致他人死亡的，处终身自由刑或 10 年以上自由刑。

5. 实施第 1 款之行为情节较轻的，处 6 个月以上 5 年以下自由刑；实施第 3 款之行为情节较轻的，处 1 年以上 10 年以下自由刑。

6. 意图

（1）使他人之贵重财物不能使用的，

（2）长期对水源、空气或土地进行不利改变的，或

（3）损害不属于自己的具有重要价值的动物或植物，将物品、水源、空气、土地、动物或植物置于电离射线下，足以对其造成不利影响、改变或损害的，

处 5 年以下自由刑或罚金刑。犯本罪未遂的，也应处罚。[206]

第 310 条　（预备实施爆炸或电离射线犯罪）

1. 行为人为了准备

（1）实施第 307 条第 1 款或第 309 条第 2 款意义上的特定行为，

（2）实施第 308 条第 1 款规定的通过引爆炸药实施的犯罪行为，

---

[206] 根据 2017 年 10 月 30 日颁布的《重新规定保守秘密的法律》修改（《联邦法律公报 I》，第 3618 页），自 2017 年 11 月 9 日起生效。

(3) 第 309 条第 1 款或

(4) 第 309 条第 6 款规定的犯罪行为,

而制造、设法为自己或他人弄到、保管核材料、其他放射性物质、炸药或为实施犯罪所需要的特殊装置,或将上述物品转让他人的,在第 1 项情形下处 1 年以上 10 年以下自由刑,在第 2 项情形下处 6 个月以上 5 年以下自由刑,在第 3 项情形下处 6 个月以上 5 年以下自由刑,在第 4 项情形下处 3 年以下自由刑或罚金刑。

2. 犯第 1 款第 1 项之罪情节较轻的,处 6 个月以上 5 年以下自由刑。

3. 实施第 1 款第 3 项和第 4 项规定的犯罪而未遂的,也应处罚。[207]

第 311 条　(释放电离射线)

1. 违反行政法义务(第 330 条 d 第 4 项、第 5 项),为下列行为之一,足以损害他人身体、生命或他人的贵重财物的,处 5 年以下自由刑或罚金刑:

(1) 释放电离射线,或

(2) 引起核裂变。

2. 犯本罪未遂的,也应处罚。

3. 行为人

(1) 在管理一设施,尤其是管理一经营场所时,以造成该设施以外的损害的方式过失实施第 1 款之行为的,或

(2) 在第 1 款其他情形下,严重违反行政法义务的,

处 2 年以下自由刑或罚金刑。[208]

---

[207] 根据 2007 年 10 月 26 日颁布的《贯彻 2005 年 4 月 13 日的关于打击核恐怖行为的联合国条约的法律》(《联邦法律公报 I》,第 2523 页)修订,自 2007 年 11 月 1 日起生效。

[208] 根据 2011 年 12 月 6 日颁布的《第 45 部刑法修改法》(《联邦法律公报 I》,第 2557 页)修订,自 2011 年 12 月 14 日起生效。

第 312 条 （制造有缺陷的核技术设备）

1. 制造或提供核技术设备（第 330 条 d 第 2 项）或用于建造或管理此类设备的有缺陷的物品，因此对他人身体、生命或贵重物品造成与核裂变或放射性物质的放射性有关的危险的，处 3 个月以上 5 年以下自由刑。

2. 犯本罪未遂的，也应处罚。

3. 行为人因其行为严重损害他人健康或严重危害不特定多数人的健康的，处 1 年以上 10 年以下自由刑。

4. 行为人因其行为致人死亡的，处 3 年以上自由刑。

5. 实施第 3 款之行为情节较轻的，处 6 个月以上 5 年以下自由刑，实施第 4 款之行为情节较轻的，处 1 年以上 10 年以下自由刑。

6. 在第 1 款情形下，行为人

（1）过失引起危险的，或

（2）轻率行为，且过失引起危险的，

处 3 年以下自由刑或罚金刑。

第 313 条 （引起水灾）

1. 引起水灾而对他人的身体、生命或贵重物品造成危害的，处 1 年以上 10 年以下自由刑。

2. 相应适用第 308 条第 2 款至第 6 款的规定。

第 314 条 （危害公共安全的投毒）

1. 行为人

（1）在被控制的水源、水井、输水管道或饮用水器皿中的水中，或

（2）在被用于公共销售或消费的物品中，

掺入危害健康的有毒物质，或销售、陈列待售或以其他方式将第 2 项被投毒或掺入危害健康的有毒物质的物品投入使用的，处 1 年以上 10 年以下自由刑。

2. 相应适用第 308 条第 2 款至第 4 款的规定。

第 314 条 a　（主动悔罪）

1. 行为人主动放弃该行为的继续实施或排除危险的，法庭可依其裁量减轻第 307 条第 1 款和第 309 条第 2 款的刑罚（第 49 条第 2 款）。

2. 法庭可依其裁量，对下列各项的刑罚减轻处罚（第 49 条第 2 款）或依本规定免除处罚，如行为人：

（1）在实施第 309 条第 1 款或第 314 条第 1 款之行为时，主动放弃该行为的继续实施或排除危险的，或

（2）在

a. 第 307 条第 2 款，

b. 第 308 条第 1 款和第 5 款，

c. 第 309 条第 6 款，

d. 第 311 条第 1 款，

e. 第 312 条第 1 款和第 6 款第 1 项，

f. 第 313 条和与之有关的第 308 条第 5 款的情形下，

在重大损失产生之前，自动排除危险的。

3. 不依本条款处罚，如行为人

（1）在

a. 第 307 条第 4 款，

b. 第 308 条第 6 款，

c. 第 311 条第 3 款，

d. 第 312 条第 6 款第 2 项，

e. 与第 308 条第 6 款相联系的第 313 条第 2 款的情形下，

在重大损失产生之前，主动排除危险的。

（2）在第 310 条情形下，主动放弃该行为的继续实施或排除危险的。

4. 危险的排除非因行为人的行为所致，只要其主动且真诚努力地排除危险的，即可减轻或免除其刑罚。

第 315 条　（侵害铁路、水路和航空交通）

1. 以下列方式危害有轨交通工具、悬空缆车、水路或航空交通安全，因而危及他人身体、生命或贵重物品的，处 6 个月以上 10 年以下自由刑：

（1）毁弃、损坏或去除交通设备或运输工具，

（2）设置障碍物，

（3）设置假标志或发假信号，或

（4）其他类似的危险侵害行为。

2. 犯本罪未遂的，也应处罚。

3. 行为人具备下列情形之一的，处 1 年以上自由刑：

（1）意图

　a. 引起不幸事件，或

　b. 实施或掩盖另一犯罪行为，而行为的，或

（2）其行为严重损害他人健康或不特定多数人的健康的。

4. 犯第 1 款之罪情节较轻的，处 3 个月以上 5 年以下自由刑，犯第 3 款之罪情节较轻的，处 6 个月以上 5 年以下自由刑。

5. 过失造成第 1 款危险的，处 5 年以下自由刑或罚金刑。

6. 过失为第 1 款行为且过失造成危险的，处 2 年以下自由刑或罚金刑。

第 315 条 a　（危害铁路、水路和航空交通安全）

1. 因下列行为危及他人身体、生命或贵重物品的，处 5 年以下自由刑或罚金刑：

（1）由于饮用酒或麻醉品，或由于精神上或身体上的缺陷，在无能力安全驾驶有轨交通工具、悬空缆车、船舶或飞机的情况下，驾驶此等交通工具的，或

（2）作为上述交通工具的驾驶员，或负责其安全的人员，严重违背义务，触犯保护有轨交通工具、悬空缆车、船舶或飞机交通法规的。

2. 犯第 1 款第 1 项之罪未遂的，也应处罚。

3. 犯第 1 款之罪有下列行为之一的，处 2 年以下自由刑或罚金刑：
(1) 过失造成危险的，或
(2) 过失为上述行为，且过失造成危险的。

第 315 条 b　（侵害公路交通）

1. 以下列方式侵害公路交通，因而危及他人身体、生命或贵重物品的，处 5 年以下自由刑或罚金刑：
(1) 毁弃、损坏、去除设备或交通工具，
(2) 设置障碍物，或
(3) 其他类似的危险侵害行为。
2. 犯本罪未遂的，也应处罚。
3. 行为人在第 315 条第 3 款条件下实施本罪的，处 1 年以上 10 年以下自由刑，情节较轻的，处 6 个月以上 5 年以下自由刑。
4. 犯第 1 款之罪，过失造成危险的，处 3 年以下自由刑或罚金刑。
5. 过失犯第 1 款之罪，且过失造成危险的，处 2 年以下自由刑或罚金刑。

第 315 条 c　（危害公路交通安全）

1. 有下列行为之一，因而危及他人身体、生命或贵重物品的，处 5 年以下自由刑或罚金刑：
(1) 具有下列不适合驾驶情形之一而仍然驾驶的：
a. 饮用酒或其他麻醉品，或
b. 精神上或身体上有缺陷，
(2) 具有下列严重违反交通规则及疏忽情形的：
a. 未注意优先行驶权，
b. 错误超车或在超车时错误驾驶，
c. 在人行横道上错误驾驶，
d. 在看不到全貌的地方、十字路口、街道、铁路交叉道口超速行驶，

e. 在看不到全貌的地方，未将车停放在车道右侧，

f. 在高速公路或公路上调头或试图调头，

g. 刹车或停车时未保持交通安全所必需的距离。

2. 犯第 1 款第 1 项之罪而未遂的，也应处罚。

3. 犯第 1 款之罪有下列情形之一的，处 2 年以下自由刑或罚金刑：

（1）过失造成危险的，或

（2）过失为上述行为，且过失造成危险的。

第 315 条 d　（被禁止的机动车竞赛）

1. 行为人驾驶下列交通工具参与道路交通的，处 2 年以下自由刑或罚金刑：

（1）不被允许参与机动车竞赛的车辆，

（2）作为机动车驾驶员参与不被允许的机动车竞赛，

（3）作为机动车驾驶员以不适当的速度，粗暴地违反交通规则，无所顾忌地驾驶机动车，以追求最高时速。

2. 在第 1 款第 2 项或第 3 项情况下危及他人身体、生命或具有重大价值的财物的，处 5 年以下自由刑或罚金刑。

3. 在第 1 款第 1 项情况下犯罪未遂的，也应处罚。

4. 在第 1 款第 2 项情况下过失地导致危险发生的，处 3 年以下自由刑或罚金刑。

5. 在第 2 款情况下，行为人因其行为造成他人死亡或严重的身体伤害，或造成不特定多数人的身体伤害的，处 1 年以上 10 年以下自由刑，情节较轻的，处 6 个月以上 5 年以下自由刑。[209]

第 315 条 e　（道路交通中的有轨交通工具）

有轨交通工具参与道路交通的，只能适用保护道路交通的规定（第

---

[209] 根据 2017 年 9 月 30 日颁布的《第 56 部刑法修改法》（未经允许的交通工具参与道路交通，《联邦法律公报 I》，第 3532 页）修订，自 2017 年 10 月 13 日起生效。

315条b和第315条c)。[210]

第315条f （没收）

第315条d第1款第2项或第3项，第2款、第4款或第5款规定的犯罪所涉及的交通工具，可予以没收。准用第74条a的规定。[211]

第316条 （酒后驾驶）

1. 饮用酒或其他麻醉品，不能安全驾驶交通工具（第315条至第315条d），如其行为未依第315条a或第315条c处罚的，处1年以下自由刑或罚金刑。

2. 过失犯本罪的，亦依第1款处罚。[212]

第316条a （对汽车司机的强盗攻击）

1. 利用道路交通的特殊情况，对汽车司机或某一乘客的身体、生命或自由进行攻击，犯抢劫（第249条和第250条）、窃后抢劫（第252条）、抢劫式敲诈勒索（第255条）罪的，处5年以上自由刑。

2. 情节较轻的，处1年以上10年以下自由刑。

3. 行为人因其行为至少轻率致他人死亡的，处终身自由刑或10年以上自由刑。

第316条b （扰乱公共供给）

1. 对下列用于公共供给的设施或企业加以毁弃、损坏、去除、改变或使其不能使用，或切断供给该企业使用的电力，使公共供给受到阻碍或干扰的，处5年以下自由刑或罚金刑：

（1）服务于铁路、邮政或公共交通的企业或设施，

---

[210] 根据2017年9月30日颁布的《第56部刑法修改法》（未经允许的交通工具参与道路交通，《联邦法律公报I》，第3532页）修订，自2017年10月13日起生效。
[211] 同上注。
[212] 同上注。

(2) 水、电、热或动力的设施或其他供应居民生活的重要企业,

(3) 供公共秩序或安全用的设备或设施。

2. 犯本罪未遂的,也应处罚。

3. 情节特别严重的,处 6 个月以上 10 年以下自由刑。情节特别严重一般是指,行为人因其行为严重影响对居民的重要生活物资,尤其是水、电、热或动力的供应。

第 316 条 c （侵害航空和海上交通）

1. 有下列行为之一的,处 5 年以上自由刑:

(1) 使用暴力或侵害他人的意志自由或进行其他的阴谋活动,以达到

  a. 控制飞行中的民用航空器,或

  b. 用于民用海上船舶,或

  c. 影响其导航目的,或

(2) 毁弃或损坏航空器或船舶,或船舶舱内的货物,而使用射击武器,或利用射击武器引发炸药或纵火的。

已由乘务人员或乘客搭乘或已开始装货的航空器,或乘务人员或乘客尚未按计划离开航空器,或装载的货物尚未卸完的航空器,视同飞行中的航空器。

2. 情节较轻的,处 1 年以上 10 年以下自由刑。

3. 行为人因其行为至少轻率导致他人死亡的,处终身自由刑或 10 年以上自由刑。

4. 为准备实施第 1 款之罪而制造、设法为自己或他人弄到、保管射击武器、爆炸物、引爆炸药或纵火用的材料或设备,或将上述物品转让他人的,处 6 个月以上 5 年以下自由刑。

第 317 条 （扰乱电信设施）

1. 对用于电信设施的运转的物品加以毁弃、损坏、去除、改变或使其不能使用,或切断供电信使用的电力,因而阻碍或危害公共电信设施

的正常运转的，处 5 年以下自由刑或罚金刑。

2. 犯本罪未遂的，也应处罚。

3. 过失犯本罪的，处 1 年以下自由刑或罚金刑。

第 318 条　（损坏重要设施）

1. 对水管、水闸、堰闸、堤坝、防水堤坝，或其他水利设施或桥梁、渡船、道路、防水闸，或用于蓄水、通风，或用于工人出入的设备加以毁弃、损坏，因而危及他人身体或生命的，处 3 个月以上 5 年以下自由刑。

2. 犯本罪未遂的，也应处罚。

3. 行为人因其行为严重损害他人健康或不特定多数人的健康的，处 1 年以上 10 年以下自由刑。

4. 行为人因其行为导致他人死亡的，处 3 年以上自由刑。

5. 犯第 3 款之罪情节较轻的，处 6 个月以上 5 年以下自由刑，犯第 4 款之罪情节较轻的，处 1 年以上 10 年以下自由刑。

6. 在第 1 款情形下，行为人

（1）过失造成危险的，或

（2）过失为上述行为，且过失地造成危险的，

处 3 年以下自由刑或罚金刑。

第 319 条　（违反建筑规则）

1. 在建筑物的设计、指挥、施工或拆除时，违反公认的技术规则，因而危及他人身体或生命的，处 5 年以下自由刑或罚金刑。

2. 在计划的设计、指挥、执行时，作为职业人员或行业人士违反公认的技术规则，在建筑物上安装技术设备或变更已安装的技术设备，因而危及他人的身体或生命的，处与前款相同之刑罚。

3. 过失造成危险的，处 3 年以下自由刑或罚金刑。

4. 过失犯第 1 款和第 2 款之罪，且过失造成危险的，处 2 年以下自由刑或罚金刑。

第 320 条　（主动悔罪）

1. 行为人自动放弃行为的继续实施或防止行为结果产生的，法庭可依其裁量减轻第 316 条 c 第 1 款之刑罚（第 49 条第 2 款）。

2. 行为人在严重损害发生之前自动防止危险发生的，法庭可依其裁量减轻下列各条款的刑罚（第 49 条第 2 款）或免除刑罚：

（1）第 315 条第 1 款、第 3 款第 1 项或第 5 款，

（2）第 315 条 b 第 1 款、第 3 款或第 4 款，与第 315 条第 3 款相联系的第 315 条 b 第 3 款，

（3）第 318 条第 1 款或第 6 款第 1 项，

（4）第 319 条第 1 款至第 3 款。

3. 具备下列情形之一的，不处罚：

（1）在

a. 第 315 条第 6 款，

b. 第 315 条 b 第 5 款，

c. 第 318 条第 6 款第 2 项，

d. 第 319 条第 4 款

的情形下，在严重的损害发生之前，主动防止危险发生的，或

（2）在第 316 条 c 第 4 款情形下，主动放弃该行为的继续实施或者防止危险发生的。

4. 危险或行为结果非因行为人的协助而防止，只要行为人主动且真诚为此而努力的，即可减轻或免除其刑罚。

第 321 条　（行为监督）

在第 306 条至第 306 条 c 和第 307 条第 1 款至第 3 款、第 308 条第 1 款至第 3 款、第 309 条第 1 款至第 4 款、第 310 条第 1 款和第 316 条 c 第 1 款第 2 项的情形下，法庭可命令行为监督（第 68 条第 1 款）。

第 322 条　（没收）

犯第 306 条至第 306 条 c、第 307 条至第 314 条或第 316 条 c 之罪的，

没收下列物品：

(1) 犯罪所得之物品，或用于或被确定用于实施犯罪或预备实施犯罪的物品，

(2) 与第 310 条至第 312 条、第 314 条或第 316 条 c 之罪有关的物品。

第 323 条　（废除）

第 323 条 a　（醉酒）

1. 故意或过失饮酒或使用其他麻醉品，使自己处于无责任能力或不能排除其无责任能力的醉酒状态下实施犯罪行为的，处 5 年以下自由刑或罚金刑。

2. 所处刑罚不得重于其在醉酒状态下实施的犯罪的刑罚。

3. 如果在醉酒状态下实施的行为仅在告诉、授权或要求判刑情况下才进行刑事追诉的，该行为非经告诉、授权或要求判刑不得追诉。

第 323 条 b　（妨碍戒除瘾癖的治疗）

明知他人依官方命令被安置于戒除瘾癖的机构，未经该机构领导许可或委托，为其提供或转让酒或其他麻醉品，或诱惑其饮用上述物品的，处 1 年以下自由刑或罚金刑。

第 323 条 c　（怠于救助；阻碍救援人员）

1. 意外事故、公共危险或困境发生时，需要救助且根据行为人当时的情况可期待其予以救助，尤其对自己无重大危险且又不违背其他重要义务而不进行救助的，处 1 年以下自由刑或罚金刑。

2. 在第 1 款所述情形下，阻碍他人救助第三人的，处与第 1 款相同之刑罚。[213]

---

[213] 根据 2017 年 5 月 3 日颁布的《第 52 部刑法修改法》（加强对执行官员和救援人员的保护，《联邦法律公报 I》，第 1226 页）修订，自 2017 年 5 月 30 日起生效。

第二十九章　危害环境的犯罪

第 324 条　（污染水域）

1. 未经许可污染水域或对其品质作不利的改变的，处 5 年以下自由刑或罚金刑。
2. 犯本罪未遂的，也应处罚。
3. 过失犯本罪的，处 3 年以下自由刑或罚金刑。

第 324 条 a　（污染土地）

1. 行为人违反行政法义务，将特定物质埋入或让他人埋入或排入土地之中，
   （1）以危害他人、动物、植物健康，或污染其他贵重物品或水域的方式，或
   （2）在广泛的范围内
   污染土地或将土地作不利改变的，处 5 年以下自由刑或罚金刑。
2. 犯本罪未遂的，也应处罚。
3. 行为人过失犯本罪的，处 3 年以下自由刑或罚金刑。

第 325 条　（污染空气）

1. （1）违背行政法义务，使设备，尤其是工场或机器的运转过程中，造成空气的改变，足以危害设备范围之外的人、动物、植物健康或其他贵重物品的，处 5 年以下自由刑或罚金刑。
   （2）犯本罪未遂的，也应处罚。
2. 严重违背行政法义务，使设备，尤其是工场或机器的运转过程中，向设备范围之外大量释放有害物质的，处 5 年以下自由刑或罚金刑。
3. 违反行政法义务，向空气中释放大量有害物质，如果行为未依据第 2 款处罚的，处 3 年以下自由刑或罚金刑。

4. 行为人因过失犯第 1 款和第 2 款之罪的，处 3 年以下自由刑或罚金刑。

5. 行为人因轻率犯第 3 款之罪的，处 1 年以下自由刑或罚金刑。

6. 第 2 款和第 3 款所述有害物质，是指：

（1）危害人、动物、植物健康或贵重物品的物质，或

（2）持久对水域、空气或土地进行污染或作其他不利改变的物质。

7. 第 1 款以及相关的第 4 款的规定不适用于汽车、有轨交通工具、空中或水上交通工具。[214]

第 325 条 a　（制造噪音、震动和非离子辐射）

1. 违背行政法义务，在设备，尤其是工场或机器的运转过程中，制造噪音，足以危害设备以外之人的健康的，处 3 年以下自由刑或罚金刑。

2. 违背行政法关于防止噪音、震动和非离子辐射的义务，在设备、尤其是工场或机器的运转过程中，危害他人健康、他人之动物或贵重物品的，处 5 年以下自由刑或处罚金刑。

3. 过失为上述行为的

（1）在第 1 款情形下处 2 年以下自由刑或罚金刑，

（2）在第 2 款情形下处 3 年以下自由刑或罚金刑。

4. 第 1 款至第 3 款的规定不适用于机动车、有轨交通工具、飞机或船舶。

第 326 条　（未经许可的垃圾处理）

1. 未经许可在规划范围以外或背离规定的或许可的程序，存放、运输、处理、利用、储存、堆放、排放、去除、交易、中介或其他经营下列垃圾的，处 5 年以下自由刑或罚金刑：

---

[214] 根据 2011 年 12 月 6 日颁布的《第 45 部刑法修改法》（贯彻欧洲议会关于环境的刑法保护的方针，《联邦法律公报 I》，第 2557 页）修订，自 2011 年 12 月 14 日起生效。

（1）可能含有或产生对人或动物具有公共危险且能传播毒剂或病原体的，

（2）具有致癌、严重危害或改变遗传基因的，

（3）具有爆炸、自燃或严重放射性的，或

（4）根据种类、性质或数量，

a. 足以持久地污染水域、空气或土地，或有其他不利改变，或

b. 危害动物、植物生存。

2. 违反禁令或未获得必要的许可，将第1款所述垃圾运入、运出或运输途经本法效力范围的，处与前款相同刑罚。

3. 违反行政法义务，不将具有放射性的垃圾运走的，处3年以下自由刑或罚金刑。

4. 犯第1款和第2款之罪而未遂的，也应处罚。

5. 过失犯本罪的，

（1）在第1款和第2款情形下，处3年以下自由刑或罚金刑，

（2）在第3款情形下，处1年以下自由刑或罚金刑。

6. 由于垃圾数量小，显然可以排除对环境，尤其是对人、水域、空气、土地、可食动物或植物的有害影响的，行为不处罚。[215]

第327条 （未经许可开动核设备）

1. 缺乏必要的许可或违反可执行的禁令，为下列行为之一的，处5年以下自由刑或罚金刑：

（1）开动核设备、占有或全部或部分拆卸准备开动的或关闭的核技术设备，或对该设备作重大改变的，或

（2）将已使用核燃料的工场或其位置作重大改变的。

2. 依当时有效之法律，未经许可、未经规划确认或违反依当时有效之法律制定的可执行的禁令开动下列机器设备的，处3年以下自由刑或

---

[215] 根据2016年11月1日颁布的《修改垃圾处理法规的法律》（《联邦法律公报I》，第2452页）修订，自2016年11月10日起生效。

罚金刑：

（1）需要经批准的设备或《联邦环境保护法》规定为防止危险发生而不许运转的设备，

（2）《环境影响评价法》规定的为运输对水有害的物质所用的、要经批准的或有报告义务的输水管道设备，

（3）《循环经济法》规定的垃圾处理设备，或

（4）《水资源开发利用法》第60条第3款规定的水处理设备。

未经许可、未经规划确认或违反可执行的禁令，在其他欧盟国家开动储存或使用危险物质、危险混合物或进行危险作业的设备，可能损害设备以外的他人的身体或生命，或严重损害动物、植物、水域、空气或土壤的，处相同刑罚。

3. 过失犯本罪的，在第1款情形下处3年以下自由刑或罚金刑，在第2款情形下处2年以下自由刑或罚金刑。[219]

第328条　（未经许可的放射性物质及其他危险物品的交易）

1. 具备下列情形之一的，处5年以下自由刑或罚金刑：

（1）未经必要之许可或违反可执行的禁令，保存、运输、加工或做其他利用，进口或出口核燃料，或

（2）严重违背义务，未经必要之许可或违反可执行的禁令，制造、保存、运输、加工，或进口或出口其他放射性物质，根据其种类、性质或数量，其放射性足以致人死亡或严重损害他人健康，或严重损害动物、植物、水域、空气或土壤。

2. 具备下列情形之一的，处与前款相同之刑罚：

（1）依据《原子法》负有运输核燃料的义务而不立即运输的，

（2）将核燃料或第1款第2项所述物品交给其他无权得到该物品之人，或介绍交给无权得到该物品之人的，

---

[219] 根据2013年4月8日颁布的《贯彻关于工业排放方针的法律》（《联邦法律公报I》，第734页）修订，自2013年5月2日起生效。

(3) 引起核爆炸的，或

(4) 引诱他人为第 3 项所述行为或对此等行为予以帮助的。

3. 严重违反行政法义务，为下列行为之一，因而足以危害他人健康，或危害动物或植物、水域、空气或土壤或他人贵重物品的，处 5 年以下自由刑或处罚金刑：

（1）对 2008 年 12 月 16 日《关于材料和混合材料的分级、标识和包装的（欧洲议会）2008 年第 1272 号指令》第 3 条、《关于修改和废除的（欧洲经济联合体）方针 67/548》和经 2009 年第 790 号指令作最后一次修订的《关于修改的（欧洲议会）2006 年第 790 号指令》意义上的放射性材料或危险材料和混合材料，在设备，尤其是工场或技术设施的运转过程中，进行储存、加工、处理或作其他使用的，或

（2）运输、邮寄、包装或拆包、装车或卸车、接受或转让危险物品。

4. 犯本罪未遂的，也应处罚。

5. 过失犯本罪的，处 3 年以下自由刑或罚金刑。

6. 第 4 款和第 5 款的规定不适用于第 2 款第 4 项的行为。[217]

第 329 条　（侵害保护区）

1. 违反依据《联邦环境保护法》颁布的法规，在防止空气污染或噪音的特别保护区，或者在由于缺乏变化的气候条件下会急剧增加空气污染对环境的有害影响的保护区内开动机器设备的，处 3 年以下自由刑或罚金刑。违反依据上述法规而颁布的可执行之禁令，在保护区内开动机器设备的，处与第 1 句相同之刑罚。第 1 句和第 2 句的规定不适用于汽车、有轨交通工具、飞机和船舶。

2. 违反保护水或矿泉的法规，在水或矿泉保护区内为下列行为之一的，处 3 年以下自由刑：

---

[217] 根据 2011 年 12 月 6 日颁布的《第 45 部刑法修改法》（贯彻欧洲议会关于环境的刑法保护的方针，《联邦法律公报 I》，第 2557 页）修订，自 2011 年 12 月 14 日起生效。

（1）用工业设备储存、装载或转运对水有害的物品，

（2）用管道输送对水有害的物品，或

（3）在工商企业周围开采鹅卵石、沙土、陶土或其他坚硬物质的。

公营企业中的设备视同第1句意义上的设备。

3. 违反为保护自然保护区或为保护作为自然保护区临时加以保护的地面或为保护国家公园而颁布的法规或可执行的禁令，

（1）开采矿藏或其他地下物质，

（2）挖沟或填土，

（3）获取、改变或去除水域，

（4）排放沼泽、池塘、泥沼或其他潮湿地区的水，

（5）开垦林地，

（6）猎杀、捕获受《联邦自然保护区法》保护的动物，毁坏或去除其幼崽，

（7）损坏或去除受《联邦自然保护区法》保护的植物，或

（8）建造楼宇，

因而严重妨碍其各自保护目的的，处5年以下自由刑或罚金刑。

4. 违反行政法义务，在《Natura 2000-Gebiet》内严重危害下列对该地区的保存目的或对保护目的具有重要意义的对象的，处5年以下自由刑或罚金刑：

（1）关于维护野生鸟类的2009年11月30日《欧洲议会的欧盟2009年第147号方针》第4条第2款或附件一，或经欧盟2006年第105号方针做最后一次修订的关于维护自然生存空间以及野生动植物的1992年5月21日的《欧洲经济联合体1992年第43号方针附件二》意义上的生存空间类型，或

（2）经欧盟2006年第105号方针做最后一次修订的关于维护自然生存空间以及野生动植物的1992年5月21日的《欧洲经济联合体1992年第43号方针附件一》意义上的自然生存空间类型。

5. 过失为上述行为的，

（1）在第1款和第2款情形下，处2年以下自由刑或罚金刑，

(2) 在第3款情形下,处3年以下自由刑或罚金刑。

6. 行为人轻率地实施第4款之罪的,处3年以下自由刑或处罚金刑。[218]

第330条 (危害环境犯罪的特别严重情形)

1. 故意犯第324条至第329条之罪,情节特别严重的,处6个月以上10年以下自由刑。行为人具备下列行为之一的,一般认为情节特别严重:

(1) 污染水域、土地或第329条第3款规定的保护区,致使此等污染不能清除,或需花费巨额费用或相当长时间之后才能清除的,

(2) 危害公共供水设备的,

(3) 持久损害濒临灭绝的动物或植物的,或

(4) 为获利而行为的。

2. 因故意实施第324条至第329条之罪,造成下列结果之一,如该行为在第330条a第1款至第3款未规定刑罚的,在第1项情形下处1年以上10年以下自由刑,在第2项情形下处3年以上自由刑:

(1) 致他人有死亡危险或严重损害他人健康或不特定多数人健康的,或

(2) 造成他人死亡的。

3. 犯第2款第1项之罪情节较轻的,处6个月以上5年以下自由刑,犯第2款第2项之罪情节较轻的,处1年以上10年以下自由刑。[219]

第330条a (释放毒物造成严重危害)

1. 传播或排放有毒或能产生毒性的物质,有导致他人死亡或严重损

---

[218] 根据2015年11月20日颁布的《与腐败作斗争的法律》(《联邦法律公报I》,第2025页)修订,自2015年11月26日起生效。

[219] 根据2011年12月6日颁布的《第45部刑法修改法》(贯彻欧洲议会关于环境的刑法保护的方针,《联邦法律公报I》,第2557页)修订,自2011年12月14日起生效。

害其健康的危险，或有导致不特定多数人的健康受损害的危险的，处 1 年以上 10 年以下自由刑。

2. 行为人因其行为造成他人死亡的，处 3 年以上自由刑。

3. 犯第 1 款之罪情节较轻的，处 6 个月以上 5 年以下自由刑，犯第 2 款之罪情节较轻的，处 1 年以上 10 年以下自由刑。

4. 过失造成第 1 款危险的，处 5 年以下自由刑或罚金刑。

5. 过失为第 1 款之行为，且过失造成危险的，处 3 年以下自由刑或罚金刑。

第 330 条 b　（主动悔罪）

1. 行为人在重大损失产生之前主动防止危险或排除由其引起的危险状态的，法庭可依其裁量减轻（第 49 条第 2 款）或免除第 325 条 a 第 2 款、第 326 条第 1 款至第 3 款、第 328 条第 1 款至第 3 款和第 330 条 a 第 1 款、第 3 款和第 4 款的刑罚。在同等条件下，行为人不依第 325 条 a 第 3 款第 2 项、第 326 条第 5 款、第 328 条第 5 款和第 330 条 a 第 5 款的规定处罚。

2. 危险非因行为人的协助而避免，或违法引起的状态非因行为人的帮助而排除的，只要其主动且真诚为此而努力，即可减轻或免除其刑罚。

第 330 条 c　（没收）

犯第 326 条、第 327 条第 1 款或第 2 款、第 328 条、第 329 条第 1 款和第 2 款以及与第 5 款相联系的第 3 款，或与第 6 款相联系的第 4 款之罪的，下列物品应予以没收：

（1）犯罪所得之物品、被用于或被确定用于实施犯罪或预备实施犯罪的物品，

（2）与犯罪有关之物品，

相应适用第74条a之规定。[20]

第330条d （概念规定）

1. 本章所谓的
（1）水：指地表水、地下水和海水；
（2）核技术设备：指用于生产的加工、处理或分裂核燃料，或清理具有辐射力的核燃料；
（3）危险的物品：指在本法效力范围内运输时有危险的物品，或在依据本法而制定的法规的适用范围内、国际运输中有危险的物品；
（4）行政法义务：指基于
a. 法规，
b. 法庭判决，
c. 可执行的行政行为，
d. 可执行的义务，
e. 公法上之合同，如果此等义务也可通过行政行为来赋予，
所产生的义务，用于防止危险或对环境，尤其是人、动物或植物、水、空气或土地的有害影响的物品。
（5）未经批准的行为、计划确定的行为或其他许可的行为：指基于威胁、贿赂或共谋而获取，或通过不正确的或不完全的说明而骗取批准、计划确定或其他的许可。

2. 在欧盟其他国家实施第331条、第324条a、第325条、第326条、第327条和第328条之罪，行为人违反
（1）行政法义务，
（2）规定的或允许的程序，
（3）禁止，
（4）禁令，

---

[20] 根据2011年12月6日颁布的《第45部刑法修改法》（贯彻欧洲议会关于环境的刑法保护的方针，《联邦法律公报I》，第2557页）修订，自2011年12月14日起生效。

(5) 允许的设备,
(6) 允许, 或
(7) 规划确认

视同基于欧盟其他国家法律, 或欧盟其他国家的主权行为产生的义务、程序、禁止、禁令、允许的设备、允许和规划确认。只有当欧盟的法律行为或欧洲核组织的法律行为对此进行了转化或运用, 以保护环境, 尤其是人、动物或植物、水域、空气或土壤免受危险或损害, 始可适用上述规定。[20]

---

[20] 根据 2011 年 12 月 6 日颁布的《第 45 部刑法修改法》(贯彻欧洲议会关于环境的刑法保护的方针,《联邦法律公报 I》, 第 2557 页) 修订, 自 2011 年 12 月 14 日起生效。

第三十章 职务犯罪

第 331 条 （受贿）

1. 公职人员或对公务负有特别义务的人员，针对履行其职务行为而为自己或他人索要、让他人允诺或收受他人利益的，处 3 年以下自由刑或罚金刑。

2. 法官或仲裁员，以其已经实施或将要实施的裁判行为作为回报，为自己或他人索要、让他人允诺或接受他人利益的，处 5 年以下自由刑或罚金刑。犯本罪未遂的，也应处罚。

3. 行为人让他人允诺或接受的利益，非其本人所要求的，而是主管当局在其职权范围内事先许可的或行为人事后立即报告而被主管当局追认的，不依第 1 款处罚。[222]

第 332 条 （索贿）

1. 公职人员或对公务负有特别义务的人员，以已经实施或将要实施的、因而违反或将要违反其职务义务的职务行为作为回报，为自己或他人索取、让他人允诺或收受他人利益，处 6 个月以上 5 年以下自由刑或罚金刑。情节较轻的，处 3 年以下自由刑或罚金刑。犯本罪未遂的，也应处罚。

2. 法官或仲裁员，以已经实施或将要实施、因而违反或将要违反其裁判义务的裁判行为作为回报，为自己或为他人索要、让他人允诺或收受他人利益，处 1 年以上 10 年以下自由刑。情节较轻的，处 6 个月以上 5 年以下自由刑。

3. 行为人以将来的行为作为回报，索要、让他人允诺或收受他人利

---

[222] 根据 2015 年 11 月 20 日颁布的《与腐败作斗争的法律》（《联邦法律公报Ⅰ》，第 2025 页）修订，自 2015 年 11 月 26 日起生效。

益的，如果行为人已向他人表明：

（1）他在行为时违反其义务，或

（2）行为由他来斟酌决定，且他以是否获得利益来影响决定的，

适用第1款和第2款的规定。[23]

第333条　（给予利益）

1. 针对公职人员或对公务负有特别义务的人员或联邦国防军士兵的职务上的行为，为其本人或第三人提供、允诺或给予利益的，处3年以下自由刑或罚金刑。

2. 以法官或仲裁员已经实施或将要实施的裁判行为作为回报，向其本人或第三人提供、允诺或给予利益的，处5年以下自由刑或罚金刑。

3. 主管当局在其职权范围内事先允许上述人员接受利益，或在接受人立即报告后加以追认的，不依第1款处罚。[24]

第334条　（违反公职的行贿）

1. 以公职人员、对公务负有特别义务的人员或联邦国防军士兵已经实施或将要实施的、因而违反或将要违反其职务义务的职务行为作为回报，向其本人或第三人提供、允诺或给予利益，处3个月以上5年以下自由刑，情节较轻的，处2年以下自由刑或罚金刑。

2. 以法官或仲裁员

（1）已实施的、因而违反其裁判义务的裁判行为作为回报，或

（2）将要实施的、因而违反其裁判义务的裁判行为作为回报，

向法官或仲裁员本人或第三人提供、允诺或给予利益的，在第1项情形下处3个月以上5年以下自由刑，在第2项情形下处6个月以上5

---

[23] 根据2015年11月20日颁布的《与腐败作斗争的法律》（《联邦法律公报I》，第2025页）修订，自2015年11月26日起生效。

[24] 同上注。

年以下自由刑。犯本罪未遂的，也应处罚。

3. 行为人要求对方为将来的行为而提供、允诺或给予利益，有下列情形之一的，适用第 1 款和第 2 款的规定：

（1）行为违反其职责，或

（2）以是否获得利益来影响裁判。㉕

第 335 条　（索贿和行贿的特别严重情形）

1. 犯下列条款之罪，情节特别严重的，在第 1 项情形下处 1 年以上 10 年以下自由刑，在第 2 项情形下处 2 年以上自由刑：

（1）犯

a. 第 332 条第 1 款第 1 句和与之有关的第 3 款之罪，和

b. 第 334 条第 1 款第 1 句和第 2 款，以及与之有关的第 3 款之罪。

（2）犯第 332 条第 2 款以及与之有关的第 3 款之罪。

2. 具备下列情形之一的，一般认为情节特别严重：

（1）行为所涉及之利益巨大的，

（2）行为人继续索要并接受利益，以将来实施某一职务行为作为回报的，

（3）行为人以此为职业或作为为继续实施此等行为而成立的犯罪团伙成员而为此行为的。

第 335 条 a　（外国和国际公职人员）

1. 对于适用第 335 条相关的第 332 条和第 334 条而言，涉及将来的法官行为或将来的公务行为的，

（1）外国或国际法院的成员，视为本法意义上的法官；

（2）下列人员视为本法意义上的其他公职人员：

a. 外国的公职人员和受委托为外国履行公职之人；

㉕ 根据 2015 年 11 月 20 日颁布的《与腐败作斗争的法律》(《联邦法律公报 I》，第 2025 页）修订，自 2015 年 11 月 26 日起生效。

b. 国际组织的公职人员和受委托为国际组织履行公职之人；

c. 外国的士兵和受委托履行国际组织的任务的士兵。

2. 对于适用第 331 条和第 333 条而言，涉及将来的法官行为或将来的公务行为的，

（1）国际刑事法庭的成员，视为本法意义上的法官；

（2）国际刑事法庭的公职人员，视为其他公职人员。

3. 对于适用第 333 条第 1 款和第 3 款而言，涉及将来的公务行为的，

（1）在联邦德国驻扎的北大西洋公约组织非联邦德国缔约国军队的士兵，视为本法意义上的联邦国防军士兵；

（2）此等军队的公职人员，视为本法意义上的其他公职人员；

（3）在此等军队工作或为其工作，且基于军队长官的一般的或特殊的指示，认真履行其义务之人，视为本法意义上的为公务机关从事特别义务之人。[226]

第 336 条　（不为职务上的行为）

不为职务上的行为视同第 331 条至第 335 条 a 意义上的职务行为或裁判行为。[227]

第 337 条　（酬报仲裁员）

酬报仲裁员，指仲裁员背着一方当事人向另一方索要、让其允诺或收受利益，或当事人一方背着他方向仲裁员提供、允诺或给予利益，此行为视为第 331 条至第 335 条所谓之利益。

第 338 条　（废除）[228]

---

[226] 根据 2015 年 11 月 20 日颁布的《与腐败作斗争的法律》(《联邦法律公报 I》，第 2025 页）修订，自 2015 年 11 月 26 日起生效。

[227] 同上注。

[228] 根据 2017 年 4 月 13 日颁布的《关于改革刑法中财产差价税的法律》(《联邦法律公报 I》，第 872 页）修订，自 2017 年 7 月 1 日起生效。

第339条 （枉法）

法官、公职人员或仲裁员在领导或裁判案件时，为有利于一方当事人或不利于一方当事人而枉法的，处1年以上5年以下自由刑。

第340条 （职务上的身体伤害）

1. 公职人员在执行公务或与公务有关的事务时，自己或令他人实施身体伤害行为的，处3个月以上5年以下自由刑。情节较轻的，处5年以下自由刑或罚金刑。

2. 犯本罪未遂的，也应处罚。

3. 第224条至第229条的规定同样适用于本条第1款第1句的犯罪行为。

第341条 （废除）

第342条 （废除）

第343条 （刑讯逼供）

1. 被任命参与下列程序的公职人员，对他人进行虐待、使用暴力、暴力威胁或精神折磨，以逼迫其在程序中为一定陈述或解释，或不为一定陈述或解释的，处1年以上10年以下自由刑：

（1）刑事诉讼程序，命令为行政监督程序，

（2）罚款程序，或

（3）惩戒程序，名誉法官或职业法官诉讼程序。

2. 情节较轻的，处6个月以上5年以下自由刑。

第344条 （对无罪人进行追诉）

1. 被任命参与除命令非剥夺自由的处分（第11条第1款第8项）程序以外的其他刑事诉讼程序的公职人员，明知他人无罪或依法不应受刑事追诉，而故意进行刑事追诉或请求进行刑事追诉的，处1年以上10

年以下自由刑，情节较轻的，处3个月以上5年以下自由刑。第1句的规定同样适用于被任命参与命令行政监督程序的公职人员。

2. 被任命参与命令非剥夺自由的处分（第11条第1款第8项）程序的公职人员，明知他人依法不应当受到刑事追诉，而故意进行刑事追诉或请求进行刑事追诉的，处3个月以上5年以下自由刑。第1句的规定同样适用于被任命参与下列程序的公职人员：

（1）罚款程序，或

（2）惩戒程序，名誉法官或职业法官诉讼程序。

犯本罪未遂的，也应处罚。

第345条　（对无罪人执行刑罚）

1. 被任命参与执行自由刑、剥夺自由的矫正及保安处分或行政监督的公职人员，对依法不应当被执行的人故意执行刑罚、处分或监督的，处1年以上10年以下自由刑，情节较轻的，处3个月以上5年以下自由刑。

2. 过失犯本罪的，处1年以下自由刑或罚金刑。

3. 被任命参与执行第1款规定以外的刑罚或处分（第11条第1款第8项）的公职人员，对依法不应当被执行的人故意执行刑罚或处分的，处3个月以上5年以下自由刑。被任命参与执行，

（1）少年拘禁，

（2）违反秩序法所规定的罚款或附随后果，

（3）治安罚款或治安拘留，或

（4）惩戒处分，名誉法官或职业法官的处分

的公职人员，对依法不应当被执行上述处分的人故意执行的，处与本款第1句相同之刑罚。

第346条　（废除）

第347条　（废除）

第 348 条　（职务上的虚伪记录）

1. 有权制作文书的公职人员，在其职权范围内，对法律上的重要事实作虚伪记录，或在官方的登记册、书籍或资料档案中作虚伪记载的，处 5 年以下自由刑或罚金刑。

2. 犯本罪未遂的，也应处罚。

第 349 条　（废除）

第 350 条　（废除）

第 351 条　（废除）

第 352 条　（超收费用）

1. 就自己职务上的行为而收取费用或其他报酬的公职人员、律师或其他诉讼代理人，明知支付人不负有或仅负有小额支付义务，而对其收取高额费用或其他的报酬的，处 1 年以下自由刑或罚金刑。

2. 犯本罪未遂的，也应处罚。

第 353 条　（超收税款；克扣支付）

1. 为国库收取赋税、公共事业费或其他税款的公职人员，明知支付人不负有或仅负有小额支付义务，而对其收取高额税款，且未将违法收取的税款全部或部分交入国库的，处 3 个月以上 5 年以下自由刑。

2. 公职人员对于公务上的金钱或实物给付，违法地加以克扣，且作全部支付记载的，处与第 1 款相同之刑罚。

第 353 条 a　（对外事务中的失信）

1. 代表联邦德国，在与外国政府、国际联盟或国际组织交往中违背官方指令，或为了使联邦政府陷于错误而作出与事实不符的报道的，处 5 年以下自由刑或罚金刑。

2. 本行为非经联邦政府的授权不得追诉。

第353条 b　（侵害职务秘密和违反特别的保密义务）

1. 下列人员，未经许可而公开其知悉或了解到的机密，因而危及重大公共利益的，处5年以下自由刑或罚金刑。过失犯本罪而危及重大公共利益的，处1年以下自由刑或罚金刑：
（1）公职人员，
（2）对公务负有特别义务的人员，或
（3）依《身份代理法》接受任务或委托之人。

2. 除第1款的情形之外，对于某一事实或消息，
（1）依据联邦或州立法机构或其所服务的委员会的决议，负有保守秘密义务的人，或
（2）被另一个公务机关指明违反保密义务将受刑罚处罚，因而负有保守秘密义务的人将该事实或消息未经许可转告他人或予以公开，因而危及重大公共利益的，处3年以下自由刑或罚金刑。

3. 犯本罪未遂的，也应处罚。

3a. 如果帮助行为限于接受、利用、公开秘密、对象或信息，而保守秘密需负有特殊的义务的，《刑事诉讼法》第53条第1款第1句第5项所述之人的帮助行为不违法。

4. 本行为非经授权不得追诉。该授权
（1）a. 在第1款情形下，行为人在为联邦或州的立法机关工作时获知的秘密，
b. 在第2款第1项情形下，
由立法机关的议长作出。
（2）a. 在第1款情形下，行为人在为联邦机关或联邦的其他公务机关工作时获知的秘密，
b. 在第2款第2项情形下，行为人被联邦的公务机关赋予保密义务的，

由最高联邦机关作出。㉙

第 353 条 c （废除）

第 353 条 d （禁止告知法庭审理情况）

有下列行为之一的，处 1 年以下自由刑或罚金刑：

（1）违反法律禁令，将不予公开的法庭审理活动或与案件有关之公文非法予以公开的，

（2）违反法庭根据法律所赋予的缄默义务，将从非公开审理的案件中，或从与案件有关的公文中所获悉的事实非法予以公开的，或

（3）将刑事诉讼、行政罚款程序或惩戒程序的起诉书或其他公文，在未公开讨论或在诉讼程序结束前，将其全部或其重要部分公布于众的。㉚

第 354 条 （废除）

第 355 条 （侵害税务秘密）

1. 行为人非法

（1）将其作为公职人员，

a. 在税务案件的行政程序、审计程序或法庭程序中，

b. 在税务犯罪的刑事诉讼程序或违反税收秩序的罚款程序中，

c. 基于其他原因从财政局的通知或法律规定的征税单中或征税的证明中所获悉的他人的情况，或

（2）将其作为公职人员在第 1 项所述程序之一中获悉的他人的经营或商业秘密，

非法予以公开或利用的，处 2 年以下自由刑或罚金刑。

他人情况或他人的经营或商业秘密是指，行为人作为公职人员在第

㉙ 根据 2012 年 6 月 25 日颁布的《加强刑法和刑诉法中新闻自由的法律》（《联邦法律公报 I》，第 1374 页）修订，自 2012 年 8 月 1 日起生效。

㉚ 根据 2017 年 7 月 5 日颁布的《将电子档案引入司法和进一步促进电子法律事务的法律》（《联邦法律公报 I》，第 2208 页）修订，自 2018 年 1 月 1 日起生效。

一句第 1 项所述程序中知悉的其可以接触但不得提取的数据。

2. 下列人员视同第 1 款意义上的公职人员：

（1）对公务负有特别义务的人员，

（2）官方聘请的专家，及

（3）担任教会和公法上其他宗教团体执行公务的人员。

3. 本罪非经行为人的长官或被害人的告诉不得追诉。官方聘请的专家犯本罪的，除被害人有告诉权外，处理该事件的当局的负责人亦有告诉权。[20]

第 356 条 （对当事人的背信）

1. 律师或其他诉讼代理人，在依其特点受托处理的案件中，违反义务的同时向同一案件中的双方当事人提供建议或诉讼代理的，处 3 个月以上 5 年以下自由刑。

2. 律师或其他诉讼代理人与对方当事人合谋，实施不利于自己的当事人的行为的，处 1 年以上 5 年以下自由刑。

第 357 条 （引诱下属犯罪）

1. 上司引诱或试图引诱下属实施职务犯罪，或容忍下属实施职务犯罪的，依其所引诱或容忍之罪处罚。

2. 被监督或控制的公职人员实施的违法行为与被监督或控制的行为有关时，对于负责监督或控制工作的公职人员，适用第 1 款的规定。

第 358 条 （附随后果）

除依第 332 条、第 335 条、第 339 条、第 340 条、第 343 条、第 344 条、第 345 条第 1 款和第 3 款、第 348 条、第 352 条至第 353 条 b 第 1 款、第 355 条和第 357 条的规定，除科处 6 个月以上自由刑外，法庭还可剥夺行为人担任公职的资格（第 45 条第 2 款）。

---

[20] 根据 2016 年 7 月 18 日颁布的《税务程序修改法》（《联邦法律公报 I》，第 1679 页）修订，自 2017 年 1 月 1 日起生效。

德意志联邦共和国少年法庭法

1974 年 12 月 11 日颁布的版本
(《联邦法律公报 I》第 3427 页)
根据 2017 年 8 月 27 日的法律作最近一次修改，自 2017 年 9 月 5 日起生效
(《联邦法律公报 I》第 3295 页)

第一编 适用范围

第1条 (对人和案件的适用范围)

1. 少年或未成年青年实施的犯罪行为,根据一般法律规定应判处刑罚的,适用本法。

2. 少年是指行为时已满14岁不满18岁者;未成年青年是指行为时已满18岁不满21岁者。

第2条 (少年刑法的目的;普通刑法的适用)

1. 少年刑法主要适用于防止少年和未成年青年重新犯罪。为实现这一目的,应当设置法律后果,并在尊重父母的教养权情况下,程序上应当优先考虑教育思想。

2. 本法未作其他规定的,始可适用普通刑法。①

---

① 根据2007年12月13日颁布的《第二部少年法院法和其他法律的修改法》(《联邦法律公报I》,第2894页)修订,自2008年1月1日起生效。

第二编 少 年

第一章 少年之犯罪行为及其后果

第一节 一 般 规 定

第3条 （责任）

少年在行为时，其心智发育已经成熟，足以认识其行为的违法性，且依该认识而行为的，应负刑事责任。少年在行为时由于心智发育尚不成熟因而不负刑事责任的，得对其进行教育；家庭法庭所命令之处分，少年法官同样可命令之。[②]

第4条 （少年违法行为的法律分类）

少年的违法行为属于重罪还是轻罪、追诉时效何时经过，依普通刑法之规定。

第5条 （少年违法行为的后果）

1. 少年实施犯罪行为的，可命令教育处分。
2. 教育处分不能奏效的，判处惩戒措施或少年刑罚。
3. 如将其收容于精神病院或戒除瘾癖的机构后，法官认为判处惩戒措施或少年刑罚已无必要的，则不得判处惩戒措施和少年刑罚。

第6条 （附随后果）

1. 不得判处剥夺担任公职的资格、公开选举权或在公共事务中的选

---

② 根据2008年12月17日颁布的《关于改革家事案件和自愿管辖的程序的法律》(《联邦法律公报Ⅰ》，第2586页) 修订，自2009年9月1日起生效。

举或表决权。不得命令公开判决结果。

2. 有关丧失担任公职的资格和公开选举权（《刑法典》第 45 条第 1 款）的判决，不予生效。

第 7 条 （矫正及保安处分）

1. 普通刑法规定的矫正及保安处分，如收容于精神病院或戒除瘾癖的机构、行为监督或吊销驾驶执照（《刑法典》第 61 条第 1 项、第 2 项、第 4 项和第 5 项）的规定，同样可适用于少年罪犯。

2. 具备下列情形之一的，法庭保留行为监督的命令：

（1）少年因下列重罪被科处 7 年以上的少年刑罚

a. 针对生命、身体完整性或性自决权，或

b. 根据《刑法典》第 251 条，以及相关的第 252 条或第 255 条的规定，行为造成被害人心理或身体严重伤害或有严重伤害危险的，且

（2）对少年和其行为的整体评价表明，其有再次实施第 1 句所述犯罪的很大可能性的。

如果对被判刑人其行为和至裁判时的表现的整体评价表明，其有可能实施第 1 句第 1 项所述犯罪，法庭命令行为监督；相应适用《刑法典》第 66 条 a 第 3 款第 1 句的规定。对是否要在刑罚执行结束时将保安监督的收容予以缓刑交付考验的审查，以及对行为监督的开始，相应适用《刑法典》第 67 条 c 第 1 款的规定。

3. 除刑罚外保留命令行为监督，且被判刑人未满 27 岁的，法庭命令在社会治疗机构执行少年刑罚，但对被判刑人的再社会化不利的除外。此等命令也可以事后为之。在社会治疗机构执行的命令尚未作出，或被监禁人尚未被转移至社会治疗机构的，每 6 个月重新决定一次。如果当事人不满 24 岁，第 2 句规定的事后命令由刑罚执行庭负责，否则由第 92 条第 2 款规定的对执行措施作出决定的主管少年法庭负责。此外，少年刑罚的执行，相应适用《刑法典》第 66 条 c 第 2 款和第 67 条 a 第 2 款至第 4 款的规定。

4. 因第 2 款所述犯罪被命令依据《刑法典》第 67 条 d 第 6 款收容

于精神病院而被宣告已经完成，因为收容所依据的排除或减轻有责性的状态在最后决定时刻不存在，在具备下列情形之一时，法庭可于事后命令执行保安监督：

（1）当事人因数个犯罪行为依据《刑法典》第63条被命令收容，或当事人因一个或数个在依据《刑法典》第63条被收容前的犯罪行为，已经被科处3年以上的少年刑罚或已经被收容于精神病院，且

（2）如果对当事人、其行为和至判决前的发展变化情况的整体评价表明，其很有可能实施第2款所述犯罪。

5. 如果被收容之人在期间开始时不满24岁的，对是否将保安监督的继续执行缓刑交付考验，或宣布已经完成（《刑法典》第67条e）的一般的审查期限，在本条第2款和第4款情形下为6个月。③

第8条　（处分和少年刑罚之并处）

1. 教育处分和惩戒措施可并处，数种教育处分和数种惩戒措施亦可并处。但依第12条第2项的规定命令之教育帮助不得与少年禁闭④并处。

2. 除判处少年刑罚外，只能命令给予指示、工作负担和教育帮助。在第16条a条件下，除科处少年刑罚或将少年刑罚予以缓科外，还可命令少年禁闭。如犯罪少年被缓刑监督的，在缓刑期满前教育帮助应予中止。

3. 除判处教育处分、惩戒措施和少年刑罚外，可判处犯罪少年本法许可之附加刑和附随后果。禁止驾驶的期限不得超过3个月。⑤

---

③ 根据2012年12月5日颁布的《关于修订保安监督法的法律》（《联邦法律公报I》第2425页）修订，自2013年6月1日起生效。
④ 少年禁闭是少年惩戒措施中最为严厉者，不属于少年刑罚。——译注
⑤ 根据2017年8月17日颁布的《有效和实践导向地组织刑事诉讼的法律》（《联邦法律公报I》，第3202页）修订，自2017年8月24日起生效。

第二节 教 育 处 分

第 9 条 （种类）

教育处分包括：

（1）给予指示，

（2）命令为第 12 条意义上的教育帮助。

第 10 条 （指示）

1. 指示是指调整和规范犯罪少年生活的各项要求和禁令，并以此促进和确保对他的教育。但不得对其生活方式提出不可能实现之要求。法官尤其可向少年规定如下指示：

（1）遵守有关居住地的指示，

（2）命令其在某一家庭或教养院居住，

（3）命令其参加培训或劳动，

（4）工作有成效，

（5）命令将其置于特定之人（照料帮助人）的照料和监督之下，

（6）参加社会训练，

（7）努力与犯罪被害人和解（犯罪人—被害人和解），

（8）不与特定之人交往，或不得光顾酒馆或其他娱乐场所，或

（9）参加交通课程学习。

2. 经其教养权人和法定代理人同意，法官可要求犯罪少年接受专家的教育治疗或戒除瘾癖的治疗。违法少年满 16 岁的，则须经其本人同意，始可为上述治疗。

第 11 条 （指示的履行期间、事后变更及违反指示的后果）

1. 指示的履行期间由法官规定，但最长不得超过 2 年；在第 10 条第 1 款第 3 句第 5 项情形下不得超过 1 年、在第 10 条第 1 款第 3 句第 6 项情形下不得超过 6 个月。

2. 法官可变更、解除指示，或在履行期间届满前延长至 3 年，但以

对该违法少年的教育所必需者为限。

3. 如少年因自己的过失未履行指示，可判处少年禁闭，但以事前已告知其关于违反指示的后果者为限。所判处的少年禁闭在同一判决中不得超过4周。如该少年在被判处少年禁闭后能够履行指示的，法官可免除少年禁闭的执行。

第12条　（教育帮助和教养）

法官在听取青年福利局的意见后，在具备《社会法典》第八章规定的条件情形下，法官可命令为下列教育帮助：

（1）《社会法典》第八章第30条规定的教育帮助，或

（2）《社会法典》第八章第34条规定的日夜在某一机构居住或在其他处所居住。

第三节　惩戒处分

第13条　（种类和适用）

1. 对于少年违法行为，尚无需判处少年刑罚，但又必须使行为人认识其行为的违法性的，法官可判处惩戒处分。

2. 惩戒处分包括：

（1）警告，

（2）规定义务，

（3）少年禁闭。

3. 惩戒处分不具有刑罚的法律效力。

第14条　（警告）

通过警告应使少年充分认识其行为的违法性。

第15条　（义务）

1. 法官可对违法少年规定下列义务：

（1）尽力补救因其行为所造成的损害，

(2) 亲自向被害人道歉，

(3) 为一定之工作，或

(4) 向公益机构支付一定数额的金钱。

但不得对违法少年提出其无法实现之要求。

2. 具备下列情形之一的，法官始可命令违法少年支付金钱：

(1) 少年实施了轻微的违法行为，并足以认定，其支付的金钱是自己独立支配的，或

(2) 少年违法所得利益，或他人对其违法行为的报酬，应当予以没收的。

3. 法官可于事后全部或部分地解除其所规定的义务的履行，但以对少年的教育要求所必需者为限。如少年因自己的原因而未履行义务的，相应适用第11条第3款的规定。少年禁闭已执行的，法官可宣布规定之义务已全部执行完毕或部分执行。

第16条 （少年禁闭）

1. 少年禁闭分为业余时间禁闭、短期禁闭和长期禁闭。

2. 业余时间禁闭是指判处少年1周内的业余时间禁闭，禁闭次数为1次或2次。

3. 如符合对少年的教育目的，既不妨碍其教育也不妨碍其工作的，可以短期禁闭代替业余时间禁闭。在此情形下，两日之短期禁闭相当于1次业余时间禁闭。

4. 长期禁闭最短为1周，最长为4周。以整日或整周计算。

第16条a （除少年刑罚外科处少年禁闭）

1. 少年刑罚的科处或执行被缓刑交付考验，具备下列情形之一的，可并处与第13条第1款不同的少年禁闭：

(1) 在考虑缓刑交付考验的意义及给予指示或负担的可能性的情况下，为了向少年说明其对所实施的不法行为应当承担的责任，以及再次实施其他犯罪的可能的后果，

(2) 为了使少年在有限的期间内远离对其有害的生活环境,并通过少年禁闭执行中的治疗为考验期间做准备,或

(3) 为了在少年禁闭执行中实现对少年有力的教育引导,或为了在缓刑考验期间使教育引导获得更好的效果。

2. 少年已经执行过长期的少年禁闭或长时间在待审拘留监狱执行的,通常不得依据第 1 款第 1 项并处少年禁闭。⑥

第四节 少 年 刑 罚

第 17 条 （形式与条件）

1. 少年刑罚是指在为其执行而规定的机构剥夺自由。

2. 如少年的犯罪行为所表现的危害倾向,以教育处分或惩戒措施尚不足以实现教育目的,或责任较大而必须判处刑罚的,法官始可判处其少年刑罚。⑦

第 18 条 （少年刑罚的期间）

1. 少年刑罚的期间为 6 个月以上 5 年以下。犯重罪,依普通刑法应判处 10 年以上自由刑的,最高少年刑罚为 10 年。普通刑法所规定之量刑范围于此不适用。

2. 少年刑罚之量刑,应考虑到刑罚的教育功能。

第 19 条 （废除）

第五节 少年刑罚之缓刑

第 20 条 （废除）

---

⑥ 因 2012 年 9 月 4 日颁布的《扩大少年法院审理可能性的法律》(《联邦法律公报 I》,第 1854 页) 而增加,自 2013 年 3 月 7 日起生效。

⑦ 根据 2007 年 12 月 13 日颁布的《第二部少年法院法和其他法律的修改法》(《联邦法律公报 I》,第 2894 页) 修订,自 2008 年 1 月 1 日起生效。

第 21 条　（缓刑）

1. 被判处 1 年以下少年刑罚，如可望判决已对该少年起到警告作用，且由缓刑期间的教育功能即可实现法律规定之品行，而无须执行刑罚的，法官应宣告缓刑。为符合缓刑目的，宣告缓刑应考虑到少年的人格、经历、犯罪情况、事后态度、生活关系及刑罚效果。在少年刑罚之外并处少年禁闭（第 16 条 a）始可证明其具有第 1 句所述之期待的，法庭可将刑罚执行缓刑交付考验。

2. 如少年犯罪行为和人格具有特殊情况，在具备第 1 款所述条件情形下，法庭亦可对较高的少年刑罚宣告缓刑，但超过 2 年的少年刑罚不得宣告缓刑。

3. 缓刑不得仅限于少年刑罚之一部分。审前拘留或其他剥夺自由的期间，应折算成刑期。[⑧]

第 22 条　（缓刑期间）

1. 缓刑期间由法官规定之。但不得高于 3 年低于 2 年。

2. 缓刑期间自宣告少年刑罚缓刑之日起计算。缓刑期间可于事后缩短至 1 年或在缓刑期间届满前延长至 4 年。在第 21 条第 2 款情形下，缓刑期间只能缩短至 2 年。

第 23 条　（指示和规定之义务）

1. 法官应就少年在缓刑期间的生活方式，用指示进行教育影响。法官还可给少年规定有关之义务。对于上述各项命令，法官可于事后作出、变更或解除。相应适用第 10 条、第 11 条第 3 款和第 15 条第 1 款、第 2 款和第 3 款第 2 句的规定。

2. 如少年对其将来的生活予以承诺或对其不法行为提供补偿而履行一定行为，且该承诺或履行可望实现的，法官可暂时免除指示和规定之

[⑧] 因 2012 年 9 月 4 日颁布的《扩大少年法院审理可能性的法律》（《联邦法律公报 I》，第 1854 页）而增加，自 2013 年 3 月 7 日起生效。

义务。

第 24 条　（考验帮助人）

1. 在缓刑期间内，法官可将该缓刑少年置于专职考验帮助人的监督和指导之下，时间最长为 2 年。如符合教育目的，法官也可将该缓刑少年置于名誉职的考验帮助人的监督和指导之下。相应适用第 22 条第 2 款第 1 句的规定。

2. 在考验期间届满前，法官可将依第 1 款所作判决予以变更或解除；法官也可重新命令将缓刑少年置于考验帮助人的监督和帮助之下。但不得超过第 1 款第 1 句规定的最高期限。

3. 考验帮助人应对缓刑少年提供帮助和照管。在征得法官的同意后，对指示、规定之义务、承诺的履行情况进行监督。考验帮助人应对缓刑少年的教育提供帮助，且尽可能与该少年的教养权人及法定代理人精诚合作。在执行公务时，他有权进入该少年的住所。他可向该少年之教养权人、法定代理人、学校、职业培训中的师傅了解该少年生活方面的有关情况。

第 25 条　（考验帮助人的聘请和义务）

考验帮助人由法官聘任。法官可将第 24 条第 3 款规定的任务告知考验帮助人。考验帮助人应就缓刑少年在法官规定的期间内的生活情况向法官报告。缓刑少年严重或屡次违反指示、规定之义务和承诺的情况，得告知法官。

第 26 条　（缓刑的撤销）

1. 缓刑少年具备下列情形之一的，法庭可撤销缓刑：

（1）在缓刑期间实施犯罪行为，因而表明缓刑目的不可能实现的，

（2）严重或屡次违反指示或屡次逃避考验帮助人的监督或指导，有重新犯罪之虞的，

（3）严重或屡次违反规定之义务的。

如行为是在缓刑裁判与其生效之间实施的，同样适用第1句第1项的规定。少年刑罚于事后裁定缓刑交付考验的，相应适用《刑法典》第57条第5款第2句的规定。

2. 如下列措施能达到目的的，法庭可不撤销缓刑：
（1）给予其他指示或规定其他义务，
（2）延长缓刑考验期限，
（3）在考验期届满前重新将少年置于考验帮助人的监督和指导之下。

3. 少年为履行指示、规定之义务、承诺（第23条）所支付的款项不予补偿。如撤销缓刑，法庭可将少年为履行规定之义务或相应的给付所支付的款项，折算成少年刑罚。依据第16条a科处的少年禁闭的执行，折算成少年刑罚。

第26条a （少年刑罚的免除）

法官不撤销缓刑，则缓刑期满后少年刑罚即告免除。相应适用第26条第3款第1句的规定。

第六节 少年刑罚之缓科

第27条 （条件）

虽经调查，但仍无把握确定少年的违反行为所表明的危险倾向程度，而判处其刑罚又属必要的，法官可先确定该少年的责任，对少年刑罚予以缓科，并规定一定的考验期限。

第28条 （缓科期间）

1. 缓科期间不得高于2年低于1年。
2. 缓科期限自确定少年责任的裁判生效之日起计算。缓科期间可于事后缩短至1年，或在期间届满前延长至2年。

第 29 条　（考验帮助人）

少年在刑罚缓科期间受考验帮助人的监督和指导。相应适用第 23 条，第 24 条第 1 款第 1 句和第 2 句、第 2 款和第 3 款，第 25 条，第 28 条第 2 款第 1 句的规定。

第 30 条　（少年刑罚之判处；有罪判决之消灭）

1. 少年在缓科期间表现不良，有罪判决中所记载的应受指责的行为表露出危险倾向，有判处少年刑罚之必要的，法庭可判处少年刑罚，其刑度依宣告有罪判决之时所确定的危险恶性裁量。相应适用第 26 条第 3 款第 3 句的规定。

2. 缓科期限届满时尚不存在第 1 款所述条件的，有罪判决即告消灭。⑨

第七节　数个犯罪行为

第 31 条　（一少年实施数个犯罪行为）

1. 即使一名少年实施了数个犯罪行为，法庭也只能判处该少年一个教育处分、惩戒措施或少年刑罚。如本法许可（第 8 条），可并处不同种类的教育处分和惩戒措施，或处分与刑罚并处。但总和刑不得超过少年禁闭或少年刑罚的法定最高限。

2. 少年犯罪行为之一的责任已经确定，或已经确定教育处分、惩戒措施或少年刑罚，但尚未完全执行、惩戒或执行完毕，只能判处一个教育处分或刑罚。已执行之少年禁闭折算少年刑罚的，由法庭裁量。第 26 条第 3 款第 3 句和第 30 条第 1 款第 2 句的规定不受影响。

3. 如符合教育目的，法庭可不将已作判决的犯罪行为算入新的判决。如判处少年刑罚的，法官可宣布教育处分和惩戒措施已执行

---

⑨ 因 2012 年 9 月 4 日颁布的《扩大少年法院审理可能性的法律》（《联邦法律公报 I》，第 1854 页）而增加，自 2013 年 3 月 7 日起生效。

完毕。⑩

第 32 条　（不同年龄和成熟阶段的少年实施的数个犯罪行为）

数个犯罪行为同时受判处，其一部分适用少年刑法，一部分适用普通刑法的，一律适用少年刑法，但以其中较重的犯罪依少年刑法裁判者为限。否则，一律适用普通刑法。

第二章　少年法庭组织和少年刑事诉讼程序

第一节　少年法庭组织

第 33 条　（少年法庭）

1. 少年的犯罪行为由少年法庭审判。

2. 少年法庭是指由刑事法官充任少年法官的参审法庭（少年参审法庭）和刑事法庭（少年法庭）。

3. 授权州政府以法规的形式规定，聘任一名地方法庭的法官为数个初级法庭的少年法官（区少年法官），在一个初级法庭成立本区数个初级法庭的共同的少年参审法庭。州政府可以法规形式将授权委托给州司法行政。

第 33 条 a　（少年参审法庭的组成）

1. 少年参审法庭⑪由少年法官为审判长与两名少年参审员组成。在每一个主审程序中，必须聘任男女参审员各一人。

---

⑩ 因 2012 年 9 月 4 日颁布的《扩大少年法院审理可能性的法律》（《联邦法律公报 I》，第 1854 页）而增加，自 2013 年 3 月 7 日起生效。

⑪ "少年参审法庭"（Jugendschoeffengericht）一词，国内有学者也译（写）为"陪审法庭"（Schwurgericht），其实是不正确的，因为它们是两个不同的概念。参审制度是德国少年法制的中心之一。"少年参审法庭"，是由一名职业法官担任审判长，两位专家参与审判事务，并与审判长一起作出裁决。而"陪审法庭"是由一般民众参与较重大案件的审理，仅有权表决被告人有罪或无罪，如多数陪审员表决有罪，则刑度由职业法官决定。——译注

2. 为主审程序以外的判决时，无须聘任少年参审员。⑫

第 33 条 b　（少年法庭的组成）

1. 少年法庭由三名法官组成，其中一名法官担任审判长，另两名担任少年参审员（大少年法庭）；在针对少年法官所为判决的上诉程序中，由审判长和两名少年参审员组成（小少年法庭）。

2. 在主审程序开始时，大少年法庭决定其在庭审中的组成。主审程序已经开始的，大少年法庭决定庭审的日期。具备下列情形之一的，大少年法庭决定其由包括审判长和两名少年参审员的三名法官组成：

（1）根据一般规定包括《法院组织法》第 74 条 e 的规定，案件属于陪审法庭管辖的，

（2）根据本法第 41 条第 1 款第 5 项其有管辖权的，或

（3）根据案件的范围和难度，有必要有第三名法官参与庭审的。

在其他情况下，大少年法庭由包括审判长和两名少年参审员的两名法官组成。

3. 具备下列情形之一的，依据第 2 款第 3 句第 3 项的规定，第三名法官的参与通常是必要的：

（1）少年法庭依据第 41 条第 1 款第 2 项的规定接管了案件，

（2）庭审时间预计超过 10 天，或

（3）案件属于《法院组织法》第 74 条 c 第 1 款第 1 句所述犯罪。

4. 在对少年参审法庭的判决提出上诉的程序中相应适用第 2 款的规定。被提起上诉的判决科处 4 年以上少年刑罚的，大少年法庭决定由包括审判长和两名少年参审员的三名法官组成。

5. 大少年法庭决定由包括审判长和两名少年参审员组成，且在庭审开始前出现了新情况，根据第 2 款至第 4 款的标准，法庭应当由包括审

---

⑫ 根据 2011 年 12 月 6 日颁布的《关于主审程序中大法庭和少年法庭的组成和进一步修改法院组织法相关规定以及联邦惩戒法的法律》（《联邦法律公报 I》，第 2554 页）修订，自 2012 年 1 月 1 日起生效。

判长和两名少年参审员在内的三名法官组成的,则大少年法庭决定这样的组成。

6. 案件被上诉法庭驳回或庭审被延期的,主管之少年法庭根据第 2 款至第 4 款的标准,重新决定其组成。

7. 相应适用第 33 条 a 第 1 款第 2 句和第 2 款的规定。[13]

第 34 条 （少年法官的任务）

1. 少年法官的任务与初级法庭法官的任务完全相同。

2. 少年法官还应当承担家庭和监护法官对少年的教育任务。由于特殊原因,尤其是当少年法官被本辖区数个初级法庭聘任的,可不承担本款第 1 句的任务。

3. 家庭和监护法官的教育任务包括:

（1）以适当的措施支持少年的父母、教养权人和保护人（《民法典》第 1631 条第 3 款,第 1800 条,第 1915 条）,

（2）采取措施,防止危害少年的事情发生（《民法典》第 1666 条,第 1666 条 a,第 1837 条第 4 款,第 1915 条）。

4. （废除）[14]

第 35 条 （少年参审员）

1. 少年法庭的参审员（少年参审员）经少年福利委员会推荐,由《法院组织法》第 40 条规定的委员会选拔,任期 5 年。男女参审员人数应当相等。

2. 少年福利委员会应当推荐比实际需要人数至少多一倍的男女人数相等的候选人。被推荐的候选人应具有教育能力且有对少年进行教育的

---

[13] 根据 2011 年 12 月 6 日颁布的《关于主审程序中大法庭和少年法庭的组成和进一步修改法院组织法相关规定以及联邦惩戒法的法律》(《联邦法律公报 I》,第 2554 页) 修订,自 2012 年 1 月 1 日起生效。

[14] 根据 2008 年 12 月 17 日颁布的《关于改革家事案件和自愿管辖的法律》(《联邦法律公报 I》,第 2586 页) 修订,自 2009 年 9 月 1 日起生效。

经验。

3. 少年福利委员会的推荐名单视同《法院组织法》第 36 条意义上的推荐名单。被推荐之人只有在至少获得 2/3 有投票权的委员会成员的同意情形下，始可列入推荐名单。推荐名单在少年福利局公布 1 周，以使公众知晓。公布的时间应提前公告之。

4. 对少年福利委员会的推荐名单以及少年参审员的选拔有异议的，由少年法官担任参审员选举委员会的主席。

5. 少年参审员应从男女分开登记的参审员候选人名单中录用。

6. 少年参审员的选任与参审法庭和刑事法庭参审员的选任同时进行。⑮

第36条　（少年检察官）

1. 对于属于少年法庭管辖的诉讼程序，应指定少年检察官参与诉讼。试用期法官或试用期官员在任命后的第一年不得被指定为少年检察官。

2. 如果地方法庭检察官为了满足将处理少年检察官的任务交给检察官的特殊要求，少年检察官的任务始可转交给地方法庭检察官。在特殊情况下候补官员在少年检察官的监督下可将处理少年检察官的任务委托给地方检察官。只有在少年检察官在场监督的情况下，候补官员始可处理少年法庭前的诉讼程序中的任务。⑯

第37条　（少年法官和少年检察官的选拔）

担任少年法庭的少年法官和少年检察官的，应具有教育能力和对少年进行教育的经验。

---

⑮ 根据 2010 年 12 月 8 日颁布的《关于进一步清理联邦法的法律》（《联邦法律公报 I》，第 1864 页）修订，自 2010 年 12 月 15 日起生效。

⑯ 根据 2013 年 6 月 26 日颁布的《关于加强性滥用受害人的权利的法律》（《联邦法律公报 I》，第 1805 页）修订，自 2014 年 1 月 1 日起生效。

第38条 （少年法庭帮助）

1. 少年法庭帮助，由少年福利局与少年帮助协会共同进行。

2. 少年法庭帮助的代表应向少年法庭提供有关教育的、社会的和帮助的观点，供少年法庭参考。为此目的，该代表应支持有关官署研究被控告之少年的人格、发育状况及其生活环境，并提出应采取的措施。如尚未聘任考验帮助人的，该代表对被控告少年履行指示和规定以外的情况实行监督。如该少年有重大违法行为，应告知少年法官。在缓刑考验期间，该代表应与考验帮助人密切合作。在刑罚执行期间，该代表应与少年犯保持联系并帮助后者重返社会。

3. 少年法庭帮助代表应参加所有涉及少年的诉讼程序。该代表参加诉讼的，应尽早通知之。给犯罪少年宣布指示（第10条）时，少年法庭帮助的代表应当到场；可能给予帮助指示的，其应当明示，得指定谁担任考验帮助人。

第二节　管　辖

第39条 （少年法官的案件管辖）

1. 检察官对少年的犯罪行为向刑事法官起诉后，根据其犯罪性质，只判处教育处分、惩戒措施、本法允许之附加刑或吊销驾驶执照的，由少年法官管辖。依第103条的规定，少年与成年人共同实施的犯罪案件，如初级法庭的法官根据普通刑法规定，对该成年人无管辖权的，少年法官亦无管辖权。相应适用《刑事诉讼法》第209条第2款的规定。

2. 少年法官无权判处1年以上的少年刑罚；少年法官亦无权命令将犯罪少年收容于精神病院。

第40条 （少年参审法庭的案件管辖）

1. 不属于少年法官管辖的少年犯罪案件均由少年参审法庭管辖。相应适用《刑事诉讼法》第209条的规定。

2. 如案件具有特殊原因，在主审程序开始之前，少年参审法庭可依其职权，裁定将案件移交给少年法庭审理，后者是否愿意接受该案件无关紧要。

3. 在裁定移交决定公布前，少年法庭的审判长可要求被控告之少年于指定期限内宣布，是否申请在主审程序前对个别证据进行调查。

4. 少年法庭接受或拒绝的决定，不得上诉。接受决定应与开庭决定同时公布。

第41条 （少年法庭的案件管辖）

1. 少年法庭作为一审法庭管辖下列案件：

（1）依一般规定，包括《法院组织法》第74条e的规定，属于参审法庭管辖的案件，

（2）由于案件情况特殊，少年法庭接受的由少年参审法庭移交的案件（本法第40条第2款），

（3）依本法第103条的规定，少年与成年人共同实施的违法案件，如根据普通法律规定，成年人应当由大刑事法庭管辖的案件，

（4）由于对可能作为证人的犯罪被害人的特殊保护需要，检察官在少年法庭提起告诉的，且

（5）被告人受到本法第7条第2款所述犯罪的指控，且可能被科处5年以上少年刑罚或可能被收容于精神病院的。

2. 此外，少年法庭还有权对针对少年法官和少年参审法庭的判决提起之上诉案件进行管辖。它还有权作出《法院组织法》第73条第1款所述之裁判。[17]

第42条 （地域管辖）

1. 除依一般程序法的规定或依特别法规对少年犯罪案件有管辖权的法官外，下列法官也有管辖权：

（1）负有对被控告少年进行教育任务的法官，

---

[17] 根据2008年7月8日颁布的《关于在依据少年刑法进行判决情况下增加事后的保安监督的法律》（《联邦法律公报I》，第1212页）修订，自2008年7月12日起生效。

（2）起诉时被告在其辖区内的法官，

（3）被告少年的刑罚尚未执行完毕之前，担任刑罚执行负责人的法官。

2. 检察官应尽可能向负有教育责任的法官提起诉讼；如被告少年的刑罚尚未执行完毕，应尽可能向担任刑罚执行负责人的法官提起诉讼。

3. 如被告人在诉讼期间居住地有变更的，在征得检察官同意后，法官可将案件移交给被告人居住地在其辖区的法官审理。如被移交之法官拒绝受理该案件的，则由共同之上级法庭裁定。[18]

第三节 少年刑事程序

一、审前程序

第43条 （调查范围）

1. 诉讼程序开始后，为有助于判断被告人心理上、精神上和性格上的特点，应尽快调查其生活和家庭状况、成长过程、现在的行为及其他有关事项。应当尽可能将上述调查情况告知教养权人、法定代理人、学校及教师，或职业培训中的师傅。如将上述调查情况告知上述人员将会对少年造成不利后果，尤其是可能失去培训或工作岗位的，可不予告知。得顾及第38条第3款的规定。

2. 如必要，尤其是为了确定其发育状况或其他对诉讼具有重要意义的特征，可对被告人进行调查。如有可能，应委托一位相关专家对少年进行调查。

第44条 （讯问被告人）

被告人有可能被判处少年刑罚的，检察官或少年法庭的审判长应在起诉前讯问被告人。

---

[18] 根据2008年12月17日颁布的《关于改革家事案件和自愿管辖的程序的法律》（《联邦法律公报I》，第2586页）修订，自2009年9月1日起生效。

第45条 （免于追诉）

1. 如具备《刑事诉讼法》第153条规定的条件，检察官可不经法官同意决定免于追诉。

2. 如教育处分已经执行或已经开始，且既不认为法官有依据第3款参与诉讼的必要，也不认为有告诉的必要的，检察官可免于追诉。违法少年为实现与被害人的和解而努力的，视同教育处分。

3. 如果被告人对其违法行为供认不讳，且检察官认为此等处分实属必要，但无提起诉讼之必要的，检察官可建议给予训诫，为第10条第1款第3句第4项、第7项和第9项之指示，或通过少年法官给其规定义务。少年法官接受检察官的建议的，则检察官免于追诉；在给予指示或规定之义务情况下，只有当少年接受指示或规定之义务时，始可免于追诉。不得适用第11条第3款和第15条第3款第2句的规定。相应适用第47条第3款的规定。

第46条 （调查的重要结果）

检察官将调查之重要结果记载于起诉书中时（《刑事诉讼法》第200条第2款），不得作不利于被告人教育的描写。

二、主审程序

第47条 （法官终止诉讼程序）

1. 提起诉讼后，如具备下列情形之一的，法官可终止诉讼程序：

（1）具备《刑事诉讼法》第153条规定的条件的，

（2）本法第45条第2款意义上的教育处分已经执行或开始执行，再为判决已无必要的，

（3）法官认为无判决需要，且已对违法少年命令第45条第3款第1句所述措施的，或

（4）被告人未达刑事责任年龄，不负刑事责任的。

在本款第1句第2项和第3项情形下，法官在征得检察官的同意后始可暂时中止诉讼，并给违法少年规定6个月以下的期限，在此期限内

应执行指示、规定之义务或教育措施。中止诉讼以裁定形式作出。该裁定不得上诉。该少年遵守指示、规定之义务或教育处分的,法官应中止诉讼程序。不得适用第 11 条第 3 款和第 15 条第 3 款第 2 句的规定。

2. 终止诉讼应征得检察官的同意,但以其没有批准暂时终止诉讼为限。终止诉讼决定也可在庭审中作出。终止诉讼的决定应说明理由。该决定不得上诉。如担心告知被告人有可能不利于其教育的,可不告知被告人终止诉讼的理由。

3. 只有根据新的事实或证据方可对同一犯罪行为提起新的诉讼。

第 47 条 a （少年法庭的优先权）

少年法庭主审程序开始后,不得因为该案件由同级法庭或下级法庭管辖,而宣布无管辖权。第 103 条第 2 款第 2 句和第 3 句的规定不受影响。

第 48 条 （不公开审理）

1. 法庭的审理以及判决的宣布,均不予公开。

2. 除诉讼参与人可到庭外,被害人,如被告人受考验帮助人的监督和指导或为其聘任教育帮助人的,其帮助人也允许到庭。如少年在教养机构或类似机构接受教育帮助的,该机构负责人也允许到庭。因特殊原因,尤其是基于对少年的教育目的,审判长也可允许其他人到庭。

3. 如同一诉讼程序中有未成年青年或成年被告人的,审理应公开进行。但基于对未成年被告人的教育目的,也可不公开审理。[19]

第 49 条 （废除）[20]

---

[19] 根据 2006 年 12 月 22 日颁布的《关于司法现代化的第二部法律》(《联邦法律公报 I》,第 3416 页）修订,自 2006 年 12 月 31 日起生效。

[20] 根据 2004 年 8 月 24 日颁布的《关于司法现代化的第一部法律》(《联邦法律公报 I》,第 2198 页）修订,自 2004 年 9 月 1 日起生效。

第50条　（庭审中到庭）

1. 只有当一般程序允许，具备特殊原因且检察官同意时，始可在被告人不到庭的情况下进行庭审。

2. 审判长应命令传唤被告人的教养权人和法定代理人到庭。相应适用关于传唤、缺席裁判的后果和证人补偿的有关规定。

3. 应将庭审的时间和地点告知少年法庭帮助机构的代表。经其要求该代表有权发表意见。

4. 被聘任的考验帮助人参与庭审的，应在考验期间对少年的发展进行监督。第1句的规定同样适用于被聘任的照料帮助人和少年参与的社会训练课程的负责人。

第51条　（诉讼参与人的暂时回避）

1. 在审理过程中进行法庭辩论时，如审判长认为可能不利于被告少年的教育的，应命令其暂时回避。在被告人回避期间所为之审理事项如有辩护需要的，审判长应告知被告人。

2. 具备下列情形之一的，审判长可命令教养权人和法定代理人回避：

（1）存在重大教育方面的不利，因为在讨论当下被告人的个人情况时，担心会使被告人和少年法庭帮助之间，在可能发生的少年法庭制裁的实施方面的必要的合作明显变得困难，

（2）被怀疑参与了被告人的不法行为，或已经因参与不法行为而被判刑，

（3）担心对被告人、证人或他人的生命、身体或自由造成损害，或对被告人的利益造成其他明显不利影响，

（4）担心其到庭影响对事实的调查，或

（5）涉及诉讼参与人、证人或违法行为被害人的关系密切人，当其在场时讨论将侵害需要保护的利益的。但教养权人和法定代理人参与讨论的利益大于前述利益的除外。

在第1句第3项至第5项情形下，审判长也可命令教养权人和被害

人的法定代理人回避，在第3项情形下，如果担心对被害人的利益造成其他不利影响，也可命令回避。具备第1句第5项前提条件，且回避涉及其关系密切人的，教养权人和法定的代理人应当回避。所涉及的关系密切人反对在庭审中回避的，不适用第1句第5项的规定。

3. 相应适用《法院组织法》第177条的规定。

4. 在第2款情形下，应当促使相关人员离开会议大厅以实现回避目的。一旦回避的教养权人和法定代理人重新回到会议大厅，审判长应当立即以适当的方式，告知其回避期间陈述或处理的主要内容。

5. 如果教养权人和法定代理人被聘为辩护人的（第69条），在第2款和第3款情形下也应当允许其回避。[21]

第52条　（顾及少年禁闭情况下的审前拘留）

少年被判处禁闭，如法官目的通过审前拘留或其他剥夺自由的处分已全部或部分实现的，可在判决中宣布不执行少年禁闭，或在何种程度上执行少年禁闭。

第52条a　（少年禁闭情况下审前拘留的折抵）

1. 被告人在开庭审理前已被先行拘留或受其他剥夺自由处分的，在判处少年刑罚时应予以折算。鉴于被告人在行为后的表现或教育方面的原因而不允许折算的，法官可命令全部或部分不予以折算。教育方面的原因是指，如将审前拘留或其他剥夺自由的处分折抵少年刑罚，可能使少年的教育功能不能得到保证。

2. （废除）

第53条　（移送至家庭法庭）

如果未科处少年刑罚，法官在判决中将选择和命令教育处分的权利

---

[21] 根据2006年12月22日颁布的《关于司法现代化的第二部法律》(《联邦法律公报I》，第3416页）修订，自2006年12月31日起生效。

留给家庭法庭。如果对判决具有重大影响的情况未发生变化,则家庭法庭必须命令教育处分。[22]

第 54 条　(判决理由)

1. 如被告人被判决有罪,应详细记载判决之理由,即基于何种理由判处刑罚,基于何种理由判处处分,基于何种理由将案件移交给监护法官,或基于何种理由免除惩戒措施和刑罚。应特别注意被告人的身心特点。

2. 如担心将判决结果告知被告人有可能对其教育产生不利影响的,可不予告知。[23]

三、争议程序

第 55 条　(不服判决)

1. 对仅处以教育处分或惩戒措施,或将教育处分的选择和判处移交给监护法官的裁判,不得因处分的范围提出异议,即不得以应判处其他教育处分或惩戒措施为由提出异议,或以将教育处分的选择和判处移交给监护法官属于不正当为由提出异议。法官命令依第 12 条第 2 项为教育帮助的,不适用本规定。

2. 允许提起上诉的,对上诉审之判决不得再提起上诉。被告人、教养权人或法定代理人提起上诉的,对上诉审之判决不得再提起上诉。

3. 被告人之教养权人或法定代理人已提起上诉的,只有经被告人同意始可撤回上诉。

4. 诉讼参与人依据第 1 款第 1 句对裁判异议受阻的,或者不能依据第 2 款对上诉审之判决提起上诉的,相应适用《刑事诉讼法》第 356 条

---

[22] 根据 2008 年 12 月 17 日颁布的《关于改革家事案件和自愿管辖的程序的法律》(《联邦法律公报 I》,第 2586 页)修订,自 2009 年 9 月 1 日起生效。
[23] 同上注。

a 的规定。[24]

第 56 条　（单一刑罚的部分执行）

1. 被告人因数个违法行为被判处单一刑罚，如对其一行为或数行为的责任认定是正确的，上诉审法庭可在庭审开始前，宣布该部分刑罚应予执行。该命令有利于被告人时始可为之。该应执行的部分刑罚不得重于某一犯罪行为应判处的刑罚，且对责任的认定正确无误。

2. 对于本裁定可立即提出异议。

四、少年刑罚缓刑程序

第 57 条　（缓刑判决）

1. 少年刑罚的缓刑在判决中宣布，或者，如刑罚执行尚未开始的，可于事后以裁定宣之。事后之裁定应由第一审审理该案件的法庭作出；作出事后裁定的，应当告知检察官和被判刑少年。

2. 法庭不保留以事后裁定的形式对裁判予以缓刑，或在判决或事后裁定中不予缓刑的，只有当判决或裁定宣布后出现了能够单独证明，或能够与其他已知的情况相结合，证明该少年刑罚可缓刑交付考验的情况时，始可作出事后的缓刑裁定。

3. 判处指示或规定之义务的（第 23 条），在适当的情形下，应询问犯罪少年是否对其将来的生活作出承诺，或提供给付以对其实施的不法行为给予补偿。判处接受治疗或戒除瘾癖治疗的指示的，如该少年已满 16 岁，则应征得其本人的同意。

4. 相应适用《刑事诉讼法》第 260 条第 4 款第 4 句和第 267 条第 3 款第 4 句的规定。[25]

---

[24] 根据 2008 年 12 月 17 日颁布的《关于改革家事案件和自愿管辖的程序的法律》（《联邦法律公报 I》，第 2586 页）修订，自 2009 年 9 月 1 日起生效。

[25] 根据 2012 年 9 月 4 日颁布的《关于扩大少年法庭审理可能性的法律》（《联邦法律公报 I》，第 1854 页）修订，自 2012 年 10 月 7 日起生效。

第 58 条 （其他裁判）

1. 裁判有缓刑必要的（第 22 条，第 23 条，第 24 条，第 26 条，第 26 条 a），法官以裁定作出。作出缓刑裁定的，应听取检察官、少年本人和其缓刑帮助人的意见。如可能依据第 26 条作出裁判或可能科处少年禁闭的，应当给予该少年在法官面前口头陈述的机会。作出缓刑裁定的，应说明理由。

2. 根据《刑事诉讼法》第 453 条 c 的规定，法官还应负责执行临时性的措施。

3. 裁定由为缓刑判决的法官作出。他可将判决之全部或一部分移交少年住所所在辖区内的少年法官。相应适用第 42 条第 3 款第 2 句的规定。

第 59 条 （声明不服）

1. 对少年刑罚的缓刑判决或不予缓刑的判决，可立即提出异议。对刑罚不予缓刑的判决提出的异议，同样适用本规定。

2. 对缓刑考验期限（第 22 条）、缓刑帮助期限（第 24 条）、在缓刑期间重新命令缓刑帮助（第 24 条第 2 款）和关于指示或规定之义务（第 23）的裁判，可提出异议。

3. 对撤销缓刑的裁定（第 26 条第 1 款）可立即提出异议。

4. 对少年刑罚的消灭的决定（第 26 条 a），不得提出异议。

5. 对上诉审判决或少年刑罚缓刑交付考验的判决提出异议的，由上诉审法庭负责对该异议进行裁判。[26]

第 60 条 （考验计划）

1. 审判长应将所作出的各项指示和规定之义务记载于考验计划中，并将该计划交给被判刑之少年，告知缓刑、缓刑考验期限、指示和规定

---

[26] 根据 2012 年 9 月 4 日颁布的《关于扩大少年法庭审理可能性的法律》（《联邦法律公报 I》，第 1854 页）修订，自 2012 年 10 月 7 日起生效。

之义务的异议，以及撤销缓刑的可能性。同时规定，如该缓刑少年在缓刑考验期限内变更居住地或工作地的，应报告法庭。事后变更缓刑计划内容的，应将变更之主要内容告知该少年。

2. 缓刑考验帮助人的姓名应在考验计划中予以记载。

3. 该少年应在缓刑计划中签名，以示其已阅读该计划并承诺，他愿意履行指示和规定之义务。少年的教养权人和法定代理人也应在考验计划中签名。

第61条　（保留缓刑的事后裁决）

1. 具备下列情形之一的，法庭可在判决中明确规定，保留对少年刑罚的缓刑交付考验的事后裁定：

（1）穷尽所有调查可能性后，相关的事实认定尚未达到第21条第1款第1句规定的程度，且

（2）根据少年的生活爱好或其他特定情况，可期望在看得见的时间内（第61条a第1款）得到证明的。

2. 具备下列情形之一的，同样可宣布相应的保留：

（1）在庭审中出现了第1款第2项所述的情况，其单独或者与其他情况相结合，可以证明第21条第1款第1句规定的条件已经具备，

（2）对有关第1项规定的重要情况的认定，还需要进一步地调查，且

（3）中断或延缓庭审将导致不利于教育或造成过度地延误。

3. 判决中明示保留的，相应适用第16条a的规定。保留应当写进判决书中。作为判决所基于的事实情况必须陈述清楚。在宣布判决时，应当告知少年保留的意义及其将来在事后裁定作出前的行为的意义。㉗

第61条a　（保留裁判的期限和管辖）

1. 保留裁判至迟在判决生效后6个月内作出。法庭可规定一个较短

㉗ 根据2012年9月4日颁布的《关于扩大少年法庭审理可能性的法律》（《联邦法律公报Ⅰ》，第1854页）修订，自2012年10月7日起生效。

的期限。由于特殊原因且征得被判刑人的同意,第1句或第2句规定的期限在判决生效后最多可延长至9个月。

2. 对判决所依据的事实认定做最后一次审查的法庭负责保留判决的相关裁定。㉘

第61条b （保留缓刑判决情况下的进一步裁决）

1. 在判决发生法律效力和第61条a第1款规定的期限经过期间,法庭可给予少年以指示和负担;相应适用第10条、第15条第1款和第2款、第23条第1款第1句至第3句、第2款的规定。法庭应当将少年在此期间置于考验帮助人的监督和照料之下;少年法庭帮助已经提供足够的照料和监督的,法庭可放弃之。在其他情形下相应适用第24条和第25条的规定。缓刑帮助和少年法庭帮助彼此密切合作。两者可彼此交换被判刑人的个人数据,但以另一方为适当完成照料和监督任务为限。依据本款为裁判的,相应适用第58条第1款第1句、第2句和第4句、第3款第1句和第59条第2款和第5款的规定。准用第60条的规定。

2. 在第61条a规定的期限届满前有充分的理由表明,应当否定少年刑罚缓刑交付考验的,相应适用《刑事诉讼法》第453条c和本法第58条第2款和第3款第1句的规定。

3. 少年刑罚被缓刑交付考验的,保留事后裁决缓刑的判决发生法律效力,至依据第22条作出的缓刑裁判发生法律效力的时间,算入特定的缓刑期间。

4. 缓刑被否定的,法庭可将少年为履行指示、负担、承诺或建议所作出的努力,算入少年刑罚。如果行为的法律后果再次超越责任程度,法庭必须将上述努力进行折算。鉴于依据第16条a科处的少年禁闭（第61条第3款第1句）,相应适用第26条第3句的规定。㉙

㉘ 根据2012年9月4日颁布的《关于扩大少年法庭审理可能性的法律》（《联邦法律公报 I》,第1854页）修订,自2012年10月7日起生效。
㉙ 同上注。

五、少年刑罚缓科程序

第 62 条 （裁判）

1. 依第 27 条和第 30 条进行裁判的，须经庭审作出判决。关于少年刑罚缓科的裁判，适用《刑事诉讼法》第 267 条第 3 款第 4 句的规定。

2. 考验期限届满后有罪判决自行消灭的，经检察官同意，也可不经庭审，以裁定规定之。

3. 在考验期间未进行庭审，认为判处少年刑罚有必要的（第 30 条第 1 款），则裁定原少年刑罚缓科之裁判予以保留。

4. 因少年刑罚缓科而仍有必要为其他裁判的，适用第 58 条第 1 款第 1 句、第 2 句、第 4 句和第 3 款第 1 句的规定。

第 63 条 （声明不服）

1. 关于有罪判决在考验期限届满后自行消灭（第 62 条第 2 款）的裁定，或关于保留少年刑罚缓科的裁定（第 62 条第 3 款），不得提出异议。

2. 其他情形均适用第 59 条第 2 款和第 5 款的规定。

第 64 条 （考验计划）

相应适用第 60 条的规定。应告知被判刑少年缓刑的意义、考验和帮助期间、各项指示、规定之义务，并劝导该少年，如其在考验期间表现不良，即撤销缓科而判处少年刑罚。

六、补充裁判

第 65 条 （关于指示和规定之义务的事后裁判）

1. 有关指示（第 11 条第 2 款、第 3 款）或规定之义务（第 15 条第 3 款）的事后裁判，由一审法官在听取检察官和犯罪少年的意见后，以裁定作出。如果需要，还应当听取少年帮助机构的代表、依第 10 条第 1 款第 3 句第 5 项聘请的帮助人和第 10 条第 1 款第 3 句第 6 项规定的社会训练机构的负责人的意见。有可能判处少年禁闭的，应当给予少年在法官面前口头陈述的机会。如该少年变更其住所的，一审法官可将该案件移交少年住所所在辖区内的少年法官审理。相应适用本法第42条第3款第2句的规定。

2. 对法官拒绝变更指示内容的裁定，不得提出异议。判处少年禁闭的，可对该裁定立即提出上诉。该上诉有延缓执行之效力。

第66条　（对数个生效判决的补充）

1. 如某个单一的处分或少年刑罚（第31条）被中止执行，且因数个生效判决而判处的教育处分、惩戒措施和少年刑罚，尚未执行完毕、未服刑完毕或以其他方式解决的，法官可于事后作出此等裁判。法官依第31条第3款的规定不将生效判决包括在内的，不适用本规定。

2. 如果检察官要求或审判长认为合适的，应当经庭审以判决形式为上述裁判。不进行庭审的，法官以裁定决定之。有关管辖权和裁定程序，同样适用关于事后所作之总和刑的一般规定。如少年刑罚已部分执行，则由担任刑罚执行负责人的法官管辖。

七、程序上的共同规定

第67条　（教养权人和法定代理人的地位）

1. 凡被告少年享有或应当享有的权利，如提出质询和声明，或在调查程序中到场等，其教养权人和法定代理人也应享有。

2. 凡规定通知被告人之事项，也应告知其教养权人和法定代理人。

3. 法定代理人选择辩护人及提出法律应急措施的权利，教养权人也应享有。

4. 教养权人或法定代理人有参与被告少年的违法行为之嫌的，或因实际参与而被判刑的，法官可剥夺上述各项权利。教养权人和法定代理人具备第1句所述条件，法官担心有滥用上述各项权利之虞的，可剥夺此等权利。教养权人和法定代理人不再享有上述权利的，监护法官指定一名保护人，在以后的诉讼程序中保护被告人的权益。在指定保护人之前，庭审应予中止。

5. 有数名教养权人的，则每个教养权人均可履行本法规定的教养权人的各项权利。在庭审或其他诉讼程序中，未到庭之教养权人视为已由到庭者代表。如规定通知或传唤教养权人的，只需通知或传唤其中之一人。[30]

第67条a （剥夺自由的告知）

1. 少年被剥夺自由的，应尽快告知其教养权人和法定代理人被剥夺自由的事实及其原因。

2. 如果告知可能严重危及少年利益的，在本法第67条第4款第1句或第2句情形下可不告知相关少年的教养权人和法定代理人。既不告知其教养权人也不告知其法定代理人的，应告知其他适合保护少年利益的成年人。应事先给予少年表明其信任哪个成年人的机会。

3. 在其他情形下，只有当告知严重影响调查目的时，始可不为第1款和第2款规定之告知。在此等情况下，应立即将少年被剥夺自由的情况，以及未告知少年的教养权人和法定代理人或其他适当的成年人的情况告知少年法院帮助人。[31]

第68条 （必要之辩护）

具备下列情形之一的，审判长得为被告人指定辩护人：

（1） 被告人为成年人的，

（2） 被告人的教养权人和法定代理人的权利依本法被剥夺的，

（3） 第51条第2款意义上的教养权人和法定代理人回避，且通过事后告知（第51条第4款第2句）尚不足以维持其权利的，

（4） 为准备对被告人的发育状况进行鉴定（第73条）而可能将其

---

[30] 根据2008年12月17日颁布的《关于改革家事案件和自愿管辖的程序的法律》（《联邦法律公报I》，第2586页）修订，自2009年9月1日起生效。

[31] 根据2017年8月27日颁布的《关于加强刑事诉讼中被告人诉讼权利和修改陪审员权利的第二部法律》（《联邦法律公报I》，第3295页）增加，自2017年9月5日起生效。

收容于某个机构的，或

（5）根据《刑事诉讼法》第126条a的规定，对被告人执行审前拘留或将其暂时收容于精神病院或戒除瘾癖机构，被告人未满18岁的，应立即指定辩护人。㉜

第69条　（辩护人）

1. 如不具有必要的辩护条件，审判长可在诉讼的任何阶段为被告人指定辩护人。

2. 如教养权人和法定代理人被指定为辩护人有可能对被告人的教育产生不利影响的，不得指定其为辩护人。

3. 辩护人有查阅案卷的权利。此外，辩护人在诉讼中享有与辩护律师相同的权利。㉝

第70条　（通知）

诉讼程序的开始和结束应告知少年法庭帮助机构，在适当的情况下，也应告知监护法官、家庭法官和被告人所在学校。如果知晓被告人还得参与其他诉讼程序的，还应告知检察官。家庭法官和监护法官还应将家庭和监护法庭措施及其变更和取消情况告知检察官，但以家庭法官和监护法官不知晓被告人，或其他应告知之人应保护的法益大于不予转告者为限。㉞

第70条a　（教育）

1. 必须以与其发育和受教育水平相适应的方式实现法律规定的对少

㉜ 根据2006年12月22日颁布的《关于司法现代化的第二部法律》（《联邦法律公报I》，第3416页）修订，自2006年12月31日起生效。

㉝ 根据2015年7月17日颁布的《关于加强被告人参与上诉审的权利和承认法律救济中的缺席裁判的法律》（《联邦法律公报I》，第1332页）修订，自2015年7月25日起生效。

㉞ 根据2008年12月17日颁布的《关于改革家事案件和自愿管辖的程序的法律》（《联邦法律公报I》，第2586页）修订，自2009年9月1日起生效。

年的教育。进行教育时，其教养权人和法定代理人应当在场，并尽可能使其胜任对少年的教育。当法庭就法律规定的行为后果之意义对少年进行教育时，教养权人和法定代理人不在场的，必须书面通知其有关教育情况。

2. 当就少年刑罚缓刑交付考验的意义，或者就保留缓刑交付考验的事后裁判的意义进行说明时，只被科处教育处分或惩戒措施的少年或未成年青年的共同被告人也在场的，也应当使他们理解判决的意义。㉟

第71条　（临时的教育处分命令）

1. 在判决生效前，法官可就犯罪少年的教育作出临时性处分命令，或命令为《社会法典》第八章规定的义务。

2. 法官可命令将少年临时收容于适当的少年教养机构，但以与可能判处的为保护其免受身心发育上的危害，尤其是防止其实施新的犯罪行为的处分相适应为限。临时收容于教养机构的，适用《刑事诉讼法》第114条、第115条a、第117条至第118条b、第120条、第125条和第126条的规定。临时收容的执行适用关于少年教养院的有关规定。

第72条　（审前拘留）

1. 如通过临时性的教育处分或其他处分仍不能实现教育目的的，始可判处和执行审前拘留。在审核审前拘留的条件时（《刑事诉讼法》第112条第1款第2句），可考虑适合少年的其他特别处分。判处审前拘留的，应在拘留命令中注明使用其他措施，尤其是暂时收容于少年教养机构的条件不充分和不适当。

2. 少年未满16岁，具备下列情形之一的，始可因有逃跑危险而判处审前拘留：

（1）已经逃避诉讼或已采取措施准备逃跑的，或

㉟ 根据2012年9月4日颁布的《关于扩大少年法庭审理可能性的法律》（《联邦法律公报 I》，第1854页）修订，自2012年10月7日起生效。

(2) 在本法效力范围内无固定住所或居所的。

3. 关于拘留命令的执行和以其他措施代替拘留执行，由颁布此等命令的法官负责；在紧急情况下，也可由在其辖区内执行审前拘留的少年法官负责。

4. 在颁布拘留命令的同等条件下，也可命令暂时收容于少年教养机构（第71条第2款）。在此等情况下，如果能证明有此必要的，法官可于事后以拘留命令代替收容命令。

5. 犯罪少年被判处审前拘留的，诉讼程序应加快进行。

6. 在具备重要原因情形下，承办法官可将关于审前拘留的裁判，全部或部分地委托给其他少年法官。

第72条a　（拘留案件中适用少年法庭帮助）

执行拘留命令的情况应立即告知少年法庭帮助机关；在颁布拘留令时即应告知少年法庭帮助机关。根据调查的情况，如认为犯罪少年会有依《刑事诉讼法》第128条的规定被带到法官面前的可能的，临时拘留该少年也应告知少年法庭帮助机关。

第72条b　（与少年法庭帮助机构、考验帮助人及教育帮助人代表的交往）

少年被审前拘留的，在该少年的交往方面，少年法庭帮助机构的代表享有与其辩护人相同的权利。如果被告少年处在缓刑帮助人的照料和监督之下，或为其指定了教育帮助人，缓刑帮助人或教育帮助人也享有与其辩护人相同的权利。㊱

第73条　（交付观察）

1. 为准备对被告人身心发育状况进行鉴定，法官在听取鉴定人和辩护律师的意见后，可命令将被告人收容于对少年进行检查的机构，并进

㊱ 根据2009年7月29日颁布的《修改审前拘留法的法律》（《联邦法律公报I》，第2274页）增加，自2010年1月1日起生效。

行观察。在准备程序中，由负责庭审的法官裁判。

2. 对上述安置命令可立即提出上诉。该上诉具有延缓执行的效力。

3. 收容于上述机构的，其期限不得超过6周。

第74条　（费用与垫款）

在针对少年的诉讼程序中，可免除被告人的费用和垫付款。

八、简易之少年程序

第75条　（废除）

第76条　（简易少年程序的条件）

如少年法官可能只判处违反少年指示、命令第12条第1项规定的教育帮助、惩戒措施、禁止驾驶，或在2年以内吊销驾驶执照的，检察官可以口头或书面形式，申请少年法官用简易程序进行裁判。检察官的申请具有与起诉相同的效力。㊲

第77条　（驳回申请）

1. 如案件不适合简易程序，尤其是可能判处第12条第2项规定的教育帮助或少年刑罚，或有进行大量调查之必要的，少年法官得驳回关于采用简易程序的申请。申请被驳回的，驳回裁定可在宣布判决前的任何时间为之。对此裁定不得提出异议。

2. 少年法官驳回以简易程序裁判的申请的，检察官即应提交起诉书。

第78条　（程序与裁判）

1. 少年法官以简易程序进行口头审理及判决。少年法官不得判处第

㊲ 根据2017年4月13日颁布的《关于改革刑法中的财产差价税的法律》（《联邦法律公报I》，第872页）修订，自2017年7月1日起生效。

12条第2项规定的教育帮助、少年刑罚或收容于教养机构。

2. 检察官无参加审理之义务。检察官不参加审理的，则审判程序的中止或被告人缺席审判，均无需征得检察官的同意。

3. 审判以简易程序、加快程序和其他适合于少年的程序进行的，只要不妨碍犯罪事实的调查，可不适用诉讼程序的有关规定。但有关被告人到庭（第50条）、教养权人、法定代理人的地位（第67条）、剥夺自由的告知（第67条a）及裁判的通知（第70条）的规定，必须遵守。被告人未参加口头审理，且其缺席理由不充分的，可以传票形式传唤其到庭。㊳

九、不适用普通诉讼法的情况

第79条 （处罚决定和加快程序）

1. 不得对少年颁布处罚决定。
2. 普通诉讼法中关于加快程序的规定，不适用于少年。

第80条 （自诉和附带民事诉讼）

1. 自诉不适用于少年犯罪人。依一般规定可提起自诉予以追诉的违法行为，如教育原因要求或被害人的合法权益与教育目的不相对立的，检察官也应予以追诉。

2. 对少年自诉人可提起反诉。对该反诉的被告人不得判处少年刑罚。

3. 因针对生命、身体完整性或性自决权，或因《德国刑法典》第239条第3款、第239条a或第239条b规定之罪而遭受心理或身体损害或有此等损害危险之人，或因《德国刑法典》第251条规定之重罪，以及相关的第252条或第255条规定之重罪而遭受侵害之人，可作为提起之公诉的附带起诉人。其他情形下相应适用《刑事诉讼法》第395条第

㊳ 根据2017年8月27日颁布的《关于加强刑事诉讼中被告人诉讼权利和修改陪审员权利的第二部法律》（《联邦法律公报I》，第3295页）修订，自2017年9月5日起生效。

2款第1项、第4款和第5款,第396条至第402条的规定。[39]

第81条　(被害人的赔偿)

《刑事诉讼法》关于被害人赔偿的有关规定(第403条至第406条c),不适用于少年程序。

十、命令保安监督

第81条a　(程序与裁决)

对于命令收容于保安监督机构的程序和裁决,相应适用《刑事诉讼法》第275条a、《法院组织法》第74条f和第120条a的规定。[40]

第三章　执行和行刑

第一节　执　行

一、执行的组织和管辖

第82条　(执行负责人)

1. 执行负责人为少年法官。少年法官也履行《刑事诉讼法》规定由刑罚执行委员会履行的职责。

2. 法官命令为第12条规定的教育帮助的,其管辖依据《社会法典》第八章的规定执行。

3. 当事人年满21岁的,在第7条第2款和第4款情形下,收容的执行和管辖适用《刑事诉讼法》的相关规定。[41]

---

[39] 根据2009年7月29日颁布的《加强刑事诉讼中被害人和证人的权利的法律》(第二部《被害人权利改革法》)修订,自2009年10月1日起生效。

[40] 根据2012年12月5日颁布的《关于修订保安监督法的法律》(《联邦法律公报I》,第2425页)修订,自2013年6月1日起生效。

[41] 同上注。

第 83 条 （执行程序中的裁定）

1. 执行负责人依本法第 86 条至第 89 条 a 和第 89 条 b 第 2 款，以及《刑事诉讼法》第 462 条 a 和第 463 条的规定所为之裁判，视为少年法官之裁判。

2. 执行负责人在执行中所作之处分，认为有必要进行法庭裁判的，在具备下列情形时，由少年法庭管辖：

（1）处分是由执行负责人自己作出或由其参与的一审少年参审法庭作出，

（2）执行负责人在履行执行委员会的职责时为自己所作的处分命令进行裁判的。

3. 对依本条第 1 款和第 2 款所作之裁判，如本法未作其他规定的，可立即提出上诉。相应适用本法第 67 条至第 69 条的规定。㊷

第 84 条 （地域管辖）

1. 少年法官对由其本人审判之案件，或由其参与的一审少年参审法庭审判之案件，均负责执行。

2. 除本条第 1 款规定的情形外，其他法官所作之裁判，由初级法庭中负有监护教育职责的少年法官执行。在此等情形下犯罪少年已成年的，由初级法庭中对少年未成年时负有监护教育职责的少年法官负责执行。

3. 在本条第 1 款和第 2 款情形下，如第 85 条未作其他规定的，均由少年法官执行。㊸

第 85 条 （执行的移交及过程）

1. 执行少年禁闭的，起初管辖的少年法官应将少年交由依第 90 条

㊷ 根据 2009 年 7 月 29 日颁布的《修改审前拘留法的法律》（《联邦法律公报 I》，第 2274 页）增加，自 2010 年 1 月 1 日起生效。

㊸ 根据 2008 年 12 月 17 日颁布的《关于改革家事案件和自愿管辖的程序的法律》（《联邦法律公报 I》，第 2586 页）修订，自 2009 年 9 月 1 日起生效。

第 2 款第 2 句担任执行负责人的少年法官执行。

2. 执行少年刑罚的，在将被判刑少年收押于少年监狱后，交由少年监狱所在辖区内的初级法庭的少年法官负责执行。授权州政府以法规形式规定，因交通方面的原因，可将执行交由其他初级法庭的少年法官负责。州政府可以法规形式将此等授权委托给州司法行政部门。

3. 某州对位于其他州的少年监狱提供经费的，各州可约定，应当由提供经费的州的初级法庭的少年法官负责管辖。达成此等协议的，由对少年监狱负责监督的机关所在地辖区内的初级法庭的少年法官负责执行。为少年监狱提供经费的州政府将授权，以法规的形式规定，因交通方面的原因，可将执行交由他州初级法庭的少年法官负责。州政府可以法规形式将此等授权委托给州司法行政部门。

4. 本条第 2 款的规定同样适用于依普通《刑法典》第 61 条第 1 项或第 2 项规定的矫正及保安处分的执行。

5. 执行负责人可基于重要原因，将执行移交给其他无管辖权的或不再有管辖权的少年法官。

6. 被判刑人年满 24 岁的，如果预计刑罚或处分的执行还将持续较长时间，且少年刑法考虑被判刑人个性的特殊性的基本思想对其他裁决不再起决定性作用，本条第 2 款至第 4 款规定的执行负责人，可将少年刑罚或矫正及保安处分的执行，移交给依一般规定主管执行的机关；此等移交具有约束力。这种移交可适用《刑事诉讼法》和《法院组织法》关于刑罚执行的有关规定。

7. 关于检察院在刑罚执行中的管辖权，可相应适用《刑事诉讼法》第 451 条第 3 款的规定。㊹

㊹ 根据 2007 年 12 月 13 日颁布的《第二部修改少年法院法和其他法的法律》(《联邦法律公报 I》，第 2894 页) 修订，自 2008 年 1 月 1 日起生效。

二、少年禁闭

第86条　（业余时间禁闭的转换）

事后产生第16条第3款规定的条件的,执行负责人可将业余时间禁闭转换为短期禁闭。

第87条　（少年禁闭的执行）

1. 少年禁闭的执行不得交付考验。

2. 审前拘留折抵少年禁闭的,适用《刑事诉讼法》第450条的规定。

3. 如自判决之后产生基于教育上的原因免除少年禁闭执行的情况,执行负责人可全部或部分免除少年禁闭的执行。关于少年禁闭的判决生效后超过6个月的,可全部免除其执行,但以教育原因要求如此者为限。除少年禁闭外,尚有因被判刑人的其他犯罪行为被判处的刑罚,或因其他犯罪行为可能被判处刑罚,因而少年禁闭的目的不能实现的,执行负责人可将少年禁闭的执行全部予以免除。裁判前,执行负责人应尽可能听取承办法官、检察官和少年法庭帮助机构的意见。

4. 少年禁闭的裁判生效后超过1年的,不得再执行。在第16条a情形下,发生法律效力后经过3个月的,不再予以执行。依据第16条a科处的少年禁闭,尚未执行的,不再执行,如果法庭

（1）撤销少年刑罚的缓刑（第26条第1款），

（2）科处少年刑罚,缓刑交付考验（第30条第1款第1句），或

（3）在事后的裁定中否决少年刑罚的缓刑（第61条a第1款）。[45]

---

[45] 根据2012年9月4日颁布的《关于扩大少年法庭审理可能性的法律》(《联邦法律公报 I》,第1854页) 修订,自2012年10月7日起生效。

三、少年刑罚

第88条 （少年刑罚余刑的缓刑）

1. 如被判刑人已执行部分刑罚，且不再执行余刑有利于少年的成长，并在考虑公众的安全利益前提下，执行负责人可将少年刑罚的余刑予以缓刑交付考验。

2. 少年刑罚的执行不满6个月，在具备特别重要的原因时，其余刑始可缓刑。少年刑罚的期限超过1年的，被判刑人只有至少执行刑期的1/3以后，方可将余刑予以缓刑。

3. 在本条第1款和第2款情形下，执行负责人应尽早作出决定，以便让被判刑人对其缓刑后的生活做好必要的准备。如基于新发生的或新查明的事实，执行负责人认为缓刑不利于被缓刑人的身心发育和公众的安全利益的，可在被缓刑人释放前撤销其决定。

4. 执行负责人在作出缓刑决定前，应听取检察官和执行机构负责人的意见。应给予被判刑人口头陈述的机会。

5. 执行负责人可规定6个月以下的期限，在该期限届满前，被判刑人不得提出将其余刑缓刑交付考验的申请。

6. 执行负责人命令将少年刑罚的余刑缓刑的，相应适用第22条第1款、第2款第1句和第2句以及第23条至第26条a的规定。执行负责人代替为裁判之法官的地位。有关程序和对裁判的异议，相应适用第58条、第59条第2款至第4款和第60条的规定。检察官对命令将余刑缓刑的决定提出异议的，具有延缓执行的效力。

第89条 （保留缓刑裁决情形下的少年刑罚）

法庭以事后裁定保留少年刑罚缓刑裁决的，在第61条a规定的期限经过前不得执行少年刑罚。缓刑在先前根据保留所为之裁定中被否定的，不适用本规定。[46]

---

[46] 根据2012年9月4日颁布的《关于扩大少年法庭审理可能性的法律》(《联邦法律公报I》，第1854页) 修订，自2012年10月7日起生效。

第 89 条 a （少年刑罚的中断和执行）

1. 被判处少年刑罚的被判刑人还需执行自由刑的，一般应先执行少年刑罚。如果少年刑罚已执行一半，至少已执行 6 个月的，执行负责人可中断少年刑罚的执行。如少年刑罚的余刑有可能被缓刑的，执行负责人可提前中断执行。如果少年刑罚已执行一半，至少已执行 6 个月，且有可能被再次予以缓刑的，因撤销缓刑予以执行的余刑，可予以中止执行。相应适用《刑事诉讼法》第 454 条 b 第 4 款的规定。

2. 除执行终身自由刑外，被判刑人还需执行少年刑罚的，如最后一个判决涉及前一判决以前的犯罪行为，只执行终身自由刑；最后一次对基本事实的认定程序视同裁判。终身自由刑的余刑的执行被法庭缓刑的，法庭应宣布少年刑罚已执行完毕。

3. 在第 1 款情形下，被判刑人年满 21 岁的，相应适用第 85 条第 6 款的规定，执行负责人将少年刑罚的执行予以移交。[47]

第 89 条 b （少年刑罚执行的例外）

1. 年满 18 岁但不适合少年刑罚执行的被判刑人，以成年人的刑罚执行的规定替代少年刑罚执行的有关规定，执行少年刑罚。被判刑人年满 24 岁的，根据成年人刑罚执行的规定执行少年刑罚。

2. 关于少年刑罚执行的例外，由执行负责人决定。[48]

四、待审拘留

第 89 条 c （待审拘留的执行）

行为时少年不满 21 岁的，依据适用于少年犯待审拘留执行的规定，并尽可能在少年犯执行机构执行。当事人在执行逮捕令时已满 21 岁不满 24 岁的，待审拘留依照适用于少年犯的规定执行，并在少年犯执行机构

---

[47] 根据第 2017 年 8 月 24 日颁布的《有效和实践导向地组织刑事诉讼的法律》（《联邦法律公报 I》，第 3202 页）修订，自 2017 年 8 月 24 日起生效。

[48] 根据 2009 年 7 月 29 日颁布的《修改审前拘留法的法律》（《联邦法律公报 I》，第 2274 页）增加，自 2010 年 1 月 1 日起生效。

执行。裁决由法庭作出。法庭作出裁决前,应当听取拟接收少年犯的执行机构的意见。㊾

第二节 行　　刑

第 90 条　（少年禁闭）

1. 少年禁闭的执行,应激发少年的荣誉感,使其心悦诚服地认识到其行为的非法性。少年禁闭的执行要具有教育功能。它应当帮助少年克服促使其实施犯罪行为的障碍。

2. 少年禁闭在各州司法行政部门所属的少年禁闭所或业余时间禁闭室执行。执行地的少年法官为执行负责人。

第 91 条　（废除）㊿

第 92 条　（执行中的法律救济）

1. 反对少年禁闭、少年刑罚、收容于精神病院或戒除瘾癖的机构（《德国刑法典》第 61 条第 1 项和第 2 项）或收容于保安监督机构方面有关具体事务的措施的,可以申请法庭裁决。关于执行措施的审查,相应适用《刑罚执行法》第 109 条和第 111 条至 120 条第 1 款以及本法第 67 条第 1 款至第 3 款和第 5 款的规定;州法可规定,申请只能在和平的争议调解程序后始可提出。

2. 申请由执行机关所在地辖区内的少年法庭裁决。少年法庭也负责《刑事诉讼法》第 119 条 a 规定的裁决。某州负责对位于其他州的少年刑罚执行机构提供经费的,相关州可以协商,由对刑罚执行机构负责监督的所在地辖区内的州法院中的少年法庭管辖。

3. 少年法庭以裁定形式作出裁决。依据自己的裁量对是否进行审理

㊾ 根据 2009 年 7 月 29 日颁布的《修改审前拘留法的法律》（《联邦法律公报Ⅰ》,第 2274 页）增加,自 2010 年 1 月 1 日起生效。
㊿ 因 2009 年 7 月 29 日颁布的《修改审前拘留法的法律》（《联邦法律公报Ⅰ》,第 2274 页）废除,自 2010 年 1 月 1 日起生效。

作出决定。经未成年人申请，在作出裁决前应当听取少年个人的意见。未进行口头审理的，通常在刑罚执行机构听取少年个人的意见。

4. 除第2款第2句情形外，少年法庭由一名法官组成。如果是试用期法官，则其必须已经在刑事诉讼程序中从事审判工作满1年。属于疑难案件或具有重大意义的案件，法官将案件交由少年法庭，由其对是否接管进行裁决。具备接管条件之一的，少年法庭接受申请。少年法庭以裁定形式作出裁决。不得进行再移交。

5. 诉讼费用适用《刑罚执行法》第121条的规定，但费用和垫付款不得由少年承担（本法第74条）。

6. 少年刑罚根据本法第89条b第1款依据成年人刑罚执行的规定执行，或少年在剥夺自由的处分执行期间年满24岁的，不得适用本条第1款至第5款的规定。执行措施的审查适用《刑罚执行法》第109条至第121条的规定。[51]

第93条　（废除）[52]

第93条a　（收容于戒除瘾癖的机构）

1. 依普通《刑法典》第61条第2项规定之处分，应在能够为治疗有瘾癖的少年提供所需要的特殊治疗方法和社会帮助的机构执行。

2. 为实现所追求的教育目的，少年刑罚的执行可予以从宽，且在适当的情形下，进一步不拘泥于执行的形式。

---

[51] 根据2012年12月5日颁布的《关于修订保安监督法的法律》（《联邦法律公报I》第2425页）修订，自2013年6月1日起生效。

[52] 因2009年7月29日颁布的《修改审前拘留法的法律》（《联邦法律公报I》，第2274页）废除，自2010年1月1日起生效。

第四章　前科记录的消除

第 94 条　（废除）㊾

第 95 条　（废除）㊿

第 96 条　（废除）㊾

第 97 条　（经法官判决消除前科记录）

1. 少年法官确信，被判刑少年的行为无可挑剔，证实已具备正派品行时，少年法官可依其职权，或经被判刑少年、其教养权人或法定代理人的申请，宣布消除前科记录。亦可经检察官申请，或被判刑人在提出申请时尚未成年，经少年法庭帮助机构的代表申请，宣布消除前科记录。如涉及依普通《刑法典》第 174 条至第 180 条或第 182 条所为之裁判，不得宣布之。

2. 上述消除前科记录命令只能在执行刑罚 2 年以后或刑罚被免除后作出，但消除前科记录对被判刑少年显得特别重要的，不在此限。刑罚执行期间或缓刑考验期间不得作出上述命令。

第 98 条　（程序）

1. 负有对被判刑人进行监护教育任务的初级法庭的少年法官具有管辖权。被判刑人如已成年，则由被判刑人住所所在辖区内的少年法官管辖。

2. 少年法官应优先委托对被判刑人在执行刑罚后进行照料的机构，

㊾ 因 2009 年 7 月 29 日颁布的《修改审前拘留法的法律》（《联邦法律公报 I》，第 2274 页）废除，自 2010 年 1 月 1 日起生效。

㊿ 同上注。

㊾ 同上注。

对被判刑人的行为及考验情况进行调查。少年法官也可自行调查。调查时应听取被判刑人的意见；如被判刑人尚未成年，还应听取其教养权人、法定代理人以及学校和主管行政当局的意见。

3. 调查结束后，还应听取检察官的意见。㊿

第99条　（裁判）

1. 少年法官以裁定裁判之。

2. 少年法官认为消除前科记录的条件尚不具备，可延迟裁判，但延迟的期间最多不得超过2年。

3. 可对上述裁决立即提起上诉。

第100条　（刑罚及其余刑被免除后前科记录的消除）

被判处2年以下少年刑罚，因刑罚或其余刑在缓刑期限届满后而消灭的，法官应宣布前科记录被视为已消除。如涉及依普通《刑法典》第174条至第180条或第182条所为之裁判，不得宣布之。

第101条　（撤销）

被宣布前科记录已消除的被判刑人，在消除前科记录之前因犯重罪或故意犯轻罪被判处自由刑的，法官以判决或事后以裁定形式撤销前科记录消除命令。但在特殊情况下，法官也可不撤销上述命令。

第五章　管辖普通刑事案件的法庭受理少年犯罪案件

第102条　（管辖）

联邦法庭和各州高等法庭的管辖权不受本法规定的影响。对州高等

㊿ 根据2008年12月17日颁布的《关于改革家事件和自愿管辖的程序的法律》(《联邦法律公报I》，第2586页) 修订，自2009年9月1日起生效。

法庭管辖的一审刑事案件（《法院组织法》第120条第1款和第2款）、对州高等法庭关于将少年刑罚缓刑或不予缓刑（第59条第1款）的裁判提出上诉的，由联邦法庭管辖。

第103条　（数个刑事案件的合并）

1. 为有利于犯罪事实的调查，或具有其他重要原因时，可依普通程序法的规定，将少年的刑事案件与成年人的刑事案件合并审理。

2. 合并之少年刑事案件由少年法庭管辖。成年人之刑事案件依据一般规定，包括依据《法院组织法》第74条e的规定，应由经济刑事法庭管辖，或依据《法院组织法》第74条a的规定，应由刑事法庭管辖的，不适用本规定。在此等情形下，刑事法庭也管辖少年的刑事案件。关于依据《法院组织法》第74条的规定，经济刑事法庭和刑事法庭的管辖权的审查，在本款第2句情形下，适用《刑事诉讼法》第6条a、第225条a第4款、第270条a第1款第2句的规定；如刑事法庭为少年法庭的上级审法庭，则适用《刑事诉讼法》第209条a的规定。

3. 合并的案件法官裁定分离时，应同时将分离之案件移送给未合并时有管辖权之法官。

第104条　（针对少年的程序）

1. 管辖一般刑事案件的法庭，在针对少年的程序中适用本法的下列规定：

（1）少年违法行为及其后果（第3条至第32条），

（2）少年法庭帮助人的聘请及其法律地位（第38条、第50条第3款），

（3）预审程序中的调查范围（第43条），

（4）关于免于刑事追诉和终止刑事诉讼程序的裁判（第45条、第47条），

（5）审前拘留（第52条、第52条a、第72条），

（6）裁判理由（第54条），

（7）争议程序（第55条、第56条），

（8）少年刑罚的缓刑程序和少年刑罚的判处程序（第57条至第64条），

（9）教养权人和法定代理人参与诉讼及其法律地位（第50条第2款、第67条、第67条a），

（10）必要之辩护（第68条），

（11）通知（第70条），

（12）收容观察（第73条），

（13）费用及垫款（第74条），

（14）不适用普通程序法的规定（第79条至第81条）和

（15）命令保安监督的程序和裁决（第81条a）。

2. 是否适用本法有关程序的其他规定，由法官裁量之。

3. 由于国家安全方面的原因，法官可命令少年法庭帮助机构、教养权人、法定代理人中止参与诉讼。

4. 法官认为有判处教育处分之必要的，可将教育处分的选择和判处交由监护法官承办。相应适用本法第53条第2句的规定。

5. 下列各项裁决交少年的住所所在辖区内的少年法官承办：

（1）少年刑罚缓刑交付考验后所必要的裁决，

（2）少年刑罚缓刑后所必要的裁决，但关于少年刑罚之判处和有罪判决之消灭（第30条）除外，

（3）保留少年刑罚缓刑后的事后裁决有必要的裁决，但保留的裁决本身除外（第61条a）。[57]

---

[57] 根据2017年8月27日颁布的《关于加强刑事诉讼中被告人诉讼权利和修改陪审员权利的第二部法律》(《联邦法律公报I》，第3295页）修订，自2017年9月5日起生效。

第三编 未成年青年

第一章 实体刑法之适用

第105条 （少年刑法的适用）

1. 未成年青年实施的、按一般规定应当判处刑罚的犯罪行为，具备下列情形之一的，适用于少年的《少年刑法》第4条至第8条、第9条第1项、第10条、第11条和第13条至第32条的规定，法官同样可适用于未成年青年：

（1）全面估量行为人的个性及客观条件，认为在行为时其身心发育状况与少年相似，或

（2）根据行为之方式、情节或动机，认为属于少年犯罪行为的。

2. 如未成年青年因其犯罪行为的一部分已经依普通刑法裁判，且该判决已生效的，可适用本法第31条第2款第1句和第3款的规定。

3. 未成年青年的少年刑罚最高限为10年。行为涉及谋杀，且因特别严重的责任未达到第1句的最高刑度的，其刑罚最高限为15年。[58]

第106条 （普通刑法对未成年青年的从宽适用）

1. 未成年青年因犯罪行为必须适用普通刑法的，如其刑罚为终身自由刑，法官可判处10年以上15年以下有期自由刑。

2. 法官不得判处其保安监督处分。担任公职能力的丧失和公开选举权的丧失的规定（《刑法典》第45条第1款），不适用于未成年青年。

3. 保安监督不得与刑罚并科。具备下列情形之一的，法庭可保留保安监督的命令：

---

[58] 根据2012年9月4日颁布的《关于扩大少年法庭审理可能性的法律》（《联邦法律公报 I》，第1854页）修订，自2012年9月8日起生效。

（1）未成年青年因下列一个或数个重罪被科处5年以上自由刑，

　　a. 针对生命、身体完整性或性自决权，或

　　b.《刑法典》第251条，以及相关的第252条或第255条规定的犯罪，被害人身心遭受严重损害或有严重的身心损害的危险，且

（2）根据对未成年青年及其行为的整体评价，能够确认或至少有认为很有可能，其具备实施第1项所述犯罪的倾向，因此在裁判时对公众具有危险性。

4. 在第3款第2句的其他情形下，具备下列情形的，法庭同样可保留保安监督的命令：

（1）因《刑法典》第176条规定的一个或数个轻罪被科处刑罚的，

（2）满足《刑法典》第66条第3款规定的其他条件的，但适用《刑法典》第66条第1款第1句第4项处理的除外，且

（3）过去的犯罪和将来的可能的犯罪涉及第1项或第3款第2句第1项所述犯罪，被害人因此遭受身心上的严重损害或有严重的身心损害危险的。

5. 除刑罚外仍保留保安监督的命令，且被判刑人未满27岁的，法庭命令刑罚在一社会治疗机构执行，但因此而不利于被判刑人的再社会化的除外。此等命令也可于事后作出。尚未命令在社会治疗机构执行，或犯人尚未被安置于社会治疗机构的，每6个月重新决定一次。依据第2句为事后命令的，由刑罚执行庭负责。《刑法典》第66条c第2款和第67条a第2款至第4款的规定不受影响。

6. 对被判刑人，其行为和至裁判时的表现的整体评价表明，其将来有可能实施第3款第2句第1项或第4款所述犯罪行为的，法庭命令保安监督。相应适用《刑法典》第66条a第3款第1句的规定。

7. 因第3款第2句第1项所述行为，依据《刑法典》第67条d第6项收容于精神病院被宣布执行完毕，因为收容所基于的排除有责性或减轻有责性的情形不复存在的，在具备下列情形时，法庭可于事后命令实行保安监督：

（1）当事人因数个行为依据《刑法典》第63条被命令收容，或当

事人在依据《刑法典》第 63 条收容前因实施一个或数个行为被科处 3 年以上自由刑，或被收容于精神病院，且

（2）对被判刑人，其行为和至裁判时的表现的整体评价表明，其将来有可能实施第 3 款第 2 句第 1 项所述犯罪行为的。

8.（废除）⑤⁹

第二章 法庭组织及程序

第 107 条 （法庭组织）

本法第 33 条至第 34 条第 1 款和第 35 条至第 38 条关于少年法庭组织的规定，同样适用于未成年青年。

第 108 条 （管辖）

1. 有关少年法庭管辖权的规定（第 39 条至第 42 条），同样适用于未成年青年犯罪案件的管辖。

2. 未成年青年的犯罪行为将适用普通刑法，并依《法院组织法》第 25 条的规定由刑事法官裁判的，少年法官对未成年青年的犯罪案件也有管辖权。

3. 未成年青年因违法行为而适用普通《刑法典》的，相应适用《法院组织法》第 24 条第 2 款的规定。在个别情况下被科处 4 年以上自由刑或收容于精神病院，单处或在自由刑之外并处保安监督的（第 106 条第 3 款、第 4 款），由少年法庭管辖。可能命令保安监督、命令的保留或命令收容于精神病院的，庭审中（第 33 条 b）由较少成员组成法庭的决定不被允许。⑥⁰

---

⑤⁹ 根据 2012 年 12 月 5 日颁布的《关于修订保安监督法的法律》（《联邦法律公报 I》第 2425 页）修订，自 2013 年 6 月 1 日起生效。

⑥⁰ 同上注。

第109条　（诉讼程序）

1. 有关少年刑事诉讼程序的规定（第43条至第81条a），其中第43条、第47条a、第50条第3款和第4款、第68条第1项和第4项、第70条a第1款第1句和第2款以及第72条a至第73条和第81条a的规定，同样适用于未成年青年。诉讼程序的开始和终结，应当通知法庭帮助机构；在适当情形下，也应当通知该未成年青年所在学校。如检察官知悉被告人还必须参加其他刑事诉讼程序的，诉讼程序的开始与终结应通知检察官。如为保护未成年青年的利益所必需，可不公开审理。

2. 法官适用少年刑法审理案件时（第105条），也可同样适用第45条，第47条第1款第1句第1项、第2项、第3项、第2款和第3款，第52条、第52条a、第54条第1款、第55条至第66条、第74条、第79条第1款的有关规定。如依第105条第2款的规定判处处分或少年刑罚的，也可适用第66条的规定。如裁判是依普通程序法的加快程序进行的，不得适用第55条第1款和第2款的规定。《刑事诉讼法》第472条a规定的被害人垫付款的裁判，不适用第74条的规定。

3. 在针对未成年青年的程序中，不得适用《刑事诉讼法》第407条第2款第2句的规定。[61]

第三章　执行和前科记录的消除

第110条　（执行）

1. 如法官适用少年刑法（第105条），并根据该法判处处分或少年刑罚的，有关少年刑罚或处分执行的第82条第1款、第83条至第93条a的规定，同样适用于未成年青年。

2. 对行为时是未成年青年的待审拘留的执行，相应适用第89条c

---

[61] 根据2013年6月26日颁布的《关于加强性滥用受害人的权利的法律》（《联邦法律公报I》，第1805页）修订，自2014年1月1日起生效。

的规定。[62]

第 111 条　（前科记录的消除）

如法官判处未成年青年少年刑罚的，有关消除前科记录的规定（第 97 条~第 101 条），同样适用于未成年青年。

第四章　普通刑事法庭对未成年青年案件的管辖

第 112 条　（准予适用）

第 102 条、第 103 条、第 104 条第 1 款至第 3 款和第 5 款的规定，同样适用于未成年青年案件的诉讼程序。第 104 条第 1 款所述规定，仅在适用于未成年青年的法律不被排除的情形下，始可适用。法官认为必须判处指示的，可将指示的选择和判处交由未成年青年住所所在辖区内的少年法官裁判。

---

[62] 根据 2009 年 7 月 29 日颁布的《修改审前拘留法的法律》(《联邦法律公报 I》，第 2274 页）增加，自 2010 年 1 月 1 日起生效。

第四编　关于联邦国防军士兵的特别规定

第 112 条 a　（少年刑法的适用）

少年刑法（第 3 条至第 32 条、第 105 条）适用于服兵役之少年或未成年青年，但下列情形不在此限：

（1）不得判处第 12 条意义上的教育帮助。

（2）（废除）

（3）在判处指示或规定之义务时，法官应考虑到服兵役之特殊情况，已判处的指示或规定之义务应与此等特殊情况相适应。

（4）可指定士兵担任名誉考验帮助人，其活动（第 25 条第 2 句）不受法官约束。

（5）考验帮助人不是军人的，可以免除对犯罪军人的监督事宜，而由该少年或未成年青年军人的长官负责监督。应优先适用其长官所采取的措施。[63]

第 112 条 b　（废除）[64]

第 112 条 c　（执行）

1. 因开始服役前实施的犯罪被科处的少年禁闭，要对联邦国防军士兵执行的，如果兵役有特殊性要求，且不能考虑延缓执行的，执行负责人可免予执行。

2. 执行负责人依本条第 1 款规定所作之裁判，视同第 83 条意义上的少年法官所作之裁判。[65]

---

[63] 根据 2010 年 12 月 8 日颁布的《关于进一步清理联邦法的法律》（《联邦法律公报 I》，第 1864 页）修订，自 2010 年 12 月 15 日起生效。

[64] 同上注。

[65] 同上注。

第112条d （听取长官的意见）

法官或执行负责人在判处联邦国防军士兵指示或规定的义务，依第112条c第1款免除少年禁闭的执行，或为士兵指定考验帮助人时，应听取少年或未成年青年士兵顶头上司的意见。⑯

第112条e （管辖一般刑事案件法庭的诉讼程序）

管辖一般刑事案件的法庭审理少年或未成年青年的刑事案件时（第104条），可适用本法第112条a和第112条d的规定。⑰

---

⑯ 根据2010年12月8日颁布的《关于进一步清理联邦法的法律》（《联邦法律公报I》，第1864页）修订，自2010年12月15日起生效。

⑰ 同上注。

第五编　终结和过渡规定

第113条　（考验帮助人）

每位少年法官在其辖区内至少应配备一名专职的考验帮助人。如案件较少、所需费用过高，配备专职考验帮助人显属不当的，可为数个辖区的法官共同配备一名考验帮助人，或者不予配备。关于考验帮助人的工作的详细规定，由各州以法律规定之。

第114条　（在少年监狱执行自由刑）

被判刑人不满24岁，且适合于少年刑罚的执行的，其依普通《刑法典》判处的刑罚，可在少年监狱执行。[68]

第115条　（废除）[69]

第116条　（时间上的适用范围）

本法同样适用于在本法生效前所实施的违法行为。[70]

第117~120条　（废除）[71]

第121条　（过渡条款）

1. 对于2008年1月1日针对执行少年刑罚、少年禁闭和收容于精神

---

[68] 根据2007年12月13日颁布的《第二部少年法院法和其他法律的修改法》（《联邦法律公报 I》，第2894页）修订，自2008年1月1日起生效。
[69] 根据2010年12月8日颁布的《关于进一步清理联邦法的法律》（《联邦法律公报 I》，第1864页）修订，自2010年12月15日起生效。
[70] 同上注。
[71] 同上注。

病院或教养机构执行合法性的裁决的未决程序，适用《法院组织法实施法》第三章的规定。

2. 2012年1月1日前少年法庭的未决程序，适用2011年12月31日之前有效版本第33条b第2款的规定。

3. 在关于在判决中保留的或事后命令保安监督的裁决的程序中，检察官在2012年1月1日前将有关文件交给主管法庭的审判长的，相应适用2011年12月31日前有效的《法院组织法》第74条f的规定。⑫

第122~124条　（废除）⑬

第125条　（生效）

本法自1953年10月1日起生效。

---

⑫ 根据2011年12月6日颁布的《关于主审程序中大法庭和少年法庭的组成和进一步修改法院组织法相关规定以及联邦惩戒法的法律》(《联邦法律公报I》，第2554页)修订，自2012年1月1日起生效。

⑬ 同上注。

德意志联邦共和国军事刑法

1974 年 5 月 24 日版本（《联邦法律公报 I》第 1213 页）根据 2017 年 10 月 30 日的法律第 10 条第 8 款作最近一次修订（《联邦法律公报 I》第 3618 页）

第一章　一般规定

第 1 条　（适用范围）

1. 本法适用于联邦国防军士兵实施的犯罪行为。

2. 本法同样适用于违反其义务的非士兵的军事长官（第 30 条至第 41 条）。

3. 因侵害私人秘密（《刑法典》第 203 条第 2 款、第 5 款、第 6 款，第 204 条，第 205 条）、侵害邮电通讯秘密（《刑法典》第 206 条第 4 款）和侵害职务秘密（《刑法典》第 353 条 b 第 1 款），根据本法第 48 条的规定，同样适用于退役士兵，但以此等秘密是在其服役期间获知或以其他方式知悉者为限。

4. 军事犯罪的教唆犯和帮助犯以及军事犯罪的未遂犯，如行为人非士兵的，根据本法规定亦应处罚。

第 1 条 a　（国外行为）

1. 行为人具备下列情形之一，无论犯罪地法律如何规定，在国外实施的犯罪依本法应科处刑罚的，适用德国刑法：

（1）行为人是德国国防军士兵或属于第 1 条第 2 款所述人员，或

（2）行为人是德国人，且在本法效力范围内有其住所。

2. 联邦国防军士兵因勤务或与勤务有关而在国外逗留期间实施的犯罪行为，无论犯罪地法律如何规定，均适用德国刑法。

第 2 条　（概念规定）

本法所说之：

（1）军事犯罪：是指本法第二章规定的应科处刑罚的犯罪行为；

（2）命令：是指军事长官（《士兵法》第 1 条第 3 款）对下级发布并要求下级遵守的书面的、口头的或其他形式的指示；

（3）严重后果：是指危害德意志联邦共和国安全，削弱军队战斗力，危害他人身体或生命或他人之贵重物品。

第3条　（普通刑法的适用）

1. 如本法未作其他规定的，准用普通《刑法典》的有关规定。
2. 由少年或未成年青年实施的犯罪，适用《少年法院法》的特别规定。

第4条　（针对盟军的军事犯罪行为）

1. 联邦国防军士兵针对盟国武装力量或其成员国的犯罪，同样适用本法的规定。
2. 无须科处刑罚即可维持联邦国防军军纪的，可免于处罚。

第5条　（依命令而行为）

1. 下级为实现刑法之构成要件的行为，如该行为是依命令而实施的，只有当行为人认识到其行为的违法性或依据当时的情况，他应当明白其行为的违法性，始有责。
2. 考虑到行为人执行命令的实际情况，如行为人的责任轻微的，在犯罪重罪情况下，法院可依据普通《刑法典》第49条第1款的规定减轻处罚；在犯轻罪情况下，免于处罚。

第6条　（害怕个人危险）

如士兵有义务排除危险，因害怕个人遭受危险而不排除的，不构成免责事由。

第7条　（已责之醉酒）

1. 如犯罪行为是违反战争国际法或在执勤期间实施的，行为人的醉酒状态不构成减轻处罚事由。
2. 其他形式的醉意视同醉酒。

第 8 条 （废除）

第 9 条 （刑事禁闭）①

1. 刑事禁闭最长期限为 6 个月，最短期限为两周。
2. 刑事禁闭属于自由刑之一种。在该自由刑的执行中，如有必要，应帮助犯罪之士兵参加培训。
3. 军事禁闭的执行时效为 2 年。

第 10 条 （士兵犯罪行为的罚金刑）

士兵犯罪的，如行为或行为人的人格具备特殊情况，要求科处自由刑以维持军纪的，不得科处罚金刑。

第 11 条 （替代自由刑）

士兵因在执勤期间犯罪或与执勤有关之犯罪而被科处 180 单位日额金之罚金刑的，其替代自由刑为刑事禁闭。一个单位日额金相当于 1 日之刑事禁闭。

第 12 条 （刑事禁闭替代自由刑）

依第 10 条不得科处罚金刑，或士兵犯罪，依《德国刑法典》第 47 条不允许科处自由刑的，且为维持军纪所必要，如果自由刑为 6 个月以内的，可科处刑事禁闭。

第 13 条 （数个犯罪行为的竞合）

1. 依据《德国刑法典》的规定将构成总和刑为 6 个月以上刑事禁闭的，则以自由刑替代刑事禁闭。总和刑不得超过 2 年。
2. 有期自由刑与刑事禁闭竞合的，总和刑以提高自由刑构成。自由刑和刑事禁闭分别科处，如不具备将刑事禁闭的执行予以缓刑的先决条

---

① 仅存在于军事刑法中的适用于士兵和军事长官的最轻的自由刑——译者注。

件的，总和刑的执行必须予以缓刑。在此等情形下，该两种刑罚均应当予以缩短，其幅度应以不超过总和刑的期限为限。

3. 根据一般规定总和刑于事后构成的，同样可适用本条第1款和第2款的规定。

第14条　（自由刑的缓刑）

1. 判决科处6个月以上自由刑的，如为维持军纪所必需，其执行不得予以缓刑。

2. 缓刑负担和指示（《民事刑法典》第56条b至第56条d）应当考虑到兵役的特殊情况。

3. 士兵在服兵役期间可被聘任为名誉职的考验帮助人（普通《刑法典》第56条d）。他在对被判刑人进行监督过程中不受法院指示的约束。

4. 非士兵担任考验帮助人的，被判刑人在服役期间，其军事长官应负责的与被判刑人有关的事务，不受考验帮助人的监督。

第14条a　（刑事禁闭的缓刑）

1. 在具备普通《刑法典》第56条第1款第1句所述先决条件情形下，如不是为维持军纪所必需的，法院可将刑事禁闭的执行予以缓刑。可相应适用普通《刑法典》第56条第1款第2句、第4款，第56条a至第56条c，第56条e至第56条g和第58条的规定。

2. 在具备第57条第1款第1句所述先决条件情形下，法院可将刑事禁闭的余刑予以缓刑。可相应适用普通《刑法典》第57条第1款第2句、第4款，第56条a至第56条c，第56条e至第56条g和第58条的规定。

3. 缓刑负担和指示（普通《刑法典》第56条b和第56条c）应考虑到兵役的特殊情况。

第二章　军事犯罪行为

第一节　违反军事勤务义务的犯罪行为

第 15 条　（擅离职守）

1. 擅自离开部队或执勤地，或远离部队或执勤地，故意或过失离开上述处所 3 天以上的，处 3 年以下自由刑。

2. 在本法的空间效力范围内，擅离部队或执勤地，在 3 天内故意或过失地不向其所在部队、联邦国防军的其他部队或执勤地，或联邦德国的有关当局报告的，处与前款相同之刑罚。

第 16 条　（开小差）

1. 擅自离开部队或执勤地，或远离部队或执勤地，以长期或在武装行动期间逃避兵役义务，或达到结束兵役义务之目的的，处 5 年以下自由刑。

2. 犯本罪未遂的，亦应处罚。

3. 在 1 个月以内回到部队，且准备补充履行兵役义务的，处 3 年以下自由刑。

4. 普通《刑法典》第 30 条第 1 款关于共犯未遂的规定，相应适用于本条第 1 款的犯罪行为。

第 17 条　（自残）

1. 自残，或经其他士兵同意使其残废，或依其他方式使自己或其他士兵不能服兵役的，处 5 年以下自由刑。行为人只是在特定时间内或只在一定程度上造成不能服兵役的，处与第 1 句相同之刑罚。

2. 犯本罪未遂的，亦应处罚。

第 18 条　（以欺骗逃避义务）

1. 行为人以诡计、阴谋使自己或他人长期或在特定期间内，全部或部分逃避兵役的，处 5 年以下自由刑。

2. 犯本罪未遂的，亦应处罚。

第二节　违反下级义务的犯罪行为

第 19 条　（不服从）

1. 不服从命令，且由此至少过失地造成严重后果的（第 2 条第 3 项），处 3 年以下自由刑。

2. 犯本罪未遂的，亦应处罚。

3. 情节特别严重的，处 6 个月以上 5 年以下自由刑。行为人因其行为具备下列情形之一的，一般认为是情节特别严重：

（1）至少过失地导致联邦德国的安全或军队的战斗力遭受严重不利的危险，或

（2）过失导致他人死亡或重伤（普通《刑法典》第 226 条）。

4. 普通《刑法典》第 30 条关于共犯未遂的规定，相应适用于本条第 1 款的犯罪。

第 20 条　（拒不服从）

1. 具备下列情形之一的，处 3 年以下自由刑：

（1）以言行拒绝服从命令，或

（2）经再次命令，仍不服从。

2. 在本条第 1 款第 1 项情形下，行为人所不服从的命令不是必须立即执行，如他能及时且主动执行的，法院可免除其刑罚。

第 21 条　（轻率不服从命令）

因轻率不服从命令，且由此至少过失地造成严重后果的（第 2 条第 3 项），处 2 年以下自由刑。

第22条 （命令的约束力；错误）

1. 在第19条至第21条情形下，如命令没有约束力，尤其是如果命令不是为勤务目的而发布或该命令侵害人权，或如执行命令就会实施犯罪的，下属的行为不违法。下属错误地认为命令有约束力的，同样适用本规定。

2. 下属未执行命令，因为他错误地认为，执行命令会实施犯罪行为，如果该错误认识不可避免的，行为人不依第19条至第21条处罚。

3. 下属错误地认为，命令因其他原因没有约束力，且因此未执行，如果该错误不可避免，且根据他所知悉的情况，也不能期望其使用法律应急措施，对可避免的没有约束力的命令进行抵制的，不依第19条至第21条处罚；如果可期望其通过法律应急措施对该命令予以抵制的，法院可免除第19条至第21条规定的刑罚。

第23条 （对长官的威胁）

在执勤或与勤务有关的过程中，以实施犯罪行为对其长官进行威胁的，处3个月以上3年以下自由刑。

第24条 （对长官的强制）

1. 以暴力或威胁强制其长官为一定的勤务行为或不为一定的勤务行为的，处3个月以上3年以下自由刑。

2. 对协助长官工作的士兵为上述行为的，处与前款相同的刑罚。

3. 情节较轻的，处2年以下自由刑。

4. 情节特别严重的，处6个月以上5年以下自由刑。情节特别严重一般是指行为人因其行为造成严重后果的情形（第2条第3项）。

第25条 （对长官的行为攻击）

1. 动手打长官的，处3个月以上3年以下自由刑。

2. 情节较轻的，处2年以下自由刑。

3. 情节特别严重的，处6个月以上5年以下自由刑。情节特别严重一般是指行为人因其行为造成严重后果的情形（第 2 条第 3 项）。

第 26 条　（废除）

第 27 条　（哗变）

1. 众士兵聚众闹事，并借助众人的力量拒绝服从命令（第 20 条），对长官进行威胁（第 23 条），对长官进行强制（第 24 条）或对长官的行为攻击（第 25 条）的，每个参加聚众闹事的士兵均科处 6 个月以上 5 年以下自由刑。

2. 犯本罪未遂的，亦应处罚。

3. 情节特别严重的，处 1 年以上 10 年以下自由刑。情节特别严重一般是指行为人因其行为造成严重后果的情形（第 2 条第 3 项）。

4. 参加聚众闹事，但在第 1 款所述犯罪行为实施前自动恢复秩序的，处 3 年以下自由刑。

第 28 条　（约定不服从）

1. 士兵约定，共同实施拒绝服从命令（第 20 条），对长官进行威胁（第 23 条），对长官进行强制（第 24 条），对长官的行为攻击（第 25 条）或哗变（第 27 条）的犯罪行为的，依各该条款进行处罚。在第 27 条情形下，可依据普通《刑法典》第 49 条第 1 款的规定减轻处罚。

2. 在约定后自动阻止犯罪行为的实施的，不依第 1 款处罚。犯罪行为非因行为人的努力被阻止，或犯罪行为被阻止与行为人的阻止犯罪的行为无关的，只要其自动且真诚努力阻止犯罪行为发生的，不处罚。

第 29 条　（对军衔较高的士兵实施的犯罪行为）

1. 如行为是针对在行为时不是行为人长官的士兵，具备下列情形之一，且行为人或其他人在行为时是在执勤，或行为与勤务行为有关的，相应适用第 23 条至第 28 条的规定：

（1）军官或具有比行为人较高的军衔的军士，或

(2) 在职务上是其长官的。

2. 在第 1 款第 1 项情形下，不得适用本法第 4 条的规定。

第三节　违反长官义务的犯罪行为

第 30 条　（虐待）

1. 在身体上虐待下属或损害下属健康的，处 3 个月以上 5 年以下自由刑。

2. 唆使或违背义务，容忍下属对其他士兵实施虐待行为的，处与前款相同之刑罚。

3. 情节较轻的，处 3 年以下自由刑。

4. 情节特别严重的，处 6 个月以上 5 年以下自由刑。情节特别严重一般是指行为人屡次对下属实施虐待行为。

第 31 条　（非人道地对待下属）

1. 非人道地对待下属或恶意地加重其勤务的，处 5 年以下自由刑。

2. 唆使或违背义务，容忍下属对其他士兵实施上述行为的，处与前款相同之刑罚。

3. 情节特别严重的，处 6 个月以上 5 年以下自由刑。情节特别严重一般是指行为人屡次非人道地对待下属。

第 32 条　（为不许可的目的滥用命令权）

滥用其命令权或职位，对下属为与勤务无关或违反勤务目的之命令、要求或无理要求，如其他条款未规定较重刑罚的，处 2 年以下自由刑。

第 33 条　（引诱为违法行为）

滥用其命令权或职位，让下属参与由其实施的实现刑法犯罪构成要件的违法行为的，依各该条处罚。对行为人的处罚可为该犯罪行为可能科处刑罚的两倍,但不得超过法定最高刑。

第 34 条　（引诱为违法行为未果）

1. 滥用其命令权或职位,引诱或教唆下属为实现刑法犯罪构成要件的违法行为未遂的,依据对所实施之犯罪有效之条款处罚。可依普通《刑法典》第 49 条第 1 款减轻处罚。

2. 自动放弃引诱下属,且避免下属实施犯罪的危险的,不依第 1 款处罚。犯罪中止非因为行为人放弃引诱行为或与其过去的行为无关的,只要其真诚努力阻止犯罪发生的,不处罚。

第 35 条　（压制申诉）

1. 以命令、威胁、许诺、礼物或以其他违背义务的方式,阻止下属向联邦德国人民代表或其州的人民代表、联邦议会中的军方代表、机关或长官递交请愿书、报告或申诉,告发或使用法律应急措施的,处 3 年以下自由刑。

2. 对此等声明的审核或转递,违背义务予以压制的,处与前款相同之刑罚。

3. 犯本罪未遂的,亦应处罚。

第 36 条　（较高军衔士兵的犯罪行为）

1. 行为时非长官,但具备下列情形之一,且在行为时滥用其职位的,相应适用第 30 条至第 35 条的规定：
（1）军官或具有比他人较高之军衔的军士,或
（2）在职务上是其长官的。

2. 在第 1 款第 1 项情形下,可适用本法第 4 条的规定。

第 37 条　（影响司法）

滥用命令权或其职务,对作为司法机关的士兵为不许可的影响,如行为在其他条款未规定较重刑罚的,处 5 年以下自由刑。

第38条 （对命令权的无理要求）

对其命令权或惩戒权提出无理要求，或者逾越其命令权或惩戒权，如行为未依第39条处罚的，处2年以下自由刑。

第39条 （滥用惩戒权）

有惩戒权之长官故意或有意识地为下列情形之一的，处5年以下自由刑：

（1）对依法不应当受惩戒处分的士兵为惩戒处分，或促使为此等惩戒处分的，

（2）为不利于下属，科处下属无论是种类还是严厉程度法律均未规定的惩戒措施或他无权科处的惩戒措施，或

（3）对渎职行为科处不许可之处分。

第40条 （刑事诉讼中的不合作）

违背其作为长官的义务，具备下列情形之一，意图使下属逃避法律规定的刑罚或处分（《民事刑法典》第11条第1款第8项），处3年以下自由刑：

（1）对犯罪嫌疑人不予告发，或对下属实现刑法犯罪构成要件的违法行为不予调查的，或

（2）不将此等案件移交给刑事追诉机关的。

第41条 （缺乏业务监督）

1. 不对下属进行监督或不让他人对下属进行监督，并因此而至少过失地造成严重后果的（第2条第3项），处3年以下自由刑。

2. 犯本罪未遂的，亦应处罚。

3. 轻率地违背监督义务，并因此而至少过失地造成严重后果的，处6个月以下自由刑。

4. 如其他条款对该行为规定较高刑罚的，不适用本条第1款至第3款的规定。

第四节　违背其他军事义务的犯罪行为

第 42 条　（不实之报告）

1. 为下列不实报告之一，并因此而至少过失地造成严重后果的（第 2 条第 3 项），处 3 年以下自由刑：

（1）在业务报告或声明中，提供对于事实具有重要意义的不真实的陈述的，

（2）不按照义务对之进行校订，便将此等不真实的陈述继续转交的，或

（3）对业务报告作不正确之转达的。

2. 犯本罪未遂的，亦应处罚。

3. 轻率为第 1 款之违法行为，并至少过失地造成严重后果的，处一年以下自由刑。

第 43 条　（疏于报告）

1. 对哗变（第 27 条）或破坏国防设施（普通《刑法典》第 109 条 e 第 1 款）的计划或实施，在其实施或结果尚可避免之时，确实已经知悉，但不立即予以报告的，处 3 年以下自由刑。

2. 相应适用普通《刑法典》第 139 条的规定。

第 44 条　（哨兵执勤过失）

1. 在哨兵执勤中，具备下列情形之一的，处 3 年以下自由刑：

（1）作为查哨之长官，不根据义务对哨位进行监督的，

（2）违背义务，离开哨位或巡逻路线的，或

（3）不能执行勤务的。

2. 在哨兵执勤过程中，以不同于第 1 款所述情形，不服从关于哨兵执勤的命令，且至少过失地造成严重后果的（第 2 条第 3 项），处与前款相同之刑罚。

3. 犯本罪未遂的，亦应处罚。

4. 情节特别严重的，处6个月以上5年以下自由刑。相应适用第19条第3款第2句的规定。

5. 过失为第1款或第2款之罪，并因此而过失地造成严重后果的（第2条第3项），处2年以下自由刑。

6. 不服从命令（第2款）的，相应适用第22条以及关于共犯未遂的规定（普通《刑法典》第30条第1款）。

第45条　（在特别任务上违背义务）

单独执行特别任务的部队或分队指挥官，因其责任重大，具备下列情形之一，并因此而至少过失地造成严重后果的（第2条第3项），依本法第44条第1款、第3款至第6款处罚：

（1）不能按照义务完成任务，

（2）擅离岗位，或

（3）不执行针对该特别任务颁布的命令。

第46条　（违法使用武器）

违法使用武器，如其他条款未对该行为规定较重刑罚的，处1年以下自由刑。

第47条　（废除）

第48条　（违背其他兵役义务）

1. 在适用《民事刑法典》的下列条款方面，军官和军士视同公务员，兵役视同公务：

—私放犯人（第120条第2款），

—侵害他人言论秘密（第201条第3款），

—侵害他人私人秘密（第203条第2款、第5款、第6款，第204条，第205条），

——侵害邮政或电信秘密（第206条第4款），

——受贿和行贿（第331条，第332条，第335条第1款第1项字母a、第2款，第336条），

——职务上的身体伤害（第340条），

——刑讯逼供（第343条），

——对无罪之人执行刑罚（第345条），

——虚伪记录（第348条），和

——职务上的泄密（第353条b第1款）。

2. 在适用普通《刑法典》关于私放犯人（第120条第2款）、贿赂（第332条、第335条第1款第1项字母a及第2款、第336条）、虚伪记录（第348条）和侵害职务秘密（第353条b第1款）方面，士兵视同公务员，其兵役视同公务。

德意志联邦共和国进一步简化经济刑法的法律

(简称1954年经济刑法)

1975年6月3日版本

根据2017年4月13日的法律第6条第29款作最近一次修订

(《联邦法律公报I》第872页)

第一章 违反经济刑法的处罚

第1条 （应受处罚的违反保障法规的行为）

1. 违反下列法规之一的，处5年以下自由刑或罚金刑：

(1)《经济保障法》第18条；

(2)《运输保障法》第26条；

(3)《食品保障法》第22条；

(4)《水保障法》第28条。

2. 犯本罪未遂的，亦应处罚。

3. 情节特别严重的，处6个月以上自由刑。具有下列情形之一的，一般认为情节特别严重：

(1) 行为

a. 严重危害供应，即使此等危害仅仅涉及某个地区的特定领域，

b. 危害他人的生命或自由，或未能及时采取必要措施，以防止对他人的生命或自由构成的现实危险，或

(2) 行为人

a. 在行为时严重滥用其在经济生活或经济管理中有影响的地位，以谋取财产上的重大利益，

b. 违背良知，利用物资供应或生活必需品供求关系上出现的严重短缺局面，以谋取财产上的重大利益，

c. 以获取高额利润为常业。

4. 过失犯本罪的，处2年以下自由刑或罚金刑。

第2条 （触犯保障法规的违反秩序的行为）

1. 故意或过失为第1条第1款所述行为，行为的范围和效果，尤其是所涉及的物品或供应的种类和数量，具备下列情形的，是违反秩序的行为：

（1）明显地干扰供应，即使此等干扰仅仅涉及某个地区的特定领域，且

（2）明显地影响第1条第1款所列法规在一般情况下或在具体情况下所要实现的其他目的。

2. 行为人屡次实施上述行为的，不适用第1款的规定。

3. 违反秩序的行为和违反秩序的未遂行为，可科处2.5万欧元以下的罚款。

第3条　（违反价格规定的行为）

1. 在本法第1条和第2条规定的情形之外，故意或过失违反下列法规，或依据此等法规而颁布的可执行的规定，均属于违反秩序的行为，但以该法规要求特定的构成要件参照本规定为限：

（1）关于价格、差价、附加费或减价的法规，

（2）关于标价的法规，

（3）关于支付或交货条件的法规，或

（4）其他为价格构成或价格保护服务的措施。

如本法第16条已有规定的，则无须参照。

2. 违反秩序的行为可科处2.5万欧元以下的罚款。

第4条　（在职业或工商业活动中抬高价格）

1. 在经授权的或未经授权的职业或工商业活动中，对物品和供应的生活必需品索要、承诺、商定、接受或提供酬金，因限制竞争或因利用经济上的实力地位或紧缺情形而使此等酬金过高的，无论故意或过失，均属于违反秩序的行为。

2. 违反秩序的行为可科处2.5万欧元以下的罚款。

第5条　（抬高房租价格）

1. 故意或过失地就出租的供居住的房屋或与之有关的附属设备，索要、使他人允诺或接受不适当的高额酬金的，属于违反秩序的行为。

2. 不适当的高额酬金，是指利用同类房屋供应的紧缺情形，使房租高于可比地区出租同类房屋（面积、设备、保养程度和地理位置或与之有关的附属设备相似）的通常租金的20%；通常租金是指最近4年商定的或变化的价格，但经营费用的提高不在此限。为满足出租人的日常支出而必须收取的租金，以第1句所指的标准租金为基础，只要不与出租人提供的设施形成明显的失衡，不属于不适当的高额酬金。

3. 对违反秩序的行为可科处5万欧元以下的罚款。

第6条　（废除）

第二章 补充规定

第 7 条 （没收）

为第 1 条至第 4 条所述违法行为，可没收下列物品：

(1) 行为所涉及之物，

(2) 行为实施或预备时使用之物，或准备用于行为实施之物。

第 8 条 （缴纳多收的款项）

1. 行为人因第 1 条至第 6 条规定的违法行为而获得的高于许可价格的收入，只要他未依据法定义务予以返还的，应令其将许可的价格与实际价格之间的差额收入（多收部分）上交州政府。发生第 1 条至第 6 条所述违法行为，行为人无责任，或违法行为因其他原因未被处罚的，同样可命令上交。

2. 上交多收的收入过于严厉的，可命令将上交的部分限定在适当的范围内，或者完全予以免除。多收的收入数量很小的，也可不命令上交。

3. 可对多收的部分予以估算，并根据数额的多少决定上交的数量。

4. 上交多收的收入代替充公的规定（普通《刑法典》第 73 条至第 73 条 e 和第 75 条，《违反秩序法》第 29 条 a）。在违反第 1 条规定的情况下，适用普通《刑法典》关于充公时效的有关规定。

第 9 条 （返还多收的款项）

1. 如被害人向行为人提出的索赔要求是正当的，可根据其申请命令行为人将多收的款项予以返还。

2. 在下达了上交多收款项的命令后，行为人或受害人才提供针对行为人的索赔要求的生效裁定，执行机关不再执行上交多收款项的命令，或从已经上交的多收款项中满足受害人的要求。

3. 相应适用《刑事诉讼法》关于被害人赔偿的有关规定（第403条至第406条c），但第405条第1句、第406条a第3款和第406条c第2款的规定除外。

第10条　（单独上交多收的款项）

1. 不能为刑事程序或罚款程序，在具备第8条或第9条先决条件的情况下，可单独命令上交或返还多收的款项。

2. 在某一企业中实施了本法规定的违法行为的，可单独命令该企业的业主或领导上交多收的款项；如果业主是法人或商法上的合伙公司的，只要他们占有了多收的款项，也可单独命令其上交多收的款项。

第11条　（程序）

1. 在刑事诉讼中，应上交多收的款项得在判决中予以说明。在单独程序中，相应适用《刑事诉讼法》第435条第1款、第2款和第3款，与第434条第2款或第3款相联系的第436条第1款和第2款的规定。

2. 在罚款程序中，应上交多收的款项得在罚款决定中予以说明。在单独程序中，由行政部门颁布的决定视同罚款决定。

第12条　（废除）

第13条　（刑事诉讼的特别规定）

1. 对本法第1条所述犯罪行为初级法院有案件管辖权的，由州法院所在地的初级法院行使地方管辖权。如州政府考虑到经济和交通情况、行政管理部门的分布情况或地区之间的其他需要，认为以法规形式对初级法院的地方管辖作出另行规定更符合目的的，可为之。州政府可将该授权委托给州司法行政部门。

2. 在针对本法第1条所述犯罪行为的刑事诉讼中,《违反秩序法》第49条,第63条第1款至第3款第1句,第76条第1款和第4款关于行政机关参与检察院程序和法院程序的规定,相应适用之。

第14条　（废除）

第三章　过渡和终结规定

第 15 条　（废除）

第 16 条　（参照）

本法第 3 条第 1 款第 1 句所述法规要求参照本法 1975 年 1 月 1 日之前的有效的版本的刑罚规定和罚款规定，要求参照以前版本的经济刑法的刑罚和罚款规定，要求参照该版本的第 18 条或要求参照的规定已依据第 102 条被废除，此等参照均可被视为本法第 3 条第 1 款第 1 句意义上的参照。本法第 3 条第 1 款第 1 句所述法规要求参照 1975 年 1 月 1 日之前有效版本的《谷物法》《牛奶和脂肪法》《牲畜和肉品法》以及《食糖法》的刑罚和罚款规定，同样适用本规定。以前版本的《经济刑法》第 104 条第 3 款未要求参照的，则依据本法第 3 条第 1 款第 1 句的规定对违法行为进行处罚，而无需参照。

第 17 条　（废除）

第 18 条　（废除）

第 19 条　（废除）

第 20 条　（废除）

第 21 条　（概念规定）

本法第 15 条至第 18 条所指以前有效版本的《经济刑法》，是指 1949 年 7 月 26 日的《经济刑法》（《经济法律公报》第 193 页）及其以后的版本，此等以后的版本因下列法令和法律而颁布：

——1950 年 1 月 24 日《关于扩大适用范围的法令》(《联邦法律公报》第 24 页),

——1950 年 3 月 29 日《关于扩大适用范围和延长适用期限的法律》(《联邦法律公报》第 78 页),

——1951 年 3 月 30 日《关于延长经济刑法的法律》(《联邦法律公报 I》第 223 页),

——1952 年 3 月 25 日《关于修改和延长经济刑法的法律》(《联邦法律公报 I》第 188 页),和

——1952 年 12 月 17 日《关于延长经济刑法的法律》(《联邦法律公报 I》第 805 页)。

第 21 条 a (废除)

第 22 条 (废除)

第 23 条 (生效)
本法自颁布之日起生效。

译 者 的 话

经过数月辛勤劳动，终于将经过重大修订的德国《刑法典》以及《少年法庭法》《军事刑法》和《经济刑法》重新翻译成中文，深感欣慰。

在将德国《刑法典》（2002年修订版本）翻译成中文，并由中国方正出版社出版发行后，本人在相当长一段时间内因故对德国刑法的变化发展情况未加关注。前不久本人在浏览德国政府网站时顺便查看了一下德国《刑法典》，发现其在过去十几年里有很多重大的修订。考虑到国内刑法学教学和科研的需要，本人认真对比了经多次修订后的德国《刑法典》（2017年10月30日做最近一次修订），发现用"重大"来形容其变化丝毫不为过，修订的表现形式是要么修订构成要件，要么增加新的条款，修订或新增加的内容涉及德国《刑法典》条文的2/3左右，修订的范围之大实属罕见。德国《刑法典》分则的改变很大，而总则的修订程度同样令人难以置信。

具体而言，据本人不完全统计，总则的修订涉及的条文如下：

第2条、第5条、第6条、第7条、第11条、第42条、第43条a、第44条、第46条、第46条b、第52条、第53条、第54条、第55条、第56条c、第56条d、第57条、第57条a、第59条、第59条a、第63条、第64条、第66条、第66条a、第66条b、第66条c、第67条、第67条a、第67条c、第67条d、第67条e、第67条h、第68条、第68条a、第68条b、第68条c、第68条e、第68条f、第68条g、第69条、第70条b、第73条、第73条a、第73条b、第73条c、第73条e、第74条、第74条a、第74条b、第74条c、第74条d、第74条f、第75条、第76条、第76条a、第76条b、第77条、第77条b、第77条d、第78条、第78条b、第78条c、第79条、第79条a。

分则的修订涉及的条文如下:

第 80 条、第 80 条 a、第 84 条、第 85 条、第 89 条 a、第 89 条 b、第 89 条 c、第 91 条、第 91 条 a、第 92 条 b、第 101 条 a、第 103 条、第 106 条 a、第 108 条 d、第 108 条 e、第 109 条 k、第 113 条、第 114 条、第 115 条、第 121 条、第 125 条、第 125 条 a、第 126 条、第 129 条、第 129 条 a、第 129 条 b、第 130 条、第 130 条 a、第 131 条、第 138 条、第 139 条、第 140 条、第 143 条、第 145 条 a、第 145 条 d、第 146 条、第 150 条、第 151 条、第 152 条 a、第 152 条 b、第 153 条、第 161 条、第 162 条、第 163 条、第 164 条、第 169 条、第 172 条、第 174 条、第 174 条 a、第 174 条 b、第 174 条 c、第 176 条、第 176 条 a、第 177 条、第 178 条、第 179 条、第 180 条 a、第 180 条 b、第 181 条、第 181 条 a、第 181 条 b、第 181 条 c、第 182 条、第 183 条、第 184 条、第 184 条 a、第 184 条 b、第 184 条 c、第 184 条 d、第 184 条 e、第 184 条 f、第 184 条 g、第 184 条 h、第 184 条 i、第 194 条、第 201 条 a、第 202 条 a、第 202 条 b、第 202 条 c、第 202 条 d、第 203 条、第 204 条、第 205 条、第 217 条、第 218 条 a、第 226 条 a、第 227 条、第 232 条、第 232 条 a、第 232 条 b、第 233 条、第 233 条 a、第 233 条 b、第 234 条、第 236 条、第 237 条、第 238 条、第 240 条、第 244 条、第 244 条 a、第 256 条、第 260 条、第 260 条 a、第 261 条、第 263 条、第 263 条 a、第 264 条、第 265 条 c、第 265 条 d、第 265 条 e、第 266 条 a、第 267 条、第 276 条 a、第 282 条、第 286 条、第 292 条、第 297 条、第 298 条、第 299 条、第 299 条 a、第 299 条 b、第 300 条、第 301 条、第 302 条、第 303 条、第 303 条 a、第 303 条 b、第 303 条 c、第 304 条、第 305 条 a、第 309 条、第 310 条、第 311 条、第 315 条 d、第 315 条 e、第 315 条 f、第 316 条、第 323 条 c、第 325 条、第 326 条、第 327 条、第 328 条、第 329 条、第 330 条、第 330 条 c、第 330 条 d、第 331 条、第 332 条、第 333 条、第 334 条、第 335 条 a、第 336 条、第 338 条、第 353 条 b、第 353 条 d、第 355 条。

除德国《刑法典》外,由于《少年法庭法》《军事刑法》《经济刑法》也都经过或多或少的修订,借此次重新翻译《刑法典》之际,对上述单行刑法做了修订。

　　以前读别人的译作时，常常会在译者的话或者译后记中看到"囿于水平，错误在所难免"或者"不妥或疏漏之处，祈请指正"之类的话语，觉得这只不过是译者的自谦之辞。现在本人深知，这些话并非都是译者的自谦之辞，基本上是肺腑之言。译事其实很难、很艰辛，要真正做到译文的信、达、雅实属不易。"谁要想下地狱，就让他去做翻译吧！"当本人以"我不下地狱，谁下地狱"的淡泊完成德国《刑法典》及相关单行刑法的翻译时，已经能够以平静的心态等待同行们的评判了。

　　德国《刑法典》的重译源于北京大学出版社郭栋磊博士的提议，同时得到北京大学出版社领导的大力支持和郭栋磊博士的鼎力帮助。我的学生郑朝旭、李学通、王小康、史宏静作为第一读者分别阅读了全部译稿，对译稿中存在的表述错误、错字、漏字等提出了修订意见，他们对德国《刑法典》汉译本的出版作出了自己的贡献。对于他们的支持和帮助，本人表示衷心的感谢，同时还要由衷地感谢那些曾经以及仍在给予本人各种形式帮助的国际、国内友人和热心的读者。

　　欢迎读者朋友批评指正。本人的邮箱：icpmjjiu@163.com。

徐久生
2019年2月25日